古代歷史文化研究輯刊

二九編

王明蓀 主編

第 13 冊

清代廣東團練研究（1804～1911）（上）

何圳泳 著

國家圖書館出版品預行編目資料

清代廣東團練研究（1804～1911）（上）／何圳泳 著 -- 初版
-- 新北市：花木蘭文化事業有限公司，2023〔民112〕
序 2+ 目 6+206 面；19×26 公分
（古代歷史文化研究輯刊 二九編；第 13 冊）
ISBN 978-626-344-157-6（精裝）
1.CST：軍事史 2.CST：清代 3.CST：中國
618   111021687

ISBN-978-626-344-157-6

古代歷史文化研究輯刊
二九編　第十三冊　　　　　　ISBN：978-626-344-157-6

清代廣東團練研究（1804～1911）（上）

作　　者　何圳泳
主　　編　王明蓀
總 編 輯　杜潔祥
副總編輯　楊嘉樂
編輯主任　許郁翎
編　　輯　張雅淋、潘玟靜　美術編輯　陳逸婷
出　　版　花木蘭文化事業有限公司
發 行 人　高小娟
聯絡地址　235 新北市中和區中安街七二號十三樓
　　　　　電話：02-2923-1455／傳真：02-2923-1452
網　　址　http://www.huamulan.tw 信箱 service@huamulans.com
印　　刷　普羅文化出版廣告事業
初　　版　2023 年 3 月
定　　價　二九編 23 冊（精裝）新台幣 70,000 元
版權所有・請勿翻印

清代廣東團練研究（1804～1911）（上）

何圳泳　著

作者簡介

何圳泳，廣東潮州人，贛南師範大學歷史文化與旅遊學院講師。曾就讀於湖南師範大學歷史文化學院，為中國史方向博士研究生，致力於晚清政治史研究，已發表論文十餘篇。

提　　要

　　清嘉慶以後廣東地區動亂不斷，例如華南海盜、兩次鴉片戰爭、中法戰爭和清末廣東盜匪等。清代廣東團練的興起，關鍵在於官、紳、民面對社會動亂之時所做出的應對。而地方團練組織本是地方民眾維護社會秩序的武力自衛組織，經由國家與地方官府大力倡導而得到廣泛推廣，進而形成大規模的團練活動，具有「由下而上、自上而下，上下聯動」的活動模式。清代廣東團練活動「應亂而起、亂止輒撤」的活動特點。相較於清代其他省區，廣東團練反抗外來侵略規模之大、次數之多，遂使反侵略鬥爭成為清代廣東團練的特色。除此之外，清代廣東團練組織呈現出從鄉兵組織形式向社會管理機構的形式變化。

　　總而言之，自 1804 年至 1911 年長達百餘年的廣東團練活動發展歷程，及其團練組織的興辦、發展與轉變，皆與清代廣東地方社會的發展變化產生緊密聯繫。透過對清代廣東地方社會的發展過程及其團練組織設置、轉變等情況的考察，我們可以進一步對當時廣東社會發展變化情況展開分析。另外，本書通過與其他省份團練情況的對比研究，可以歸納演繹清代廣東團練的特點，以及清代團練的共性。在其學術研究意義上，清代廣東團練研究對區域社會史、政治史、軍事史、中外關係史等幾個歷史學科研究領域提供了一個新研究視角。

序

張國驥

　　自 1804 年至 1911 年長達百餘年的廣東團練活動發展歷程，及其團練組織的興辦、發展與轉變，皆與清代廣東地方社會的發展變化產生緊密聯繫。在清代廣東團練研究中，該論文透過廣東團練活動的發展過程及其團練組織設置、轉變等情況，可以考察並分析當時廣東社會的發展變化。同時，通過與其他省份團練情況的對比研究，可以歸納演繹清代廣東團練的特點，以及清代團練的共性。

　　何圳泳該博士論文《清代廣東團練研究（1804～1911）》具有多處創新的地方，例如論文選題的新穎，研究視角的創新，採用多學科的研究方法，使用一些史料等方面，有助彌補前人研究之不足，推進該領域的相關研究進展。

　　清代廣東團練研究屬於跨領域的交叉性研究，涉及到的學科門類有區域社會史、政治史、軍事史、中外關係史等。在其學術研究意義上，清代廣東團練研究對區域社會史、政治史、軍事史、中外關係史等幾個歷史學科研究領域提供了一個新的研究視角。另外，清代廣東團練研究涉及了「基層社會管理機構」、「官方的社會控制」等關於基層社會治理的諸多問題，對於該類問題的探究有助於為當今中國的基層社會治理提供一定的參考與借鑒。

　　鑒於此，本人推薦何圳泳博士論文《清代廣東團練研究（1804～1911）》予以出版發表，希望貴社能夠為該生提供一定的幫助。

張國驥

2022 年 6 月 7 日

於湖南師範大學

目

次

下 冊

表目錄

緒　論

一、相關概念及定義

（一）「團練」的詞義

「團練」一詞始見於《舊唐書・職官志》，概為「團練使」〔註1〕。「團練」一名始見於唐，這一認知許多學者的論著皆有述之〔註2〕。如劉曉琳將清代廣西團練追溯至唐玄宗開元之際的「團練使」〔註3〕。然唐之「團練使」與同時期「節度使」相近，屬於官辦性質，是一方行政區域之首領，為當時藩鎮割據之典型。事實上，唐之「團練使」，宋元時期的「團練使」與清代團練，除了「團練」二字相同之外，並無任何制度性沿襲關係。都重萬論及唐之「團練」直至清代團練的發展時，則強行將其解釋稱「在性質亦從原來正

〔註1〕「防禦團練使，至德後，中原置節度使。又大郡要害之地，置防禦使，以治軍事，刺史兼之，不賜旌節。上元後，改防禦使為團練守捉使，又與團練兼置防禦使，名前使，各有副使、判官，皆天寶後置，未見品秩。」（〔後晉〕劉昫等撰：《舊唐書》，卷44，志第二十四，職官三，北京：中華書局，1975年點校本，第1923頁。）

〔註2〕劉曉琳：《太平天國革命時期的廣西團練》，《大同高等專科學校學報》，1995年第1期，第55頁。夏林根：《近代團練問題研究》，《江西社會科學》，1982年第2期，第112頁。曹國祉：《論太平天國革命時期團練的組織及其反動性》，《史學月刊》，1964年第11期，第7頁。許楓葉：《清末地方軍事化中的國家與社會——以「團練」言說為中心的考察》，《西南民族大學學報》（人文社會科學版），2017年第3期，第235頁。

〔註3〕劉曉琳：《太平天國革命時期的廣西團練》，《大同高等專科學校學報》，1995年第1期，第55頁。

規的政府軍事制度演變為非正規的地方自衛組織」〔註4〕。然而他對此卻沒有展開相關論證。由此，將唐代團練使附會為清代團練之起源，實屬牽強。

「團練」一詞，本義當為「團結訓練」或「團而練之」〔註5〕。「團」取聚集、集中之意，「練」則為訓練、操練，「團」與「練」二字合併為一詞，意思是將一部分人聚集起來進行操練，是為動詞，意指國家軍隊或地方民兵的一種軍事組織行為。

作為動詞的「團練」，其概念範疇相當廣泛，不僅限於清代，凡是過去或者當下，在於軍隊組織或民間社會團體中出現將一部分人集中並加以操練的軍事組織行為，皆可稱之為「團練」。例如唐代團結兵，據張國剛先生指出唐代團結兵的產生分為兩個步驟，第一是「藉民為兵」，即「把不是兵士的民丁編組成軍〔註6〕」；第二是「團伍教練」，即對編入軍隊的士兵按照臨陣要求進行軍事訓練〔註7〕。而其中的「團伍教練」正與「團結訓練」、「團而練之」的含義相同，因此唐代團結兵亦稱唐之「團練」〔註8〕。

「團練」作為動詞，在文獻中常與「鄉兵」或「鄉勇」進行組合，表示對鄉兵或鄉勇進行集中操練之意〔註9〕。團練與鄉村的鄉勇、義勇也大有關係，將鄉勇、義勇等以團束編，加以操練，也可稱之為「團練」。明代，地方官員對鄉兵、鄉勇的操練已發展成一套規範的體制。如葛源地方的團練五營，「營各有長，長各有職。諸器械旗幟符籍參稽古兵法，悉具，授五營營長掌之。……營長帥諸義勇詣五營，習步伐擊刺騎射，課以時，殿最以法，賞罰以信。〔註10〕」隆慶二年（1568），大學士張居正奏報「團練之法」，編立隊

〔註4〕〔韓〕都重萬：《清代廣東鄉治組織與團練之淵源》，見閻純德主編：《漢學研究》第2集，北京：中國和平出版社，1997年，第356頁。

〔註5〕孔飛力將「團練」解釋為「集結並訓練」，其意思與本文指出的「團結訓練」、「團而練之」一致。（〔美〕孔飛力著，謝亮生等譯：《中華帝國晚期的叛亂及其敵人：1796～1864年的軍事化與社會結構》，北京：中國社會科學出版社，1990年，第37頁。）

〔註6〕張國剛：《唐代團結兵問題探析》，《歷史研究》，1996年第4期，第39頁。

〔註7〕張國剛：《唐代團結兵問題探析》，第39頁。

〔註8〕王仲犖、田昌五、鄭佩欣、齊勇鋒等撰：《中晚唐五代兵制探索》，《文獻》，1988年第3期，第173頁。

〔註9〕據陳駿的研究，明代多用「團練鄉兵」，而「鄉兵」偶見清初文獻，到了清中後期則多改用「鄉勇」（陳駿：《清前期團練問題研究》，《清史研究》，2021年第5期，第71頁）。

〔註10〕〔清〕張自烈：《芑山文集》，傳記卷之三，旅記六，頁二十五至二十六，見《清

伍，各立教師教習武藝。「至於團練之法，當今各鎮選編，見在軍士五人為伍，五伍為一隊，各伍之長，各擇教師以習武藝〔註11〕。」清代對於「團練鄉勇」一詞的使用更為廣泛，頻繁出現在上論與大臣的奏議中，如《團練鄉勇示》、《著欽差大臣伊里布相機收復定海並團練鄉勇嚴拿漢奸等事上諭》、《陳鳳嘈團練鄉勇議》、《烏蘭泰奏團練鄉勇方略片》、《前戶部侍郎羅惇衍等奏籌餉團練鄉勇大概情形摺》等〔註12〕。總而言之，無論是「團練鄉兵」還是「團練鄉勇」，其指代的是對鄉兵、鄉勇等戰鬥人員進行集中訓練的一種組織行為，但並非屬於一種組織模式。

當鄉兵、鄉勇聚集在一起進行操練，便自然形成一個戰鬥團體，此時的「團練」（有時亦稱為「鄉團」）作為名詞，指代一種民間武力自衛組織。作為一種民間武力自衛組織的「團練」，其概念有廣義與狹義之分〔註13〕。團練若從狹義上解釋，應該專指「鄉團」，其具有明確而具體的組織，亦其性質應「官督紳辦」，其目的是保鄉衛里，而為民眾組成，具有強烈的地域色彩，且不得遠行徵調。「或築寨濬濠、聯村為堡；或嚴守險隘、察拿奸宄。無事則各安生業，有事則互衛身家，一切給費均歸紳耆掌管，不假吏胥之手，所有團練亦不得遠行徵調。〔註14〕」

代詩文集彙編》，第 2 冊，上海：上海古籍出版社，2010 年，第 516 頁。
〔註11〕《明穆宗實錄》，卷 24，隆慶二年九月戊辰，頁九，見《明實錄》第 93 冊，臺灣中央研究院歷史語言研究所校印本，1965 年，第 660 頁。
〔註12〕《團練鄉勇示》，載〔清〕賀長齡：《耐庵奏議存稿》，卷 4，頁三十九至四十，見沈雲龍主編《近代中國史料叢刊》第 36 輯，臺北：文海出版社，1966 年，第 1587～1590 頁。《著欽差大臣伊里布相機收復定海並團練鄉勇嚴拿漢奸等事上諭》（道光二十年十二月十八日剿捕檔），見中國第一歷史檔案館編：《鴉片戰爭檔案史料》第二冊，天津：天津古籍出版社，1992 年，第 734 頁。《陳鳳嘈團練鄉勇議》，見中國人民政治協商會議江蘇省靖江縣委員會文史資料研究委員會：《靖江文史資料·第 4 輯·1842 年靖江人民抗英資料專輯》，文史資料研究委員會編印，1984 年，第 60～62 頁。《烏蘭泰奏團練鄉勇方略片》（咸豐元年四月二十七日錄副），見中國社會科學院近代史研究所近代史資料編輯室編：《太平天國文獻史料集》，北京：中國社會科學出版社，1982 年，第 127～129 頁。《前戶部侍郎羅惇衍等奏籌餉團練鄉勇大概情形摺》（咸豐八年二月十九日軍錄），見中國史學會主編：《第二次鴉片戰爭》第 3 冊，上海：上海人民出版社，1978 年，第 203～205 頁。
〔註13〕林世明：《清代鄉團之研究》，臺北：臺灣東華書局，1993 年，第 4 頁。
〔註14〕《清實錄》第 43 冊，文宗顯皇帝實錄（四），卷 81，咸豐三年正月癸丑，北京：中華書局，1986 年，第 10 頁。

（二）廣義的「團練」

「團練」一詞有廣義與狹義之分。廣義的「團練」，涵蓋的範圍自然要比狹義的「團練」廣泛許多。凡屬民間一切武力自衛組織均應包括在內，其中包括官辦或非官辦的，都屬於廣義「團練」討論的範疇。地方民眾組成的各類性質的武力團體，包括最為常見的是動亂之際民眾自行組建的鄉團，民團內部因分類械鬥而設立的武裝組織，臺灣早期拓荒時代蕃漢之間官私隘寮或屯丁組織，以及少數民族地區少數民族或漢族設立的武力組織等等。

廣義「團練」容易與清代鄉兵發生混淆。廣義「團練」雖然涵蓋民間一切自衛武力組織，但其概念範圍仍小於鄉兵。事實上，清代團練只是鄉兵的一種形式。這已成為學界的不刊之論，已無需贅言。《清史稿·兵志·鄉兵》中將「團練」歸在「鄉兵」的類別之下〔註15〕。該則史料提及除團練以外的其他鄉兵形式，例如東三省地區設有「鄉兵姓長」；黑龍江地區有打牲人；蒙古地區有「奇古民勇」；山西、陝西邊外有番兵、僧俗兵；四川、雲南、貴州邊境有夷兵、土司兵、黑倮勇丁；西藏有藏番兵等「邊徼之地」的鄉兵〔註16〕。清代鄉兵究竟存在多少種形制，目前學界對此問題沒有系統研究，但可以肯定的是團練只是鄉兵的一種形式。

但值得注意的是，廣義的「團練」並不包括會黨、秘密結社等異端社會組織。在孔飛力的理解中，團練組織是具有相對正面意義的社會組織，其鬥爭對象往往是諸如拜上帝教等異端組織。他在對軍事化組織進行分類定級時將團練組織歸類為正統組織，並定為軍事化程度最低的正統組織，與異端組織相對〔註17〕。並且孔飛力也指出了清代團練作為中國社會中一項民兵制度，能夠調處國家利益和社會利益的制度〔註18〕。整體上，清代團練組織對於清朝的政權統治和社會秩序穩定，產生的作用仍是較為積極正面。並且狹義「團練」的「團練組織及其領袖須受官府節制」，這種特質已然界定了清代團練必須擁戴清朝的政權統治。清代團練組織這一點上與異端組織有著明顯

〔註15〕趙爾巽：《清史稿》第 14 冊，卷 133，兵志四，鄉兵，北京：中華書局，1977年，第 3950 頁。

〔註16〕趙爾巽：《清史稿》第 14 冊，卷 133，兵志四，鄉兵，北京：中華書局，1977年，第 3950 頁。

〔註17〕〔美〕孔飛力著，謝亮生等譯：《中華帝國晚期的叛亂及其敵人：1796～1864年的軍事化與社會結構》，北京：中國社會科學出版社，1990 年，第 177 頁。

〔註18〕〔美〕孔飛力著，謝亮生等譯：《中華帝國晚期的叛亂及其敵人：1796～1864年的軍事化與社會結構》，第 37 頁。

的區別。由此可見，對於國家利益和社會利益存在潛藏危害的秘密結社與會黨組織，是不能列為清代團練的概念範疇。清廷對於團練組織採取支持的態度，而對於異端組織則採取打壓的態勢。清廷兩種截然不同的態度表明了團練組織與異端組織不可能同為一物，而且正如孔飛力所述的，團練組織與異端組織的關係是對立衝突的。

當然，清代團練組織中亦存在諸如苗沛霖集團這樣時叛時降的武力組織。不過，這種時叛時降的武力集團在於清代團練中是極個別現象。另外，在清代辦理地方團練的過程中，亦存在士紳利用團練組織發生抗官抗糧等情事。儘管這些團練組織擾亂了社會秩序，產生了社會危害性，但並不存在反對清政府的政治立場，這一點仍有別於異端組織。最後，團練組織與異端組織最大的區別，在於異端組織的會眾多數擁有某些宗教信仰，異端組織亦由相同信仰的會眾聚合而成，團練組織的成員一般並不存在某種宗教信仰。

曾幾何時，學界對於秘密結社的典型代表——義和團的性質問題產生激烈的爭論，而目前學界大部分學者認為義和團並非起源於民間團練〔註19〕。由此可見，現今學界大部分學者認為異端組織並不屬於清代團練。

（三）狹義的「團練」

狹義的清代「團練」，多指代「鄉團」，即由本地民眾組成，以保衛桑梓為目的的民間武力自衛組織。狹義的清代「團練」應當包括以下四種特質：

第一，團練組織以護衛身家、保護桑梓為本意。

團練為地方武力自衛組織，即意謂以自己的力量來保護身家，其維護地方治安之功能充分表現於「使鄉民不至淪為賊」、「寓兵於農」及「使老弱得以藏身」等方面。

> 雖然團練亦何可少哉？有團練而老弱得藏身也。固其健壯者，賊退則耕，賊來則守，智勇亦於是乎出。俾賊所至，雖無官兵而亦稍有所憚，且不得裹脅，猶得古人寓兵於農之意。〔註20〕

嘉慶年間白蓮教起義時，充分發揮此種功效者，當推湖北孝感之用鄉團。

其鄉人沈君琦，上年署孝感，聞寇警，大修城，集鄉勇，賊至，

〔註19〕宋桂英：《清代團練問題研究述評》，《文史哲》，2003 年第 5 期，第 166 頁。
〔註20〕〔清〕石香村居士編輯：《戡靖教匪述編》，卷 11，集述，頁三，見故宮博物院編：《欽定新疆識略·戡靖教匪述編·江南北大營紀事本末·西寧軍務紀略·東方兵事紀略》（故宮珍本叢刊第 58 冊合訂本），海口：海南出版社，2000 年，第 369 頁。

營於胡家寨，眾二、三萬，鄉勇僅五千禦賊，賊不敢出。會官兵二千至，共擊之，賊盡殲。他賊聞之，盡屏於西不復東。〔註21〕

第二，團練組織奉行「土著為貴、不宜遠調」為原則。

團練以護衛身家、保衛桑梓為本意，其成員多為本地丁壯，因此團練組織顯示出強烈的地域色彩。嘉慶四年，合州刺史龔景瀚在其《堅壁清野並招撫奏議》中亦強調鄉團以土著為貴，不宜他調征剿外，尚具守望相助之精神，而且可以情法維繫之：「守陣壯丁……而愛護鄉里，朝夕相見，猶有古者守望相助之意，可以情法維繫之〔註22〕。」嘉慶時，趙希璜認為「鄉勇可守而不可戰也。鄉勇之設，本以衛一鄉之民，非但此縣不可調於彼縣，即此鄉亦不可調於彼鄉。」「假使招募游手徵調他處，此固不練之兵即同烏合之眾，用之不當，反足以搖動官兵〔註23〕。」

第三，團練組織多以士紳為領袖。

由於擁有名望的士紳在於地方具有一定的號召力，因此眾多團練組織多以士紳為領袖。鄭亦芳先生分別對白蓮教起義和太平天國運動兩個時期各地團練領袖人數進行統計：白蓮教起義時，《戡靖教匪述編》中團練領袖有姓名、職位、事蹟、出生可考者共有 103 人，其中士紳為 92 人，占比 89.3%〔註24〕。太平天國運動時，《浙江忠義錄》中浙江團練領袖共有 234 人，其中士紳有 170 人，占比 72.6%；江蘇團練中士紳占比 61%；廣東團練士紳占比 78.4%；《廣西昭忠錄》中廣西團練領袖共有 89 人，士紳占比 80.9%；湖南團練中士紳占比 56%〔註25〕。因此，在白蓮教起義與太平天國運動清代兩個大規模辦團時

〔註21〕〔清〕檀萃：《守禦後議》，載〔清〕賀長齡輯：《皇朝經世文編》，卷89，兵政，頁十八，見沈雲龍主編《近代中國史料叢刊》第74輯，臺北：文海出版社，1966年，第3215頁。

〔註22〕〔清〕石香村居士編輯：《戡靖教匪述編》，卷12，附述，頁三至四，見故宮博物院編：《欽定新疆識略・戡靖教匪述編・江南北大營紀事本末・西寧軍務紀略・東方兵事紀略》（故宮珍本叢刊第58冊合訂本），海口：海南出版社，2000年，第386頁。

〔註23〕〔清〕趙希璜：《擬征邪教疏》，載〔清〕賀長齡輯：《皇朝經世文編》，卷89，兵政二十，剿匪，頁八，見沈雲龍主編《近代中國史料叢刊》第74輯，臺北：文海出版社，1966年，第3196頁。

〔註24〕鄭亦芳：《清代團練的組織與功能——湖南、兩江、兩廣地區之比較研究》，《臺灣師大歷史學報》，1977年第5期，第302頁。

〔註25〕鄭亦芳：《清代團練的組織與功能——湖南、兩江、兩廣地區之比較研究》，第305～307頁。

期，地方士紳成為團練領袖的主體。動亂之際，各地士紳踴躍辦團，除了護衛身家、保衛桑梓的初始動機以外，還有維護其在於地方固有的特權，維持其在一方的鄉望與榮譽，安靖地方治安，亦包括了通過團練活動獲取更大榮譽、更高功名的意圖〔註 26〕。

第四，團練組織及其領袖須受官府節制。

在團練組織中，無論士紳領袖還是鄉勇成員皆出於本土，具有濃厚的地方色彩。清朝以少數民族入關，面臨著統治多數漢人的政治難題，自然不願多見地方擁有私有武力。在動亂之際，朝廷應對大型戰亂表現出束手無策，即便無奈之下默認地方私有武力的存在，亦唯恐其坐大成尾大不掉之勢，故特別加強對其監督，此亦團練須受官府節制的主要原因之一。環顧清季史實，其鄉團領袖幾全受各級地方官吏之督導〔註 27〕。並且朝廷諭令與地方大臣奏議中，時常出現對團練組織「官為督率」原則的強調。白蓮教起義之時，合州刺史龔景瀚之《堅壁清野並招撫奏議》、南充縣令曾自柏之《團練章程護川督宜》及梁山令方積之《籌練兵修寨四事》等篇中皆言明團練應官辦，且詳盡規定團練有違規辦事者，俱得受嚴格稟究〔註 28〕。團練組織不僅須受官府節制，其活動期間尚須隨時與官府保持聯繫：「必須與縣署聲息相通，方可隨事緩急，酌量辦理，每團各擇一明白曉事之人，常駐本城平匪局內，凡有團內應行之事，隨時稟明核奪〔註 29〕。」

狹義的「團練」或有民間自行組建的非官辦性質，或有先期民間組建，後獲官府認同的半官辦性質，亦或有經官府倡諭、官民共建的官辦性質。有一些

〔註 26〕《寄諭向榮等著楊殿邦等於瓜洲等處嚴密籌防並出示曉諭明懸賞格》（咸豐三年二月初六日剿捕檔），見中國第一歷史檔案館編：《清政府鎮壓太平天國檔案史料》第 5 冊，北京：光明日報出版社，1990 年，第 92 頁。

〔註 27〕王爾敏：《清代勇營制度》，《臺灣近代史研究所集刊》，1973 年第 4 期，第 5 頁。

〔註 28〕《合州龔刺史堅壁清野並招撫奏議》、《南充令曾公詳定團練章程護川督宜通飭各屬倣照辦理節略》、《籌練兵修寨四事》，載〔清〕石香村居士編輯：《戡靖教匪述編》，卷 12，附述，頁十一至三十三，見故宮博物院編：《欽定新疆識略・戡靖教匪述編・江南北大營紀事本末・西寧軍務紀略・東方兵事紀略》（故宮珍本叢刊第 58 冊合訂本），海口：海南出版社，2000 年，第 382～393 頁。

〔註 29〕〔清〕曾自柏：《南充令曾公詳定團練章程護川督宜通飭各屬倣照辦理節略》，載〔清〕石香村居士編輯：《戡靖教匪述編》，卷 12，附述，頁二十九，見故宮博物院編：《欽定新疆識略・戡靖教匪述編・江南北大營紀事本末・西寧軍務紀略・東方兵事紀略》（故宮珍本叢刊第 58 冊合訂本），海口：海南出版社，2000 年，第 391 頁。

官辦性質的團練組織領袖是地方官吏。

太平天國運動期間，各地團練紛紛設立團練局為領導機構。國內外不少學者對各地團練局的組織情況都有不同程度的探索，屬於狹義上的清代團練研究〔註30〕。在以往清代團練研究中，以鄉村地域社會為研究對象的一般屬於狹義的「團練」研究範疇，如梁勇、周興艷、李良品、譚傑容、李平亮等人的文章〔註31〕。

本文所要探討的清代廣東團練符合狹義「團練」所定義的四種特質，並不涉及民間械鬥、屯丁屯防以及邊疆少數民族組建的武力組織等其他形式。因此本文的研究對象在於狹義的「團練」的概念範疇之內。其形式有二：

其一，不隸兵籍亦未隨軍出征者，則為團練，多留守地方而成為保衛安定地方之主要武裝力量。本文探討的清代廣東團練多數屬於此類型，既包括鄉村團練（鄉團），亦包括位於城市之內的街約團練。這些團練的成立多以自為保衛為目的。

其二，其隨軍出征但不隸兵籍者，稱之為「勇」，亦即鄉兵，無定額，旋募旋散，為臨時性質。這一部分的團練亦稱為「練勇」，採取招募形式獲取兵源，具有雇傭性質。既有士紳進行招募的團練，如何仁山之「東莞勇」、林福盛之「香勇」、林福祥之「林家水勇」、冼斌與冼佐邦兩兄弟招募的南順勇等；亦有官員進行招募，如新安縣主事陳桂籍之「新勇」、千總鄧安邦之「鄧勇」、方源與廣東提督方耀父子率領的「潮普勇」。還有一種稱之為「水團練」，以

〔註30〕〔日〕西川喜久子著，蘇林崗譯：《順德團練總局成立始末》，見中國社會科學院近代史研究所：《國外中國近代史研究》第23輯，北京：中國社會科學出版社，1993年，第123～165頁。孫明：《局紳的生涯與人生意態——以清末四川團練局紳為重點》，《北京大學學報（哲學社會科學版）》，2018年第1期。邱捷：《晚清廣東的「公局」士紳控制鄉村基層社會的權力機構》，《中山大學學報（社會科學版）》，2005年第4期。邱捷：《清末香山的鄉約、公局——以〈香山旬報〉的資料為中心》，《中山大學學報（社會科學版）》，2010年第3期。王一娜：《晚清珠三角地區公約、公局的緣起及初期演變》，《廣東社會科學》，2011年第6期。
〔註31〕梁勇：《清代中期的團練與鄉村社會——以巴縣為例》，《中國農史》，2010年第1期。梁勇、周興艷：《晚清公局與地方權力結構——以重慶為例》，《社會科學研究》，2010年第6期。梁勇：《團正與鄉村社會權力結構——以清中期的巴縣為例》，《中國農史》，2011年第2期。李良品、譚傑容：《論清末團練制度下鄉村社會與國家關係——以酉陽直隸州為例》，《長江師範學院學報》，2012年第5期。李平亮：《晚清至民國時期的鄉村聯盟與地方政治——以南昌地區為中心》，《江西社會科學》，2012年第8期。

沿海疍戶漁民為徵集對象，招募水勇組建而成，其典型的代表就是道光十二年（1832）廉州府合浦縣「水團練」和鴉片戰爭前夕，欽差大臣林則徐在廣東禁煙時組織的水勇團練。

二、選題緣起與意義

（一）選題緣起

清中期以後中國社會矛盾異常尖銳，其中廣東是當時社會矛盾較為集中的一塊區域。自清嘉慶以後，廣東先後出現了天地會起義、華南海盜擾亂、兩次鴉片戰爭、洪兵起義、土客大械鬥、盜匪與會黨橫行等等的社會動亂。這些社會動亂反映出清政府日益減弱的社會控制，同時亦表明了廣東乃是清王朝統治鏈條上較為薄弱的一環。清中期以後廣東社會動亂主要分為內亂與外患兩種類型，內亂既有以推翻清政府、建立新政權的政治運動，如洪兵起義，又有劫掠錢財為目的盜匪作祟，如華南海盜和清末盜匪，還有民間群體性衝突的暴力事件，如土客械鬥，外患則以割地賠款、掠奪中國資源為目的的西方殖民者侵略。清中期以後廣東的社會動亂既可謂是接踵而至，又是呈現出多樣性的特點。

清嘉慶以後廣東共有 6 次大型社會動亂（華南海盜擾亂、兩次鴉片戰爭、洪兵起義、中法戰爭、清末盜匪會黨橫行），與之相對應的是由官府倡諭的 5 次大規模的辦團活動。可見，清代廣東的團練無一不與這些矛盾衝突的發生相伴相隨，甚至可以說清代廣東團練的興衰史就是清中期以後廣東社會發展與變化的一個縮影和真實寫照。因此，為進一步探求清中期以後廣東社會發展變化情況，筆者把「清代廣東團練」作為博士論文選題。

筆者在分析清中期以後的廣東社會動亂時候發現一個有意思的觀察點：清代廣東天地會主要有兩次大規模的起義活動，一是嘉慶七年到八年（1802～1803），陳爛屐四領導的惠州府博羅、歸善、永安等縣的天地會起義；二是咸豐四年到同治三年（1854～1864）波及兩廣地區的廣東洪兵起義。而這兩次大規模的天地會起義在時間發展線上與清代中晚期的白蓮教起義（1796～1804）與太平天國運動（1851～1864）形成對應關係，特別是咸同年間的洪兵起義與太平天國政權之間更是呈現「同生同滅」的命運走向。從這些起義運動的本質上講，白蓮教起義和太平天國運動屬於異端教派發動的反清鬥爭，廣東的兩次天地會起義則同屬於清代秘密結社發動的反清鬥爭。因此無論是

全國性範圍的白蓮教起義、太平天國運動還是廣東的天地會起義，皆是清中晚期國家與地方社會層面的社會矛盾與階級矛盾的集中表現。清代中晚期的廣東地區的社會亂象在某種意義上是當時清王朝沒落、中央對地方控制衰弱等時代變化在地方區域的一種具體投射，形成了國家與地方之間強烈的對應關係。因此，本文作為一項區域社會史研究，在「國家—社會」分析框架中通過清代廣東一域的社會動亂及其相應的團練活動，以小見大地去窺見清中期以後的社會發展變化，這是本文選擇廣東地區作為研究切入點的一個重要因素。

（二）研究意義

清代廣東團練屬於跨領域的交叉性研究，涉及到的學科門類有區域社會史、政治史、軍事史、中外關係史等。在其學術研究意義上，清代廣東團練研究對區域社會史、政治史、軍事史、中外關係史等幾個歷史學科研究領域提供了一個新的研究視角。

首先，在區域社會史方面研究，團練作為一個民間組織，其主導者是地方的士紳。在鄉村地區，團練是以地方宗族組織為主體進行構建。在城市，團練又是以在城的士紳以及商人、鋪戶募集資金而創建的。因此，本文以清代廣東地區為研究範圍，通過清代廣東團練組織的產生、發展可以深入剖析其所在當地社會的內部結構、人物關係乃至風俗民氣等地方社會文化情況。

其次，在政治史研究方面，團練作為清廷平定戰亂、維護社會秩序的一項政策，團練制度的制定到在地方的施行實質上是一種「國家意志」的表達與執行〔註32〕。隨著團練的興辦，主導團練的士紳階層隨之崛起，引發了中央、地方權力結構的變化。士紳階層在基層社會管理活動中的重要性日趨顯現，引起了朝廷與地方官府的警覺，從而對士紳的團練活動以及團練組織管理採取了一系列限制措施。隨著士紳領導的團練活動的深入展開，「紳權擴張」問題隨之形成，從而引起了朝廷對社會控制的減弱以及中央權力格局的變動。「紳權擴張」是晚清政治史研究中的一個熱議話題，探尋其背後中央與地方、官與紳兩種關係的變化，是解讀近代中國歷史走向的一個重要關鍵。

再次，在軍事史研究方面，清代團練作為古代鄉兵的一種形式，在其武裝鬥爭方面有其重要體現。在於軍事史研究一域，由於資料的短缺等各種客觀原因，當前學界對於中國古代經制兵皆有較為深入、系統性的研究，而對於作為

〔註32〕〔美〕古德諾（Goodnow，F.J.）著，王元、楊百朋譯：《政治與行政》，北京：華夏出版社，1987年，第9～10頁。

鄉兵形式的清代團練研究卻有所忽視〔註33〕。因此研究清代廣東團練，一定程度上有助於推動中國古代鄉兵發展史之研究。近代廣東地區內擾外患接連不斷，期間不斷興起的地方團練不僅履行護衛家園的防禦義務，而且還協助官府平定地方動亂、穩定社會秩序。由此，清代廣東團練在系列的軍事鬥爭中表現出彩，其中的對外鬥爭呈現出明顯的地方特色。

最後，在中外關係史研究方面，廣東由於地處沿海邊陲，遂為近代西方列強侵華的首衝之地。歷史上的兩次鴉片戰爭都是在廣東地區率先爆發即是例證。除了兩次鴉片戰爭，中法戰爭也曾對廣東地區的社會秩序產生嚴重的威脅。在中外的軍事鬥爭中，清代廣東團練與西方侵略者始終處於對立的關係。而自鴉片戰爭以後，清廷整體的對外政策則是消極避戰，在面對列強的軍事挑釁時始終避免與洋人發生正面的軍事衝突。清廷在應對列強的挑釁之時，卻積極倡諭民間組建團練，以地方團練牽制列強的侵略活動，從而達成「以民制夷」的目的〔註34〕。因此，以近代官方主導的團練活動為研究對象，可以分析其背後清廷、列強、團練三者之間的互動關係。這亦是解讀近代中國的中外關係史的一個良好視角。

清代廣東團練研究具有一定的現實意義。清代廣東團練雖興起於過去的清代，但卻揭示出晚清時代社會動亂期間清政府對基層社會管控無力的事實。如何更為有效地應對地方戰亂和處理統治危機，是國家統治者政權統治的一項必修課。晚清廣東地區動盪不安的社會環境下，清代統治者以及地方官府就地方動亂引發的統治危機是如何應對？其應對過程中所產生怎樣的思考以及相關的憂慮？在同一危機之下，地方管理者與被管理者是如何進行聯合併展

〔註33〕儘管國內學界的清代團練研究，曾因太平天國運動的研究熱潮而出現短暫的高潮，但在進入 21 世紀以後備受冷遇，直至時今呈現出一派「門庭冷落鞍馬稀」的情景。

〔註34〕「以商制夷」與「以民制夷」在主和派與列強的交涉過程中，也佔有非常重要的位置。不過，這兩種策略最先都是由抵抗派和主戰派開始的，他們有關這兩種制夷策略的主張和實踐遠比主和派的多。主和派的「以民制夷」在第二次鴉片戰爭後就基本銷聲匿跡了。（謝建美：《近代中國「和平」幻想的破滅》，湘潭：湘潭大學出版社，2016 年，第 279 頁。）關於晚清「以民制夷」的研究，已有相當數量，這些文章就「以民制夷」政策的起源、形成及發展過程都做了一個比較系統的研究，該部分詳見周泉勝和張文濤碩士論文的研究綜述。（具體可參見周泉勝：《試論 1840～1870 年間清政府「以民制夷」政策》，湖南師範大學碩士論文，2005 年，第 1～2 頁。張文濤：《晚清「以民制夷」政策研究》，河北師範大學碩士論文，2007 年，第 2～3 頁。）

開合作？這些由過去歷史現象所揭示的諸多現實問題，以及當時清政府與廣東當局做出的應對，或多或少可為現今中國如何加強基層社會控制提供一些經驗與參照。無論是過去還是現在，關於如何加強社會的治安管理一直為地方管理者所重視。特別是改革開放以後，隨著經濟的快速發展，廣東社會的一些社會矛盾和社會問題日益出現，社會治安的治理面臨著嚴峻形勢。當下我國社會正處於一個重要的發展轉型時期，基層社會的各類關係錯綜複雜，社會各類群體之間的利益衝突有所加劇。政府如何在宏觀層面運用好手中的行政權力，平衡社會群體間的關係，消除基層社會各類矛盾，進行有效的調控，以實現「和諧社會」的目標。共同建設具有中國特色社會主義的和諧社會，不單是我們所期盼的，也是全社會所期盼的。作為一名科研人員，我們希望從以往的史學研究中能夠得到一點實現社會和諧、促進社會進步的啟示。

三、學術史回顧

本文的研究對象是清代廣東團練。清代廣東團練研究屬於清代團練研究的一部分。關於清代團練研究，學界已有不少相關的研究成果，本課題研究是在已有研究的基礎之上展開的。為了便於對後文論述的理解，筆者在此先宏觀概述當前國內外學界清代團練研究的整體概況，然後就前人相關研究中的觀點及其論述的主題，分門別類進行簡要的回顧。

（一）清代團練研究的整體概觀

1. 國外研究

1949 年，美國學者弗朗茲‧邁克爾發表了《太平天國叛亂時期中國軍事組織和權力結構》一文〔註35〕。弗朗茲‧邁克爾是最早對清代團練進行研究，他發表文章中將太平天國運動期間出現的「團練」（t'uan lien）視為當時民間某一特定類型的地方組織（a certain type of 「local corps」），並且還闡述了「團練」的大致規模，「這些地方的單位，根據團練的規模和所在地的不同，每100人、25 人或 5 人就有一名軍官。他們的裝備主要是長矛、戟、弓、箭，但越來越多人使用火器。〔註36〕」關於國外的中國史研究，外國學者更為傾向從中國外部環境以及內部社會結構兩個方面對近代中國的社會變遷的探究，而清

〔註35〕 Franz Michael, *Military Organization and Power Structure of China during the Taiping Rebellion*", Pacific Historical Review, Vol.18, No. 4, pp.469～483.

〔註36〕 Franz Michael, *Military Organization and Power Structure of China during the Taiping Rebellion*", Pacific Historical Review, Vol.18, No. 4, p473。

代團練這種民間形成的武裝軍事組織在近代中國內外鬥爭中又扮演著重要的角色，故而引起了外國學者的持續關注。

1966 年，美國著名學者魏斐德論述了兩次鴉片戰爭對近代中國社會的衝擊與由此引起人民的反抗運動〔註 37〕。魏斐德的專著涉及了廣東在這一歷史時期官府、士紳、民眾對西方殖民主義入侵的態度以及相互之間的聯繫。作者把由地方士紳領導的團練組織放置在西方殖民主義入侵的大背景下，考察了廣東團練在反抗西方列強入侵中國時的鬥爭情況。魏斐德一書作為對上個世紀 50、60 年代美國漢學研究中「衝擊—反應」理論模式的反思，開始由原來近代中國外部環境轉向對中國社會內部結構變化展開探討。

1990 年，美國著名學者孔飛力以太平天國運動時期晚清中國出現士紳領導的地方武裝集團為研究對象，探究了地方武裝集團的興起及其在社會動亂的大背景下對社會政治結構的改變〔註 38〕。雖說孔飛力的專著以全國為範圍，但其研究對象主要為太平天國時期的湘軍，並以幾位著名的湘軍領袖江忠源、胡林翼、曾國藩、劉於潯等人對抗太平天國的具體事例進行論述。孔飛力對近代中國社會變遷研究的觀察角度與魏斐德有所不同，可以說其研究擺脫了「衝擊—回應」的理論模式，從近代中國內部社會結構的變化去回應社會變遷的問題，並開創了 19 世紀中國地方軍事化問題的研究。

所謂的「地方軍事化」，按照孔飛力的理解則是 19 世紀中期的中國國防力量「由中央控制的帝國軍隊（清代經制兵）」轉向「地方徵募的私人非正規軍」，出現軍事力量下移的格局。同時與「地方軍事化」相隨的是「紳權擴張」，即「其他行政領域中權力下放的圖景」。在 19 世紀的中國，「地方軍事化」與「紳權擴張」是關乎當時社會結構與權力格局的一種新現象，二者之間密切相連，前者體現在軍事領域，後者體現在政治領域，二者集體反映出清中期地方控制衰落的問題。孔飛力的關於清代團練的研究僅僅停留在 19 世紀時期中央權力與地方權力博弈的整體論述上，闡釋了「紳權擴張」與「地方軍事化」產生的原因，對於地方的社會控制問題缺乏足夠的關注與剖析。而且孔飛力的研究如同魏斐德一書存在著同樣缺陷，其分析問題的時間下限止於 19 世紀 60 年代，其結論缺少來自清末最後近半個世紀歷史實情的支持。

〔註 37〕〔美〕魏斐德著，王小荷譯：《大門口的陌生人：1839～1861 年間華南的社會動亂》，北京：中國社會科學出版社，1988 年。

〔註 38〕〔美〕孔飛力著，謝亮生等譯：《中華帝國晚期的叛亂及其敵人——1796～1864 年的軍事化與社會結構》，北京：中國社會科學出版社，1990 年。

　　美國學者愛德華‧麥科德就孔飛力提出的 19 世紀湖南地區高度地方軍事化問題則持相反的意見，認為晚清到民初湖南地區的地方軍事化水平很低〔註39〕。

　　美國華裔學者蕭公權開啟了 19 世紀縣級以下的鄉村社會的社會控制問題的研究，在清代社會控制研究方面具有里程碑意義〔註40〕。關於近代中國問題的研究，魏斐德、孔飛力等眾多學者更多關注清王朝統治下中央與地方的權力博弈。與以往學者不同的是，蕭公權將研究的視角轉移在縣級以下的鄉村社會，描繪出 19 世紀鄉村控制的圖景，強調了國家通過里甲、保甲、鄉約等組織對鄉村社會進行控制。蕭氏對鄉村社會的分析是建立在國家與社會分離與對抗的基礎上，他將官僚與士紳劃統治階層歸為為一起，認為中國鄉村社會的政治變遷主要出於官僚與士紳之間的權力轉移。

　　這種「控制論」在西方漢學界一度非常盛行，同一時期的美國華裔學者張仲禮和瞿同祖對於中國士紳與地方政府的研究，大體也是採用了這一分析模式。和蕭公權一樣，瞿同祖在《清代地方政府》一書中將所有的地方社會領導等同於士紳〔註41〕。在國家機關之外，他只注意到地方政府與士紳的關係，並沒有考慮到村莊內部的權力結構，以及它與國家之間的關係。張仲禮也和蕭公

〔註39〕〔美〕愛德華‧麥科德；周秋光譯：《清末湖南的團練和地方軍事化》，《湖南師範大學學報》（社會科學版），1989 年第 3 期，第 97 頁；《民初湖南的團練和地方軍事化》，《吉首大學學報（社會科學版）》，1989 年第 2 期。

〔註40〕蕭公權於 1957 年在美國發表了英文版的 Rural China: Imperial Control in the Nineteenth Century，1960 年該書獲得美國學術團體聯合會的學術大獎。（Hsiao Hung-ch'uan, Rural China: Imperial Control in the Nineteenth Century, Seattle: University of Washington Press, 1960.）而中譯本遲了半個世紀，直至 2014 年才由臺灣聯經出版事業公司翻譯出版（蕭公權著，張皓、張昇譯：《中國鄉村——論 19 世紀的帝國控制》，臺北：聯經出版事業股份有限公司，2014 年）。2018 年由北京九州出版社再版（蕭公權：《中國鄉村——19 世紀的帝國控制》，北京：九州出版社，2018 年）。

〔註41〕瞿同祖《清代地方政府》（Local Government in China under the Ch'ing）1962 年首次在美國哈佛大學出版社出版，後經過國內學者范忠信等人的翻譯以中文的形式於 2003 年在國內出版，2011 年再版。該書不僅指出清代基層社會管理體制中的官、紳關係是「互相依賴又互為矛盾」，而且還指出官、紳在基層行政管理上的異同。「士紳和官吏隸屬於同一集團。從這個意義上講，他們的權力直接源於傳統的政治秩序。因此，儘管有正式權力和非正式權力的差別，實際上是同一個權力集團在控制社會。這個權力集團在公共領域表現為官吏，在私人領域表現為士紳。結果是，政治性基本權力就是政治中的主控權力。」（〔美〕瞿同祖著，范忠信、晏鋒譯：《清代地方政府》，北京：法律出版社，2003 年，第 283 頁。）

權一樣較為強調士紳在地方社會中非公職性的領導作用，而無視村莊中可能存在的自發的領導〔註42〕。美國「士紳社會」的研究取向因為強調士紳與官僚的同質性而導致將「國家與鄉村」關係引入「政府與士紳」關係上，用國家政權與地方社會精英之間的權力變動來理解和認識國家與鄉村社會的關係，這即是「控制論」的內涵所在。

對於清代團練的探究，外國學者趨向從近代中國的階層關係與統治形態的宏觀視角去理解與分析近代中國社會的變化。當然也有一些學者則從微觀層面對清代廣東團練予以一定的關注。例如韓國學者都重萬的碩士論文討論了嘉慶至同治年間廣東團練的發展狀況，就目前為止學界對於清代廣東團練的發展脈絡做的一次近乎完整的探索〔註43〕。但同樣令人遺憾的是，都重萬對同治以後廣東團練發展情況沒有過多的涉及，所以仍舊無法完整窺探出清代廣東團練的整體全貌和發展脈絡。此外都重萬還考察了嘉慶年間廣東地區天地會起義、沿海海盜與團練情況之間的聯繫〔註44〕。都重萬還解析了清代廣東宗族組織與團練之間的聯繫〔註45〕。日本學者西川喜久子對咸豐年間廣東順德團練總局成立情況進行鋪陳〔註46〕。以上外國學者關於清代廣東團練的探究仍舊處於某一時期廣東團練的發展狀態或是某一團練組織結構、職能的階段性研究，缺乏從整體宏觀層面對清代廣東團練的發展情況進行全面性考察。

2. 國內研究

清代團練的國外研究起步較早。相較於國外研究，清代團練的國內研究顯

〔註42〕張仲禮的《中國紳士：關於其在十九世紀中國社會中作用的研究》英文版 The Chinese Gentry, Studies on Their Role in Nineteenth-Centry Chinese Society 於 1955 年在西雅圖華盛頓大學出版社出版，1961、1967 年該社亮度重版。其中譯本於 1991 年由李榮昌翻譯上海社會科學院出版社出版（張仲禮著，李榮昌譯：《中國紳士關於其在 19 世紀中國社會中作用的研究》，上海：上海社會科學院出版社，1991）。

〔註43〕〔韓〕都重萬：《清末廣東團練之研究（1796～1874）》，臺灣師範大學碩士論文，1979 年。

〔註44〕〔韓〕都重萬：《嘉慶間廣東社會不安與團練之發展》，《清史研究》，1998 年第 3 期。

〔註45〕〔韓〕都重萬：《清代廣東鄉治組織與團練之淵源》，見閻純德主編：《漢學研究》第 2 集，北京：中國和平出版社，1997 年，第 356～373 頁。

〔註46〕〔日〕西川喜久子著，蘇林崗譯：《順德團練總局成立始末》，見中國社會科學院近代史研究所：《國外中國近代史研究》第 23 輯，北京：中國社會科學出版社，1993 年，第 123～165 頁。

得滯緩許多。由於太平天國運動曾是國內史學界研究的熱點，與太平天國運動相伴而生的各地團練也得到了國內史學界的重點關注。自 20 世紀 60 年代開始，針對太平天國時期全國各地組建與太平軍相抗衡的團練組織，展開豐富的討論。首先是關於全國各地清代團練組織結構及其性質問題的探討，20 世紀 60 年代受國內階級鬥爭理念模式的影響，例如像曹國祉為代表等眾多學者認為清代團練代表地主階級進攻具有農民運動性質的太平天國運動，因此清代團練具有反動、落後的性質〔註47〕。當時的清代團練研究更多具有政治批判的意味。到了 20 世紀 70 年代末，史學界逐漸脫離階級鬥爭研究範式，對清代團練的性質重新進行探討，如何若鈞等學者肯定了清代團練在近代中國反侵略鬥爭做出的突出貢獻〔註48〕。20 世紀 80、90 年代這段時期國內史學界在宏觀層次上對清代團練做出新的定義，並開始對清代團練進行深入探索。以夏林根、米振波、賈熟村、黃細嘉等學者肯定了清代團練在中國近代史上的作用與地位，並逐漸向團練內部組織以及各地省區之間的差別展開討論〔註49〕。

　　論及清代團練的宏觀研究，鄭亦芳與林世明兩位臺灣學者的論著具有一定的代表性〔註50〕。他們對清代團練制度及其組織的演變，乃至功能、性質都作出理論性的概括。鄭氏與林氏的作品在一定程度上有助於在宏觀層面深化清代團練活動及其組織的整體認知，同時亦不可避免地存在一些問題。例如鄭氏論述的對象針對清代南方地區的團練而言，並沒有把北方地區的團練囊括在內，並且鄭氏所在的臺灣地區在清領期間亦存在團練，而作者並沒有將此納入論文的研究對比當中。鄭氏對於清代各區域團練的比較研究較為不足。而林氏的著作在敘述過程中擴大化了團練的具體概念，連同清代兵制中

〔註47〕 曹國祉：《論太平天國革命時期團練組織及其反動性》，《史學月刊》，1964 年第 11 期。

〔註48〕 何若鈞：《團練的階級屬性和它在近代反侵略鬥爭中的地位》，《華南師院學報》，1979 年第 1 期。

〔註49〕 夏林根：《近代團練問題研究》，《江西社會科學》，1982 年第 2 期。米振波：《論咸豐朝團練的成分、來源、編制及團與練的區別》，《南開史學》，1985 年第 2 期。賈熟村：《清政府倡辦團練的得失》，見茅家琦主編：《太平天國史研究》第一集，南京：南京大學出版社，1985 年，第 95～109 頁。黃細嘉：《近代的團練和團練制度》，《歷史教學》，1997 年第 10 期。

〔註50〕 鄭亦芳：《清代團練的組織與功能——湖南、兩江、兩廣地區之比較研究》，見中華文化復興運動推行委員會主編《中國近現代史論集》第 28 編，33 集，臺北商務印書館，1986 年，第 294～334 頁。林世明：《清代鄉團之研究》，臺北：臺灣東華書局，1993 年。

的其他形式鄉兵都包括在內，一定程度上造成概念的混亂。

　　20 世紀 80 年代以後的清代團練研究，由原來對清代團練的性質、組織、功能等整體宏觀概述，開始轉向對全國各省區團練情況的具體研究。其中對太平天國時期各省區的團練研究最為豐碩。單就論文而言，有 20 篇論文分別發表在各類期刊和各種論文集中，其中 5 篇關於江蘇團練研究，廣西團練論文數量有 4 篇，湖南 3 篇，安徽 3 篇，直隸 2 篇，貴州、湖北、山東、江西等省各 1 篇。江蘇方面有吳競、萬心剛、賈熟村等人的作品〔註51〕；廣西方面有梁碧蘭、劉小林等人的作品〔註52〕；湖南有鄭大華、宋亞平、王繼平等人的作品〔註53〕；安徽方面有鄭小春、舒滿君等人的作品〔註54〕；直隸方面的有楊學涯、王萬里等人的作品〔註55〕；其他地區有張山、朱諧漢等人的作品〔註56〕。論文發表時間跨度較大，從 20 世紀 80 年代一直到近幾年陸續

〔註51〕吳競：《太平軍殲滅吳縣香山團練日期考》，《江蘇師院學報》，1981 年第 2 期。吳競、萬心剛：《太平軍在無錫地區與團練鬥爭》，《蘇州大學學報》1998 年第 1 期。賈熟村：《太平天國時期的周莊鎮》，《廣西師範大學學報》，2002 年第 1 期。賈熟村：《太平天國時期的蕩口鎮》，《廣西師範大學學報》，2007 年第 5 期。賈熟村：《太平天國時期的常州地區》，《江南大學學報》，2010 年第 3 期。

〔註52〕梁碧蘭：《太平天國時期的廣西團練》，見廣東廣西太平天國研究會編：《太平天國史論文集》，廣東人民出版社、廣西人民出版社，1983 年，第 685～707 頁。劉小林：《太平天國革命時期廣西團練組織問題研究》：《廣西師範大學學報》，1985 年第 4 期。劉小林：《太平天國時期廣西團練縱橫關係談》，《廣西師範大學學報》，1988 年第 3 期。李光正、張革暐：《試論石達開回師廣西反團練鬥爭》，《河池師專學報》，1995 年第 3 期。

〔註53〕鄭大華：《太平天國時期的湖南團練》，《湖南師範大學學報》，1986 年第 4 期。宋亞平：《太平天國時期的湖南團練》，見王承仁主編：《太平天國研究論文集》，武漢：武漢大學出版社，1994 年，第 395～413 頁。王繼平：《太平天國時期的湖南鄉村社會》，《求索》，2016 年第 3 期。

〔註54〕鄭小春《太平天國時期的徽州團練》，《安徽史學》，2010 年第 3 期。鄭小春：《地方志所見太平天國時期的徽州團練》，《廣州大學學報》，2011 年第 3 期。舒滿君：《晚清官、紳在地方防衛中對民間勢力的整合——以太平天國運動下的徽州團練為例》，《貴州師範大學學報（社會科學版）》，2018 年第 3 期。

〔註55〕楊學涯、王萬里：《淺析太平天國北伐時期直隸中南部的地主團練》，見黎仁凱主編《太平天國北伐史論文集》，河北人民出版社，1986 年，第 243～251 頁。李達三、方爾莊：《直隸團練的鉗制與太平天國北伐的失敗》，見北京太平天國歷史研究會編：《太平天國學刊》第三輯，北京：中華書局，1987 年，第 142～150 頁。

〔註56〕張山：《太平天國時期貴州團練問題初探》，《廣西民族研究》，1988 年第 3 期。朱諧漢：《太平天國時期的江西團練》，《江西師範大學學報》，1988 年第 4 期。唐燕：《太平天國時期的湖北團練》，見王承仁主編：《太平天國研究論文集》，武

有相關論文刊發，其中 20 世紀 80 年代刊發的論文數量較多，以吳競、傅衣凌、梁碧蘭、劉小林、鄭大華等學者為代表。同時，與太平天國運動密切相關的湘軍，亦成為 20 世紀 80 至 90 年代國內學界關注的焦點，如尹福庭、汪林茂、楊奕青、王繼平等學者對湘軍與湖南團練之間的聯繫進行探究〔註57〕。

當然，除了太平天國運動時期的各地團練得到眾多學者關注之外，與清代其他時期的一些重大歷史事件相關的團練活動也得到了學界的關注。如白蓮教起義與團練的探究，有倪英才、周琳、史書各等人發表過相關文章〔註58〕。兩次鴉片戰爭與團練的研究，如張敏良、鄭海麟、崔岷、侯虎虎等人發表過相關論文〔註59〕。臺灣學者陸寶千探究了兩廣天地會起義與團練興起之間的聯繫、團練的組成及其行為方向等內容〔註60〕。西南邊疆苗民起義與團練研究的有趙宏章、張習琴的文章〔註61〕。黎新對咸同雲南回民起義時期的團練研究

漢：武漢大學出版社，1994 年，第 383～395 頁。趙宏章：《貴州咸同大起義與貴州地方團練勢力的形成》，《貴州師範大學學報》，1995 年第 1 期。宋桂英：《太平天國運動時期山東紳士舉辦團練的原因探析》，《青島農業大學學報》，2007 年第 4 期。王繼平：《太平天國時期的湖南鄉村社會》，《求索》，2016 年第 3 期。

〔註57〕尹福庭：《關於湘軍的產生與曾國藩辦團練的關係》，《歷史教學》，1981 年第 8 期。汪林茂：《論湘軍與團練的關係》，《杭州大學學報》，1986 年第 2 期。楊奕青：《咸豐初年的湘鄉縣團練及其湘軍崛起的影響》，《求索》，1987 年第 1 期。王繼平：《論湘軍興起的社會土壤》，《史學月刊》，1992 年第 3 期。

〔註58〕倪英才：《號軍入川與桐梓團練》，《貴州師範大學學報》，1990 年第 3 期。周琳：《白蓮教起事與巴山老林附近地區的鄉村防禦體系》，《佳木斯大學社會科學學報》，2004 年第 1 期。史書各：《乾嘉頹勢與團練之萌芽》，《和田師範專科學校學報》，2011 年第 6 期。

〔註59〕鄭海麟：《鴉片戰爭時期廣東以社學為中心的抗英鬥爭》，《深圳大學學報》，1990 年第 3 期。朱新鏞：《論鴉片戰爭時期廣東士人抵抗派》，《廣東社會科學》，1990 年第 2 期。張敏良：《道光朝廣東團練運動興起的原因及影響》《承德師專學報》，1992 年第 2 期。侯虎虎：《試論鴉片戰爭中的漢奸問題》，《唐都學刊》，2001 年第 1 期。崔岷：《倚重與警惕：1843 年的團練「防夷」之議與清廷決策》，《史學月刊》，2018 年第 11 期。張海林：《第二次鴉片戰爭中清政府「輯民攘夷」政策述論》，《蘇州大學學報》，1990 年第 2 期。張超：《第二次鴉片戰爭期間廣東團練總局的創設及活動》，《五邑大學學報》，2014 年第 3 期。賀躍夫：《第二次鴉片戰爭時期廣東團練抗夷考述》，見中山大學歷史系編：《中山大學史學集刊》第 1 輯，廣州：廣東人民出版社，1992 年，第 189～203 頁。

〔註60〕陸寶千：《論晚清兩廣的天地會政權》，臺灣中央研究院近代史研究所專刊第 33 種，1985 年，第 233～286 頁。

〔註61〕趙宏章：《貴州咸同大起義與貴州團練勢力的形成》，《貴州師範大學學報》，1995 年第 1 期。張習琴：《清代貴州團練與地方政治》，《貴州文史叢刊》，2016 年第 4 期。

〔註 62〕。龍宇純、孫同勛等對咸同撚亂時期的團練研究〔註 63〕。甲午中日戰爭與團練研究的有李洪錫、徐乃為、戚俊傑等人的文章〔註 64〕。中法戰爭與團練的研究的有丁旭光、賴澤冰的文章〔註 65〕。義和團與團練的研究的有戴玄之、馮士缽、侯斌、周源、陳貴宗、程歊、傅德元的文章〔註 66〕。不過相對於太平天國時期的清代各地團練研究，清代其他時段的團練研究關注度不高，論文數量相對較少，其研究主題有待進一步深化。

　　近年來，國內學界對於清代各省區團練研究進一步加深。例如崔岷對於清代山東團練抗糧抗官的系列研究〔註 67〕。而孫兵則對咸同年間山東團練抗糧抗官的現象，而呈現「團練勢力膨脹」表徵一說提出商榷〔註 68〕。更多學者更

〔註62〕 黎新：《雲南回民起義時期的團練》，見高發元主編：《杜文秀起義論集》，昆明：雲南大學出版社，1993 年，第 71～84 頁。

〔註63〕 龍宇純、孫同勛：《撚亂之研究》，臺北：國立臺灣大學出版委員會，1979 年。

〔註64〕 李洪錫：《甲午戰爭時期延邊「越墾韓民」團練及其反對日本奸細的鬥爭》，《延邊大學學報》，2002 年第 1 期。徐乃為：《張謇總辦通海團練參與甲午戰爭》，《歷史教學問題》，2015 年第 3 期。戚俊傑：《從甲午間舉辦登州團練看王懿榮的愛國精神》，《大連近代史研究》，第 15 卷，2018 年。

〔註65〕 丁旭光：《中法戰爭期間民眾動向》，《廣東社會科學》，1990 年第 3 期。賴澤冰：《方耀與中法戰爭時期的廣州府海防——以〈照軒公牘拾遺〉為中心》，《中國國家博物館館刊》，2017 年第 12 期。

〔註66〕 戴玄之：《義和團源流考》，見戴氏遺著：《中國秘密宗教與秘密會社》，臺北：臺灣商務印書館，1990 年，第 927 頁。馮士缽：《義和拳·義和團·「扶清滅洋」》，《歷史教學》，1980 年第 7 期。馮士缽：《義和團源流雜議》，《史學月刊》，1986 年第 3 期。侯斌：《試論義和團的組織及其源流》，《山東大學文科論文集刊》，1980 年第 1 期。周源：《試論義和團運動時期的直、魯民團》，見中國義和團運動史研究會編：《義和團運動與近代中國社會》，成都：四川省社會科學院出版社，1987 年，第 158 頁。陳貴宗：《義和拳·民團·義和團》，《史學集刊》，1982 年第 1 期。歐陽躍鋒：《「義和拳」更名「義和團」探析》，《歷史教學》，1990 年第 9 期。傅德元：《直隸近代社會與義和團運動的興起》，《河北大學學報》，1989 年第 2 期。傅德元：《直隸山東義和團運動的比較研究》，《河北學刊》，1992 年第 5 期。程歊：《義和團起源研究的回顧與隨想》，見蘇位智、劉天路主編：《義和團研究一百年》，濟南：齊魯書社，2000 年，第 95 頁。

〔註67〕 崔岷：《山東團匪：咸同年間的團練之亂與地方主義》，北京：中央民族大學出版社，2018 年。崔岷：《「靖亂適所以致亂」：咸同之際山東的團練之亂》，《近代史研究》，2011 年第 3 期。崔岷：《「抗糧」與「斂費」：咸同之際山東田賦銳減的團練因素》，《山東師範大學學報（人文社會科學版）》，2012 年第 4 期；崔岷：《從「民情」到「恨官」：18～19 世紀山東紳民抗糧動因的轉變》，《北大史學》，2013 年第 1 期。《紳士的分裂：咸同之際山東鄉紳劉德培的抗官之路》，《安徽史學》，2018 年第 5 期。

〔註68〕 孫兵：《清咸同年間山東州縣團練抗糧抗官活動與官府應對——兼與「團練勢

為關注清代各地區團練出現以後，其在於當地權力結構的變化，及其對鄉村社會結構及其社會控制產生的影響，如梁勇、吳擎華、柯莉娜、周興豔、李良品、譚傑容、李平亮、李光明、譙珊、王妍、孫明、任建敏、許順富等學者分別對皖北、重慶（清代屬於四川省管轄）、南昌、雲南、四川、廣西、湖南等地區的團練研究〔註69〕。

　　邱捷、王一娜等學者更側重於士紳控制下鄉村基層社會的權力機構方面研究。咸同之際廣東地區由士紳建立的團練組織，如公約、公局等不僅具有軍事功能，而且兼具行政、徵收稅費、地方防衛和司法審判多種行政職能，成為廣東地區基層社會的實際管理組織〔註70〕。又如香港學者科大衛通過對嘉慶至咸豐時期廣東地區的團練活動，討論了珠三角地區興辦團練的宗族組織的地域控制〔註71〕。

　　　　力極度膨脹」說商榷》，《理論月刊》，2018 年，第 12 期。

〔註69〕吳擎華、柯莉娜：《從苗沛霖團練看 19 世紀中期皖北基層社會統治結構的變化》，《湖北師範學院學報》，2010 年第 5 期。梁勇：《清代中期的團練與鄉村社會——以巴縣為例》，《中國農史》，2010 年第 1 期。梁勇、周興豔：《晚清公局與地方權力結構——以重慶為例》，《社會科學研究》，2010 年第 6 期。梁勇：《團正與鄉村社會權力結構——以清中期的巴縣為例》，《中國農史》，2011 年第 2 期。王妍：《從「異態」到「常態」——清中期巴縣團練的角色轉變與鄉村社會》，《天府新論》，2012 年第 1 期。李良品、譚傑容：《論清末團練制度下鄉村社會與國家關係——以酉陽直隸州為例》，《長江師範學院學報》，2012 年第 5 期。李平亮：《晚清至民國時期的鄉村聯盟與地方政治——以南昌地區為中心》，《江西社會科學》，2012 年第 8 期。李光明：《近代雲南團練與基層社會控制變遷》，《文山學院學報》，2016 年第 2 期。譙珊：《晚清官、紳政治與帝國崩解——以重慶團練與地方權力結構為視角》，《中華文化論壇》，2019 年第 1 期。孫明：《局紳的生涯與人生意態——以清末四川團練局紳為重點》，《北京大學學報（哲學社會科學版）》，2018 年第 1 期。任建敏：《咸同年間廣西潯州的「堂匪」、團練與地方權力結構的變動》，《近代史研究》，2020 年第 1 期。孫明：《鄉場與晚清四川團練運行機制》，《近代史研究》，2020 年第 3 期。許順富：《湖南團練與咸、同時期的鄉村控制》，《歷史學研究》，2021 年第 4 期。

〔註70〕邱捷：《晚清廣東的「公局」士紳控制鄉村基層社會的權力機構》，《中山大學學報（社會科學版）》，2005 年第 4 期。邱捷：《清末香山的鄉約、公局——以〈香山旬報〉的資料為中心》，《中山大學學報（社會科學版）》，2010 年第 3 期。王一娜：《晚清珠三角地區公約、公局的緣起及初期演變》，《廣東社會科學》，2011 年第 6 期。

〔註71〕David Faure, Emperor and Ancestor: State and Lineage in South China, Standford: Standford University Press 2007. 科大衛著，卜永堅譯：《皇帝和祖宗：華南的國家與宗族》，南京：江蘇人民出版社，2010 年，第 320～358 頁。

　　崔岷以咸豐年間團練大臣為專題發表了系列研究，試圖突破當前團練研究只限於各個省區範圍的陳式，為清代團練研究開闢了一個新的研究領域。其系列論著的主題基本圍繞團練大臣與地方督撫的權力之爭，以及官、紳之間的矛盾與衝突而展開的〔註 72〕。

　　上述研究成果毫無疑問在擴大清代團練研究的視野和深化團練研究主題等方面有著重要的學術價值，為以後進一步的研究奠定基礎。相對於國外清代團練研究，國內研究起步晚，底子薄，理論方面也相對缺乏，並且在很長的一段時期，國內研究緊跟著國外學界提出研究理論展開，研究方法與理論沒有新的建樹。雖然近年來清代各省區的團練研究相較以往取得一定的進展，但在論述的主題上基本只是圍繞當地權力結構展開，各省區團練之間缺乏相應的對比，亦沒能夠總結出各省區團練的特色。國內外學界只關注咸同時期的團練情況，對於其他時段的團練缺乏必要的關注。上述問題的完善是今後清代團練研究進一步努力的方向。

（二）清代團練研究的相關問題

　　在 19 世紀的中國，「地方軍事化」與「紳權擴張」是關乎當時社會結構與權力格局的一種新現象，二者之間密切相連，前者體現在軍事領域，後者體現在政治領域，二者集體反映出清中期地方控制衰落的問題。在關乎晚清中國的社會控制話題之中，由團練活動引發的「紳權擴張」與「地方軍事化」兩個現象為中外學界所矚目。國內外學界對此展開豐富的討論。

1.「地方軍事化」與團練之亂

　　「19 世紀中國的地方主義」是由美國學者弗朗茲・邁克爾針對晚清清政府中央控制力衰弱而提出的一個重要命題。對於「地方主義」，邁克爾是這樣定義的：「它是指中國的一些關鍵地區，出現了軍事和政治權力的中心，它們承擔著政府的某些重要職責，但它們仍然處於國家的體制中〔註 73〕。」在中央

〔註 72〕崔岷：《紳士無以救時：咸豐六年清廷推行團練「任官督率」的背景與意蘊》，《安徽史學》，2021 年第 5 期。崔岷：《從禦匪到救時：道咸之際清廷團練動員的興起》，《社會科學研究》，2020 年底 5 期。崔岷：《咸同之際「督辦團練大臣」與地方官員的「事權」之爭》，《歷史研究》，2018 年第 2 期。崔岷：《統合官、紳的困境：「團練大臣」與地方官員的衝突（1853～1860）》，《寧夏社會科學》，2017 年第 5 期。崔岷：《游移於官、紳之間：清廷團練辦理模式的演變（1799～1861）》，《史學月刊》，2019 年第 7 期。
〔註 73〕〔美〕弗朗茲・邁克爾著、高翠蓮譯、鄒桂芬校：《19 世紀中國的地方主義》，見中國社會科學院近代史研究所：《國外中國近代史研究》第 11 輯，北京：中

與地方勢力的鬥爭中，對權力來說，關鍵因素有三，一為行政任免權，二為徵稅權，三為軍隊控制權。並且在國家危機發生及統治發生動搖時，軍隊的控制權是決定性因素。晚清政府行政能力和經制兵戰鬥力的減弱，為士紳建立地方武裝，成為團練實際領導者提供了可能。由此進而出現了晚清時代「地方軍事化」現象。所以，晚清地方軍事化是 19 世紀中國地方主義軍事方面的具體表徵。「地方軍事化」最明顯體現為曾國藩湘軍和李鴻章淮軍等地方武裝力量的建立。當然，晚清湘軍、淮軍這種非國家體制下出現的新型地方軍事武裝，對於中國兵制與清代軍事制度產生深刻的影響，並推動了地方主義的發展。這個問題已有相當廣泛的研究，卻與本文論述話題關係不大，在此不一一〔註74〕。但是，晚清時代的團練是否就是近代軍閥形成的根源，這一問題值得深究。

「地方軍事化」的命題是由孔飛力提出的。所謂的「地方軍事化」即是遍地武裝的出現。而地方軍事化出現的原因在於清代經制兵的衰敗，和國家對於地方武裝控制力的下降。按照孔飛力的理解則是 19 世紀中期的中國出現軍事力量下移的變化〔註75〕。孔飛力認為清代地方軍事化的出現，對於清政府的統治提出了嚴峻的考驗，即如果這些非正規的地方武裝力量不能實現正規化，並納入國家的控制之下，那麼國家自身的安全將立即受到威脅〔註76〕。

國社會科學出版社，1988 年，第 32 頁。

〔註74〕羅爾綱在《湘軍新志》一書中指出湘軍制度形成了三個方面的影響，一為改革了清代的兵制，二為晚清兵為將有的起源，三為形成督撫專政的格局（羅爾綱：《湘軍新志》，見沈雲龍主編：《近代中國史料叢刊續編》第 95 輯，臺北：文海出版社，1980 年，第 216～245 頁）。該問題的相關討論還有久玉林：《中國近代軍閥政治探源》，《學習與探索》，1992 年第 1 期。〔日〕波多野善大著，仁恒俊譯，蔡鳳書校：《中國近代軍閥的形成》，《承德民族師專學報》（社會科學版），1993 年第 1 期。王爾敏：《淮軍志》，桂林：廣西師範大學出版社，2008 年，第 323～337 頁。Pao Chao Hsien，The Government of Chian（1644～1911），Baltimore, John Hopkin Press, 1925, pp295～296.（中譯名：謝寶潮，《清代中央政府概況（1644～1911）》）Michael, Franz H, The Origin of Manchu Rule in China, Baltimore, John Hopkin Press, 1942, pp478～480.（中譯名：弗朗茲·邁克爾，《滿族統治中國的起源》）〔美〕拉爾夫·爾·鮑威爾著，陳澤憲、陳霞飛譯：《1895～1912 年中國軍事力量的興起》，見《中華民國史資料叢稿·譯稿》第 1 輯，北京：中華書局，1978 年，第 19～21 頁。

〔註75〕〔美〕孔飛力著，謝亮生等譯：《中華帝國晚期的叛亂及其敵人——1796～1864 年的軍事化與社會結構》，北京：中國社會科學出版社，1990 年，平裝本序言，第 1 頁。

〔註76〕〔美〕孔飛力著，謝亮生等譯：《中華帝國晚期的叛亂及其敵人——1796～1864 年的軍事化與社會結構》，北京：中國社會科學出版社，1990 年，第 10 頁。

19 世紀中葉的地方軍事化問題是引起晚清社會紛亂的一大根源，乃至對民國初年地方武力割據產生直接的影響。與邁克爾一樣，孔飛力亦認為湘軍是晚清地方軍事化的代表，由於團練和勇營等大量地方武裝的存在，使得太平天國運動發生時以及發生後的各地（如湖南、江西等省份）皆出現高度軍事化的現象〔註77〕。

　　關於孔飛力提出的太平天國運動以後湖南地區持續高度軍事化的情況，美國學者愛德華·麥科德則對此進行反駁。愛德華·麥科德認同了孔飛力關於 19 世紀 50 年代湖南地區出現高度地方軍事化的說法，但卻指出這種高度軍事化是短暫的，並非一直保持著高度軍事化的狀態。愛德華·麥科德以湖南寧鄉縣為例，指出太平天國運動以後湖南大部分地區的軍事化水準很低，而且民國時期的團練並非清代團練的延續，而應當視作地方軍事化的新生〔註78〕。對於上述太平天國運動，地方軍事化水平的高低之爭，國內學者亦做出相關回應。許楓葉認為由於各地情況複雜，並且各地團練發展不均衡，因此無法就幾個地方的團練情況而統一作出判定〔註79〕。就清代四川會理縣而言，太平天國運動之後則幾乎沒有什麼團練活動，因此該地在太平天國運動以後保持著低水平的地方軍事化。楊國安也就地方軍事化水平的高低發表了自己的觀點，他認為孔飛力與愛德華·麥科德兩人只是看到了問題的一方面，太平天國運動以後，團練的存在與否，以何種形式存在，需要結合不同時期、不同地域的具體場景而論〔註80〕。就兩湖地區而言，太平天國運動之後，團練不可能全部被完整地保留下來，戰爭危機的消除，持續的軍事化也是不可能的。但這並不意味著團練會消失得無影無蹤，而會根據各地不同的社會、經濟發展狀態呈現不同的情況〔註81〕。對此，關於清代地方軍事化問題，我們

〔註77〕〔美〕孔飛力著，謝亮生等譯：《中華帝國晚期的叛亂及其敵人——1796～1864年的軍事化與社會結構》，第 220～221 頁。

〔註78〕〔美〕愛德華·麥科德著、周秋光譯：《清末湖南的團練與地方軍事化》，《湖南師範大學學報》，1989 年第 3 期，第 96 頁。〔美〕愛德華·麥科德著、周秋光譯：《民初湖南的團練和地方軍事化》，《吉首大學學報（社會科學版）》，1989 年第 2 期，第 88 頁。

〔註79〕許楓葉：《清末地方軍事化中的國家與社會——以「團練」言說為中心的考察》，《西南民族大學學報》（人文社會科學版），2017 年第 3 期，第 238 頁。

〔註80〕楊國安：《國家權力與民間秩序：多元視野下的明清兩湖鄉村社會史研究》，武漢：武漢大學出版社，2012 年，第 353 頁。

〔註81〕楊國安：《國家權力與民間秩序：多元視野下的明清兩湖鄉村社會史研究》，第 355 頁。

需要分時段、分區域地進行考察。

晚清「地方軍事化」問題的提出，隨即國內學界不少學者紛紛對此進行跟進並展開研究。繼愛德華・麥科德之後，國內學者紛紛對晚清各省區的地方軍事化表現展開探索，張研、牛貫傑重點對清代安徽地區的地方軍事化表現進行重點考察，以由捻軍引發的安徽地區團練活動呈現的高度軍事化現象為例，試圖闡釋晚清雙重統治格局正逐漸演變為以基層社會各實體組織為主導的「單一統治」〔註82〕。論文方面，如楊念群、李平亮、陳芳、何文平、朱淑君、王明前、侯俊丹、許楓葉等學者的文章分別對其他各省區的地方軍事化皆有討論〔註83〕。

「團練之亂」是晚清地方軍事化在部分地區產生的結果。隨著團練活動的開展，士紳權勢得到進一步的擴張，隨之團練活動帶來的地方軍事化的負面影響日益顯現。團練活動期間出現了一些團練組織抗官抗糧事件，由此引發學界對於「團練之亂」現象的觀察與研究。

20世紀40年代，傅衣凌先生率先對團練抗官問題展開討論〔註84〕。團練之亂的形態各樣，包括了抗稅、搶掠、勒索、勾結盜匪或叛匪、篡奪官權、私設公堂、團練互鬥、反清鬥爭，其成因則包括官方因忙於應付各地方戰亂，而缺乏對團練進行有效管理、劣紳依仗團練勢力追求個人私欲、反抗官府徵稅以及依仗武力的團練自身對資源的追求等。美籍華裔學者蕭公權論述19世紀清政府的社會控制提到團練組織對社會秩序的負面影響。團練的興辦雖承擔著

〔註82〕張研、牛貫傑：《19世紀中期中國雙重統治格局的演變》，北京：中國人民大學出版社，2002年第429頁。

〔註83〕楊念群：《論十九世紀嶺南鄉約的軍事化——中英衝突的一個區域性結果》，《清史研究》，1993年第3期。李平亮：《晚清地方軍事化與基層社會的重組——以南昌地區為中心的考察》，《中國社會經濟史研究》，2004年第3期。陳芳：《晚清地方軍事化的典型個案：劉長佑之研究》，《蘭州學刊》，2008年第3期。何文平：《清末地方軍事化中的國家與社會——以廣東團練為例》，《學術研究》，2009年第9期。朱淑君：《晚清咸同時期士紳政治文化考察——以「團練」議論為中心》，《蘭州學刊》，2011年第6期。王明前：《鴉片戰爭前後中國沿海的地方軍事化與紳權伸張（1839～1849年）》，《浙江師範大學學報》，2013年第5期。侯俊丹：《俠氣與民情：19世紀中葉地方軍事化演變中的社會轉型》，《社會》，2014年第3期。許楓葉：《清末地方軍事化中的國家與社會——以「團練」言說為中心的考察》，《西南民族大學學報》，2017年第3期。

〔註84〕傅衣凌：《太平天國時代團練抗官問題引論——太平天國時代社會變亂史研究》，見傅衣凌主編《明清社會經濟史論文集》卷五，人民出版社，1982年，第443～452頁。

防禦地方的任務，但有些卻成為當地的禍源，例如浙江金華和蘭溪縣的一些地方團練竟以檢查為名公開進行搶劫〔註85〕。

　　論及清代團練之亂，學界對安徽團練領袖苗沛霖抗官事件和山東團練士紳劉德培抗糧事件較為關注，有池子華、吳擎華、賈熟村、崔岷、張中訓等學者發表了相關論文〔註86〕。在山東一省，地方劣紳劉德培借助地方團練活動而擴大個人勢力，並聯合當地士紳引發「抗糧」、「抗官」等種種不法行動，對地方官府權威產生嚴重挑戰〔註87〕。咸豐年間的地方團練活動促成「紳權擴大」，甚至在某些地區釀成「團亂」〔註88〕。

　　但是，團練之亂畢竟只是部分省份的個別現象，而清代廣東地區則沒有比較典型的「團練之亂」。儘管清代廣東士紳階層曾組織並領導系列的抗官抗糧鬥爭，例如邱捷以同治年間廣東廣寧縣為例敘述了知縣與士紳之間徵糧與抗糧鬥爭，又如趙東亮提及到清代佛山士紳抗糧行為，但這些士紳領導的抗糧鬥爭基本與團練組織無涉〔註89〕。何文平圍繞清末廣東地區盜匪的治理展開分析，官府在團練治理盜匪問題未見良效的形勢下，轉而仿照西方警察制度推行巡警制〔註90〕。而巡警制的推行一度衝擊團練在基層社會的管理地位，由此引

〔註85〕〔美〕蕭公權著，張皓、張昇譯：《中國鄉村：19世紀的帝國控制》，北京：九州出版社，2017年，第362頁。

〔註86〕賈熟村：《對苗沛霖及其集團的考察》，《安徽史學》，1987年第1期；《苗沛霖與清朝官、紳的勾結與對抗》，《安徽史學》，1987年第2期；《苗沛霖及其集團的敗亡》，《安徽史學》，1988年第3期。池子華：《對苗沛霖集團與太平天國、捻軍關係的考察》，《近代史研究》，1989年第1期。謝俊美：《苗沛霖團練事件》，《學術界》，1994年第1期。陶傳德、池子華：《苗沛霖團練事件》，《安徽師大學報》，1994年第2期。吳擎華：《從苗沛霖團練看19世紀中期皖北基層社會統治結構的變化》，《湖北師範學院學報》，2010年第5期。張中訓：《大漢德主劉德培反清始末（1860～1863）》，《東吳歷史學報》，2001年第7期。崔岷：《「抗糧」與「斂費」：咸同之際山東田賦銳減的團練因素》，《山東師範大學學報》，2010年第4期；《紳士的分裂：咸同之際山東鄉紳劉德培的抗官之路》，《安徽史學》，2018年第5期。

〔註87〕崔岷：《「抗糧」與「斂費」：咸同之際山東田賦銳減的團練因素》，《山東師範大學學報（人文社會科學版）》，2012年第4期；《紳士的分裂：咸同之際山東鄉紳劉德培的抗官之路》，《安徽史學》，2018年第5期。

〔註88〕崔岷：《山東團匪：咸同年間的團練之亂與地方主義》，北京：中央民族大學出版社，2018年。

〔註89〕邱捷：《知縣與地方士紳的合作與衝突——以同治年間的廣東省廣寧縣為例》，《近代史研究》，2006年第1期。趙東亮：《明清佛山地方治理研究》，廣州：南方出版社，2017年，第107～113頁。

〔註90〕何文平：《變亂中的地方權勢：清末民初廣東的盜匪問題與社會秩序》，桂林：

發辦團士紳與官府之間的矛盾〔註91〕。

2.「紳權擴張」與官、紳關係

　　清代團練多由地方士紳所創辦，因此團練與士紳形成密不可分的聯繫，其中許多以清代士紳為專題的論著對各地士紳的團練活動有所涉及。一些學者通過團練活動對地方士紳階層及其宗族組織展開探究，例如毛立平、方英等學者關注到淮軍產生的安徽地區社會情況，如地方士紳階層和宗族組織應對戰亂時如何產生聯結，組建地區防禦力量等〔註92〕。還有如李平亮對晚清江西地方士紳的一系列團練活動，引發的鄉村社會結構的變動以及社會權勢的轉移等問題展開探究〔註93〕。又如尤育號對晚清溫州士紳團練活動的考察〔註94〕。因此，士紳的團練活動是許多學者進行區域史研究的一個切入點。

　　無論承平抑或戰亂，清代大量地方事務的實際管理皆操諸士紳之手，士紳的諸多活動在於鄉村社會管理起到積極作用。士紳對於基層社會管理事務的介入，繼而形成「非正式權力」〔註95〕。據瞿同祖所述，社會控制方面分為「公」與「私」兩個不同領域，「公」領域指的是凌駕於基層社會之上的官僚行政系統，「私」領域則由地方士紳所操控〔註96〕。士紳在於「私」領域所掌

　　　　　廣西師範大學出版社，2011 年，第 147～155 頁。

〔註91〕何文平：《清末廣東巡警制的創建與官、紳關係》，《中山大學學報（社會科學版）》，2006 年第 5 期。

〔註92〕方英：《太平天國安徽士紳的分化與地方社會》，《安徽史學》，2012 年第 5 期。毛立平：《十九世紀中期安徽基層社會的宗族勢力——以捻軍、淮軍為中心》，《清史研究》，2001 年第 4 期。

〔註93〕李平亮：《近代政治變革與江西鄉村社會變遷》，北京：中國社會科學出版社，2021 年，第 84～110、160～202 頁。

〔註94〕尤育號：《因地制宜：晚清溫州士紳社會研究》，上海：上海三聯書店，2019 年，第 39～42 頁。

〔註95〕瞿同祖著，范忠信等譯：《清代地方政府》，北京：法律出版社，2003 年，第 282 頁。

〔註96〕瞿同祖著，范忠信等譯：《清代地方政府》，第 283 頁。「公」與「私」兩種不同的社會控制系統是由傅衣凌提出的。20 世紀 80 年代，傅衣凌在其遺作《中國傳統社會：多元的結構》（《中國社會經濟史研究》，1988 年第 3 期）中引入「鄉族組織」對中國傳統社會控制結構進行重新思考。他認為中國傳統社會由「公」與「私」兩個不同的控制系統構成。「公」的控制系統是「凌駕於整個社會之上」的官僚系統，而「私」的控制系統則表現為「對基層社會直接進行控制」的「鄉族組織」。儘管鄉紳階層在「公」與「私」兩大系統之間發揮作用，但實際上鄉紳階層是作為直接控制鄉族組織的一方與官府展開對話與交道。但在清代地方管理事務及其所處領域，究竟何為「公」？何為「私」？

控的管理權力，則為「非正式權力」。這與官府的正式權力相對的。根據張仲禮的研究，清代士紳活動包括修路造橋、開河築壩、興修水利、管理社倉、興教助學等等大量公共工程的開展〔註97〕。另外，士紳在地方福利事務與公益事業上也起到重要作用，例如濟貧、義葬、育嬰堂等公益組織的開辦，災荒時的捐糧賑災等等。戰亂之時，士紳轉而成為團練一類的地方武裝組織的軍事領袖。張仲禮在其研究中亦指出在團練活動中上層士紳與下層士紳皆有明確分工，上層士紳負責較大區域團練組織的管理與籌款，下層士紳較小的區域內負責團練的實際運行〔註98〕。王志明以清代鄉居進士與官府交往活動為專題，探究清代進士非任職期間居鄉的各類社會活動。《清代鄉居進士與官府交往活動研究》一書有兩章專門討論居鄉進士的團練活動，其中分別對嘉慶以前的地方反清鬥爭，道光、咸同西方勢力入侵，陝甘少數民族起義，太平天國運動時期以及北方「撚亂」等各個時期全國各地團練活動進行大致的介紹〔註99〕。王先明亦關注到晚清時代士紳於戰亂時期在基層社會控制體系中產生的地位變化。王先明指出在承平到戰亂之際，基層社會控制主體發生了由保甲到團練的變化。士紳原本須受地方保甲的監控，戰亂發生以後，藉由團練組織的領袖身份進而成為基層社會控制的主要領導者〔註100〕。士紳階層在基層社會管理中權力擴大的表現，彰顯晚清時代「紳權擴張」的社會現象。

　　地方士紳對於基層地方事務的管理與控制並不因戰亂而中斷，相反，社會動亂一定程度衝擊了原有的官方行政管理體系，士紳在基層社會的管理範圍有所擴大，更加強化了對於基層社會的管理控制。戰亂之時，官府更體現出對於地方士紳的倚賴，特別是組建地方團練和興辦團練活動等事情上。晚清時代戰亂不斷，清廷屢屢倡諭興辦團練。於是，士紳在於戰亂時期承擔的社會事務遠比承平時期更龐雜且繁重，與之相伴的是，其權勢相較以往有所擴張。由此造就了世人對於晚清時代「紳權擴張」的一種整體觀感。王先明、常書紅、張

　　　　傅衣凌卻並沒有明確指明。事實上，由於許多地方管理事務呈現相為交織的狀態，所以難以對「公」、「私」之分做出辨明。

〔註97〕 張仲禮：《中國紳士：關於其在19世紀中國社會中作用的研究》，上海：上海社會科學院出版社，1991年，第52～66頁。

〔註98〕 張仲禮：《中國紳士：關於其在19世紀中國社會中作用的研究》，第70頁。

〔註99〕 王志明：《清代鄉居進士與官府交往活動研究》，上海：上海書店出版社，2018年，第106～154頁。

〔註100〕 王先明：《近代紳士——一個封建階層的歷史命運》，天津：天津人民出版社，1997年。

研、賀躍夫、金鐘博、牛貫傑、劉彥波等眾多學者對晚清時代基層社會的紳權擴張、團練組織職能的拓展等現象多有描繪〔註101〕。

由晚清時代「紳權擴張」的社會現象，結合官府與士紳之間圍繞地方管理事務所引發的矛盾與衝突等諸多現實，進而引申為官權與紳權之間頡頏。有些學者對於「紳權擴張」問題做出了進一步的探索。戰亂的頻發以及官府對於縣級以下基層社會控制的衰弱，客觀上為清代士紳躍升為基層社會的實際管理者，並在更大範圍地謀求自身地位的提升及其權勢的加強提供重要機遇。從社會動亂的興起，到士紳辦團起家，到「紳權擴張」，再到官、紳頡頏的產生，最後發展到威脅國家政權，一些學者沿著這樣的研究思路對清代團練活動過程中的官、紳關係展開探索。

咸豐初年，朝廷為了進一步控制各地團練組織，推動各地團練活動的進行，陸續往內地14個省區委派一批又一批的「團練大臣」。然而，委派到各省的「團練大臣」卻與各省督撫產生一系列的「事權之爭」，從而影響各地辦團的成效。最後，朝廷不得不放棄「團練大臣」的委任，並改變以往團練的辦理模式〔註102〕。在傳統國家逐步走向崩潰的原因探索中，崔岷承認了「紳權擴張」所帶來的負面影響，而且還指出士紳不僅與官府，在與國家之間也同樣存在難以消弭的嫌隙。晚清官、紳之間的矛盾衝突亦是促成清政權崩潰的一個關鍵性因素〔註103〕。

〔註101〕 王先明、常書紅：《晚清保甲制的歷史演變與鄉村權力結構──國家與社會在鄉村社會控制中的關係變化》，《史學月刊》，2000 年第 5 期。王先明：《晚清士紳基層社會地位的歷史變動》，《歷史研究》，1996 年第 1 期。賀躍夫：《晚清縣以下基層行政官署與鄉村社會控制》，《中山大學學報（社會科學版）》，1995 年第 4 期。金鐘博：《明清時代鄉村組織與保甲制之關係》，《中國社會經濟史研究》，2002 年第 2 期。張研：《清代縣以下行政區劃》，《安徽史學》，2009 年第 1 期。牛貫傑：《從「守望相助」到「吏治應以團練為先」──由團練組織的發展演變看國家政權與基層社會的互動關係》，《中國農史》，2004 年第 1 期。劉彥波：《從「守望相助」到「吏治應以團練為先」──由團練組織的發展演變看國家政權與基層社會的互動關係》，《武漢理工大學學報（社會科學版）》，2006 年第 4 期。

〔註102〕 崔岷：《咸同之際「督辦團練大臣」與地方官員的「事權」之爭》，《歷史研究》，2018 年第 2 期。崔岷：《統合官、紳的困境：「團練大臣」與地方官員的衝突（1853～1860）》，《寧夏社會科學》，2017 年第 5 期。崔岷：《游移於官、紳之間：清廷團練辦理模式的演變（1799～1861）》，《史學月刊》，2019 年第 7 期。

〔註103〕 崔岷：《「靖亂適所以致亂」：咸同之際山東的團練之亂》，《近代史研究》，2011 年第 3 期。

　　賀躍夫進而認為太平天國時期士紳雖然藉由團練穩定了國家政權，但是由此形成的龐大地方勢力集團，最終損害了清朝國家的權威〔註 104〕。賀躍夫認為一系列團練活動導致的士紳階層的崛起以及相應的紳權的擴張，打破了地方社會官權與紳權之間的平衡，使得清朝政府愈來愈難以對社會實現有效的控制，最終危及國家政權的穩定。由此可見，賀躍夫對晚清的紳權擴張持否定的態度。戰亂時期，士紳藉由團練起家，進而表現出一定的權勢擴張。但所謂的「紳權擴張」是否就是導致官、紳頡頏的必然因素？其因果關係值得商榷。而「紳權擴張」和官、紳頡頏是否就威脅了清朝政權的穩定，導致國家政權崩潰的主導因素？這個推論值得懷疑。

　　關於清代團練在於地方管理中位置的討論，學界更多將其置於國家與社會、中央與地方、官府與士紳等一種二元對立的範式下進行分析。他們認為清代團練是地方挑戰中央、紳權挑戰官權的有力工具。對此筆者則認為，團練的出現不應是導致官與紳關係的失衡。相反，團練的出現應是對雙方關係重新的一次調整，使之雙方在於應對社會動亂乃至社會控制等問題上有了共同的合作意向，更趨向一種互助互利的合作關係。

　　另外，清代山東、安徽等省份固然出現士紳憑藉團練組織抗官抗糧，但這些終究只是出現在其他省份的個別事件，是否能夠藉以概括晚清士紳權勢擴張的整體現象？是否能夠就此得出紳權已對官權構成嚴重挑戰的結論？此問題有待作進一步商討。至少清代他省的官、紳對立的緊張關係不足以對廣東省的官、紳關係形成參照。因此，清代廣東一省團練活動過程中的官、紳關係變化，筆者認為有必要結合清代廣東地區的實際情況展開考察。通過探討社會控制問題中的官、紳關係，才能更為明晰清代廣東團練組織在於社會管理中處於何種位置，和發揮著何種作用。

　　就涉及清代廣東團練的相關論著而言，有兩個問題應值得注意：

　　一是就研究區域來看，多數涉及清代廣東團練的研著偏重清代廣州一府，甚至廣州一城。例如魏斐德的論著只是針對鴉片戰爭期間廣州城的抗英鬥爭展開的〔註 105〕。又如王一娜的專著則就南海、番禺、順德、東莞、香山、新

〔註 104〕　賀躍夫：《晚清士紳與近代社會變遷——兼與日本士族比較》，廣州：廣東人民出版社，1994 年，第 59～60 頁。

〔註 105〕　〔美〕魏斐德著，王小荷譯：《大門口的陌生人：1839～1861 年間華南的社會動亂》，北京：中國社會科學出版社，1988 年。

會的「廣府六大縣」的情況展開〔註106〕。如此，以清代廣東團練為專題的研究不僅相對薄弱，其中除廣府以外的廣東其他區域的團練研究亦是相當薄弱。

　　二是研究時段問題。已有能夠涉及清代廣東團練的研著，居多集中於咸同年間展開討論，部分如都重萬對於嘉慶年間廣東團練、楊念群對於鴉片戰爭時期和何文平對於清末民初廣東團練做出探究〔註107〕。論文方面，如韓國學者都重萬的碩士論文討論了嘉慶至同治年間廣東團練的發展狀況，就目前為止學界對於清代廣東團練的發展脈絡做的一次近乎完整的探索〔註108〕。但同樣令人遺憾的是，都重萬對同治以後廣東團練發展情況沒有過多的涉及，自其碩士論文之後沒有繼續對清代廣東團練展開探索，所以仍舊無法完整窺探出清代廣東團練的整體全貌和發展脈絡。此外，都重萬還考察了嘉慶年間廣東地區天地會起義、沿海海盜與團練情況之間的聯繫〔註109〕。日本學者西川喜久子對咸豐年間廣東順德團練總局成立情況進行鋪陳〔註110〕。清代廣東團練在研究時段上缺乏連續性。

　　因此，無論是從地域的整體性，還是從研究時段的完整性，以清代廣東團練為專題的研究有待進一步完善。迄今為止，較少學者會將清代廣東團練作為專題進行研究，所以以清代廣東團練作為一個獨立課題展開研究，還是存在一定的探索空間。

四、研究內容的闡述

（一）文章結構

　　本文除緒論部分，還有以下幾個方面內容：

〔註106〕王一娜：《清代廣府鄉村基層建置與基層權力組織——以方志的記述為中心》，廣州：南方日報出版社，2015年。

〔註107〕〔韓〕都重萬：《嘉慶間廣東社會不安與團練之發展》，《清史研究》，1998年第3期。楊念群：《論十九世紀嶺南鄉約的軍事化——中英衝突的一個區域性結果》，《清史研究》，1993年第3期。何文平：《清末地方軍事化中的國家與社會——以廣東團練為例》，《學術研究》，2009年第9期。

〔註108〕〔韓〕都重萬：《清末廣東團練之研究（1796～1874）》，臺灣師範大學碩士論文，1979年。

〔註109〕〔韓〕都重萬：《嘉慶間廣東社會不安與團練之發展》，《清史研究》，1998年第3期。

〔註110〕〔日〕西川喜久子著，蘇林崗譯：《順德團練總局成立始末》，見中國社會科學院近代史研究所：《國外中國近代史研究》第23輯，北京：中國社會科學出版社，1993年，第123～165頁。

　　第一章探討清代廣東團練的興起。其中頻發的社會動亂、清中期以後廣東地區的綠營兵的衰腐和保甲制的廢弛則是廣東團練興起的時代背景。另外，清代廣東團練之所以興起還在於官、紳、民對於社會動亂做出的應對，包括官方由限制民間武力到勸諭民間辦團的態度轉變，士紳階層應對大型社會動亂的辦團動機，地方民眾應對社會動亂長期形成的武裝自衛傳統等方面的內容。

　　第二章探討清代廣東地方當局為應對六次大型社會動亂而採取的五次大規模辦團行動，即嘉慶年間華南海盜擾亂與廣東第一次團練活動的興起（1804～1810）、道光時期的鴉片戰爭與第二次團練活動的興起（1839～1849），咸豐年間的洪兵起義、第二次鴉片戰爭與第三次團練活動的興起（1854～1862），光緒年間中法戰爭與第四次團練活動的興起（1884～1885），清末廣東盜匪問題與第五次團練活動的興起（1898～1911）。並且該章在探討社會動亂與團練活動之間聯繫的基礎上逐一分析各個社會動亂的性質與特點。同時，通過與清代他省團練活動對比，概括總結出清代廣東團練的活動特點。

　　第三章對清代廣東團練組織的流變、特徵、類型、性質、規模、建置形式、辦理模式、人員、經費、職能等方面展開深入探究，在宏觀層面進一步加深對清代廣東團練組織的認知。建立在清代廣東其他省份團練組織的對比研究基礎上，歸納出清代團練組織的時代特徵及其發展趨向。

　　第四章重點解析清代廣東團練與官方的社會控制之間的聯繫。官方的社會控制涵蓋兩個方面的內容，一是對基層社會管理者的控馭，二是對基層社會秩序的控制。清代廣東團練組織是基層社會的主要管理機構，辦團士紳成為基層社會的實際管理者。此章闡釋了官府通過怎樣的系列措施，對團練組織及其辦團士紳形成強力控馭。清末廣東盜匪問題對基層社會秩序的穩定提出挑戰，亦對清政府的社會控制構成考驗。清末廣東盜匪問題對清政府的社會控制產生強烈衝擊。此章重點分析團練治盜的效果，及其失效的原因，包括官府對團練治盜方式的調整，以及對官紳關係產生的影響。

　　第五章以清代廣東順德縣團練為個案分析，闡述順德團練活動的發展過程，順德團練組織概況，以及團練組織職能的發揮所產生的社會控制作用。鑒於清代順德團練是廣東團練的典型代表，本章意在通過對順德團練的個案探討，以小見大地進一步加深對清代廣東團練的整體認識。

　　結語部分對本文所闡述的關於清代廣東團練內容進行理論性總結，並得出以下四點認識。第一，清代廣東團練活動與社會動亂的對應關係，體現出團

練活動「應亂而起、亂止輒撤」的特點。第二，清代廣東團練活動的興辦成為官、紳、民應對社會動亂的共同選擇，形成一種「由下而上、自上而下、上下聯動」的辦團模式。第三，清代廣東團練實現了從鄉兵組織向具有軍事武裝的社會管理機構的形式轉變，其職能由原來單一的軍事功能拓展為兼具軍事武裝、社會管理的雙重功能，並起到了一定的維護地方秩序、保護民眾生命財產安全的作用。第四，清政府對團練既依賴，又提防；既鼓勵興辦，又嚴加控制；廣東團練只是清政府管理基層社會的「工具」。

（二）資料使用

清代團練的資料居多以官書檔案、文集和地方志為主。其中代表朝廷和官府立場的上諭與大臣奏議，封疆大吏編撰的個人文集，和地方士紳編撰的地方史志等等，這些史料無一不是以統治集團（官與紳）的立場與觀點出發，對清代團練情況展開敘述。清代團練雖為一種民間社會組織形式，但能夠查閱反映民眾活動的資料極少。兩相對比之下，由於清代團練史料的記錄者居多是清代的統治集團，由此導致許多學者在分析與研究清代團練時，難以避免從官方立場進行展開。這是資料使用對於文本分析帶來的侷限之一。

晚清史料浩如煙海，其中單論鴉片戰爭、第二次鴉片戰爭、太平天國運動、洋務運動、中法戰爭、中日甲午戰爭、戊戌變法、義和團運動、八國聯軍侵華與《辛丑條約》簽訂等重大歷史事件的基本史料就數以億計。而清代團練史料分布極為零散，散落於上諭與奏議等官方文書檔案、地方志以及零星近代報刊雜誌中，數量大，分布廣，其搜集查找存在相當的困難。假有對清代團練產生興趣的研究者，部分亦因面臨數量龐雜、搜集困難而產生「勸退」心理。相關資料的量多繁雜以及直接史料的短缺，形成當下清代團練研究「冷遇」局面的一大重要因素。

清代廣東團練研究從屬於清代團練研究，其在史料方面遭遇的困難亦相同。並且當前沒有關於清代廣東團練相關的資料史集整理出版，因此筆者在撰寫本文之前則需先對相關史料進行耙疏、整理，務必做到「論從史出」。現將本文所使用到的相關資料統一進行整理與說明，以備以後系統利用。

第一，輯錄上諭、大臣奏議等史料的官書檔案和文集。

《清史稿》卷 133，「兵志四」的「鄉兵」條目按照時間順序記錄了清代團練的大致發展過程，並收錄了一些上諭與奏議。其中提到道光二十三年（1843）鴉片戰爭期間，朝廷諭辦廣東團練「助防海口」，以升平社學為團練

總匯之地〔註111〕。包括光緒六年（1880），兩廣總督張之洞募鄉兵協守虎門；光緒二十四年（1898），兩廣地區會匪滋事，朝廷諭令兩廣地區一個月內速辦團練等情事〔註112〕。

《皇朝續文獻通考》卷 215、216 兩卷亦收錄一些上諭與奏議。例如其中提及鴉片戰爭期間兩廣總督祁墳奏請興辦團練以聯絡聲勢；光緒二十四年（1898），兩廣總督譚鍾麟奉旨籌辦廣東團練保甲等情事〔註113〕。

晚清時期一些皇帝上諭被見中國第一歷史檔案館編錄的《嘉慶道光兩朝上諭檔》、《咸豐同治兩朝上諭檔》、《光緒宣統兩朝上諭檔》等檔案中〔註114〕。例如在嘉慶九年（1804），朝廷調整治理海盜政策，摒棄以往單憑官方武裝對海盜進行緝捕，轉而在廣東地區興辦團練，聯合民間力量共同打擊海盜〔註115〕。嘉慶十四年（1809），兩廣總督百齡繼續推行團練政策，並得到嘉慶皇帝的認可〔註116〕。

《葉名琛檔案》（全稱《葉名琛檔案——清代兩廣總督衙門殘牘》）是道光咸豐年間葉名琛督粵期間處理政事的重要官方檔案，也是目前國內保存最為完好的清代督撫檔案。第二次鴉片戰爭爆發以後，英法聯軍進攻廣州，並俘虜了兩廣總督葉名琛，這批檔案亦隨之流落海外。後經國內機構與學者與英國檔案館協商合作，這批檔案終於得以整理並由廣東人民出版社於 2012 年發行出版。該檔案中記錄了不少葉名琛在廣東洪兵起義和第二次鴉片戰爭期間辦團信息，例如例如道光二十九年（1849）反入城鬥爭中葉名琛組織廣州城內街約團練的情況，又如咸豐年間廣州省城各商行以及廣州府各州縣捐輸團練經費

〔註111〕 趙爾巽：《清史稿》第 14 冊，卷 133，兵志四，鄉兵，北京：中華書局，1977年，第 3951 頁。

〔註112〕 趙爾巽：《清史稿》第 14 冊，卷 133，兵志四，鄉兵，第 3960～3961 頁。

〔註113〕 〔清〕劉錦藻撰：《清朝續文獻通考》卷 215、216，兵十五、十六，見王雲五總編：《十通第十種·清朝續文獻通考》（萬有文庫本）第 1 冊，上海：商務印書館，1936 年，考 9617、9632～9633。

〔註114〕 中國第一歷史檔案館編：《嘉慶道光兩朝上諭檔》，桂林：廣西師範大學出版社，2000 年。中國第一歷史檔案館編：《咸豐同治兩朝上諭檔》，桂林：廣西師範大學出版社，1998 年。中國第一歷史檔案館編：《光緒宣統兩朝上諭檔》，桂林：廣西師範大學出版社，1996 年。

〔註115〕 中國第一歷史檔案館：《嘉慶道光兩朝上諭檔》第 9 冊，嘉慶九年四月二十日、四月二十六日、五月十二日、五月二十日、六月二十六日，桂林：廣西師範大學出版社，2000 年，第 136～137、150～151、174～176、184、246～247 頁。

〔註116〕 中國第一歷史檔案館：《嘉慶道光兩朝上諭檔》第 14 冊，嘉慶十四年八月初四，桂林：廣西師範大學出版社，2000 年，第 481 頁。

數額等等。目前學界對這批檔案缺乏一定的關注，對這批檔案的使用、分析較少。這批檔案有待進一步深入發掘與探索。

《皇朝經世文編》和《皇朝經世文續編》收錄了許多大臣關於辦理團練的奏議〔註117〕。例如嘉慶九年（1804），兩廣總督倭什布面對華南海盜日益頻繁的情況，奏請調整治理海盜政策，實施力行保甲、興辦團練方案〔註118〕。同時亦包括地方官員向督撫就如何辦理團練提出的建議。如嘉慶年間署理雷州海防同知程含章給兩廣總督百齡的稟文，針對保甲廢弛的問題，提出了興辦團練以彌補保甲不足的建議〔註119〕。再如時任兩廣總督那彥成幕僚的嚴如熤，就曾如何治理華南海盜問題提出了《沿海團練說》〔註120〕。

一些史料彙編收錄有歷任廣東地區督撫以及欽差大臣興辦廣東團練的奏議。如《延釐堂集》收錄了嘉慶九年（1804）廣東巡撫孫玉庭為了應對華南海盜問題，奏表朝廷要求行保甲，舉團練的奏議〔註121〕。又如《那文毅公兩廣總督奏議》輯錄了嘉慶十年（1805）兩廣總督那彥成興辦廣東團練，打擊華南海盜的相關奏議〔註122〕。再如鴉片戰爭期間赴任廣東查禁鴉片的欽差大臣林則徐，為了防止英商洋人作亂，一度募水勇協守海防〔註123〕。其後，李鴻章、郭嵩燾、毛鴻賓、張之洞、彭玉麟、譚鍾麟、張樹聲等諸位擔任廣東地區的督

〔註117〕《皇朝經世文編》由賀長齡輯錄，魏源代編，主要輯錄清代前期和中期部分學者文章和官吏奏疏。《皇朝經世文續編》主要有葛士濬光緒十四年（1888）版本和盛康光緒二十三年（1897）版本。

〔註118〕〔清〕倭什布：《籌辦洋匪疏》，見〔清〕賀長齡：《皇朝經世文編》卷85《兵政下·海防》，《近代中國史料叢刊》第一輯第731冊，臺北：文海出版社，1966年，第3055～3057頁。

〔註119〕〔清〕程含章：《上百制軍籌辦海匪書》，載〔清〕賀長齡主編：《皇朝經世文編》卷85，兵政十六，海防下，沈雲龍主編，《近代中國史料叢刊》第74輯，臺北：文海出版社，1972年，第3071頁。

〔註120〕〔清〕嚴如熤：《沿海團練說》，載〔清〕賀長齡主編：《皇朝經世文編》卷83，兵政十四，海防上，沈雲龍主編，《近代中國史料叢刊》第74輯，臺北：文海出版社，1972年，第2960～2961頁。

〔註121〕〔清〕孫玉庭：《防剿洋匪情形疏》，載《延釐堂集》奏疏卷上，頁五十一，見國家清史編纂委員會：《清代詩文集彙編》，第438冊，上海：上海古籍出版社，2010年，第33頁。

〔註122〕〔清〕章佳容安輯：《那文毅公兩廣總督奏議》，見沈雲龍主編《近代中國史料叢刊》第21輯，臺北：文海出版社，1973年。

〔註123〕陳錫祺：《林則徐奏稿·公牘·日記補編》，廣州：中山大學出版社，1985年。《林則徐全集》編輯委員會：《林則徐全集》，福州：海峽文藝出版社，2002年。

撫或赴任廣東的欽差大臣，亦先後督辦廣東團練，並發表相關見解〔註124〕。
同時，一些廣東的地方官吏亦對如何興辦廣東團練提出了建議。光緒年間，時
任肇羅（肇慶、羅定）道臺的方濬師，向兩廣總督譚鍾麟提出了「寓團練於保
甲之中」的建議〔註125〕。

　　另外，《清實錄》作為清代官方重要史料，其中亦有朝廷與地方官員關於
如何興辦廣東團練等政策分析與情況討論。廣東省地方史志編委會辦公室、
廣州市地方志編委會辦公室於 1995 年編錄一套《清實錄廣東史料》（全 6 冊）
〔註126〕。雖然這套書極大方便了我對清實錄廣東史料的查閱，但本文為了史
料引用的規範，對《清實錄》的引用仍以中華書局 1986 年的《清實錄》（全
60 冊）為主〔註127〕。

　　以上大部分史料基本是關於清代廣東團練的上諭與大臣的奏議，對這些
史料的搜集與整理有助於進一步反應官方對於廣東地區辦理團練的態度轉
變，以及相關的政策實施，在宏觀上有助於對長達百餘年的清代廣東團練發展
情況的構建。

　　第二，有清代廣東團練相關記錄的廣東地方志。

　　中國地方志一般由當地行政機構彙集當地一批有名望的士紳進行撰寫，
因此無論在人力還是資料的來源都是比較充分，對於本地發生的重大事件，都
會進行較為仔細的調查，然後根據採訪的資料進行編寫。地方志對於人物信息

〔註124〕顧廷龍、戴逸主編：《李鴻章全集》，合肥：安徽教育出版社、安徽出版集團，
　　　　2008 年。〔清〕郭嵩燾撰，梁小進主編：《郭嵩燾全集》，長沙：嶽麓書社，
　　　　2012 年。〔清〕王先謙編：《郭侍郎（嵩燾）奏疏》，見沈雲龍主編：《近代中
　　　　國史料叢刊》第 16 輯，臺北：文海出版社，1973 年。郭嵩燾著，楊堅點校：
　　　　《郭嵩燾奏稿》，長沙：嶽麓書社，1983 年。〔清〕毛承霖編：《毛尚書（鴻
　　　　賓）奏稿》，見沈雲龍主編：《近代中國史料叢刊》第 61 輯，臺北：文海出版
　　　　社，1973 年。苑書義、孫華峰、李秉新主編：《張之洞全集》，石家莊：河北
　　　　人民出版社，1998 年。王樹枬編：《張文襄公（之洞）全集》，見沈雲龍主編：
　　　　《近代中國史料叢刊》第 49 輯，臺北：文海出版社，1970 年。〔清〕彭玉麟
　　　　著，梁紹輝等整理：《彭玉麟集》，長沙：嶽麓書社，2003 年。〔清〕譚鍾麟：
　　　　《譚文勤公（鍾麟）奏稿》，見《近代中國史料叢刊》第 33 輯，臺北：文海
　　　　出版社，1973 年。〔清〕何嗣焜編：《張靖達公（樹聲）奏議》，見沈雲龍主
　　　　編：《近代中國史料叢刊》第 23 輯，臺北：文海出版社，1973 年。
〔註125〕〔清〕方濬師：《嶺西公牘匯存》卷 2，頁六十三，見沈雲龍主編：《近代中
　　　　國史料叢刊》第 27 輯，臺北：文海出版社，1973 年，第 333 頁。
〔註126〕廣東省地方史志編委會辦公室，廣州市地方志編委會辦公室編：《清實錄廣東
　　　　史料》（全 6 冊），廣州：廣東省地圖出版社，1995 年。
〔註127〕《清實錄》（全 60 冊），北京：中華書局，1986 年。

和記事的可信性較高，而且記錄了許多官方史書所忽略的地方史實。一般說來，地方志主要分為三種，省志、府志和縣志，部分地區編有當地的鄉志，如廣東的《佛山忠義鄉志》、《茶山鄉志》等。省的通志比府志簡略，府志比縣志簡略，而縣志的記載是最為詳盡的。因此，如果省志、府志和縣志中出現對於同一人物信息或同一事件的相同記載，原則上能採用縣志的記錄就無須再引用府志或省志的記錄。清代廣東團練作為一項區域史研究，清代廣東地區的地方志無疑是研究廣東團練極為重要的參考資料。廣東歷代地方志中對於清代廣東團練的記載，有助於進一步瞭解與分析廣東團練在於各個地區的落實與辦理情況，細化對清代廣東團練的研究。

地方志記錄地內容包羅萬象，包括了政治、經濟、文化、風俗、人物、地理、氣候、物產等等，所以地方志記錄的信息一般較為簡單、分散。因此，本文在對清代廣東團練展開整體研究之前，必須先對散落在廣東地方志中有關團練的所有資料信息進行搜集整理，然後按照各地區的時間先後順序編立成史料長編。在廣東地方志中對於嘉慶年間地方團練與華南海盜的鬥爭，以及咸豐年間洪兵起義期間團練情況記錄相對較多，因此筆者對這兩個時期的廣東團練情況進行搜集、選和整理，製成表格附於附錄部分，以便查閱。

在廣東地方志關於團練信息的相關記錄中，順德縣志對於當地辦團士紳信息和團練活動情況的記錄相較於其他地區的地方志是較為詳盡。由於順德縣團練的記錄情況較為充分，且順德團練是清代廣東團練的典型，本文將順德縣團練的活動情況及其團練組織的概況，作為個案研究單列一章進行重點分析。儘管該縣對於團練相對較為充分，但仍是比較零散，使用時還要參閱其他史料加以分析，才能得出結論。由於《（民國）順德縣志》卷3，「團局公約」部分對該縣團練組織的信息記錄相對細緻，本文以此對順德團練組織的規模和建置形式進行分析，並以此作為廣東團練組織的典型代表。順德縣地方志辦公室1993年出版過一本《順德縣志》（咸豐、民國的合訂版），該書極大方便對清代廣東順德縣團練辦理情況的查閱〔註128〕。

第三，記錄清代廣東團練的報紙、日記與外人記載。

廣東地區地方志對於團練的記錄僅止於同治時期，光緒年間廣東地區陸續有過幾次辦團行動，一些報紙對於清末廣東的團練活動有進行相應的報導。

〔註128〕順德市地方志辦公室點校：《順德縣志》（清咸豐、民國合訂本），廣州：中山大學出版社，1993年。

報紙對於廣東團練的報導，補充了地方志記錄上的不足，使我們能夠得以進一步瞭解到清末廣東的團練活動情況。例如《嶺海報》記錄了光緒二十四年（1898），兩廣總督譚鍾麟在廣州省城設立團練總局延請局紳的具體人數和信息〔註129〕。此外，《申報》重點關注了清末廣東盜匪問題，並報導了廣州城辦理團練的情況，以及光緒二十九年（1903）在辦團期間，總督岑春煊與省城士紳圍繞廣州城治安管理控制權產生的矛盾與衝突（詳見第二章清代廣東第五次團練活動內容）。《香港華字日報》中當時有幾則新聞報導了光緒二十一年（1895）、二十七年（1901）、二十九年（1903）廣州城河南地區的團練公局幾次出面協調了當地的幾次械鬥事件〔註130〕。《香港華字日報》還報導了清末順德縣盜匪、會黨活動情況，反映出當地治安的惡化〔註131〕。《（光緒）嶺東日報》自光緒二十八年至三十四年（1902～1908）的每期「潮嘉新聞」一欄詳細報導了清末粵東地區（潮州府與嘉應州）盜匪、會黨活動、鄉村械鬥等社會治安問題〔註132〕。當時控制潮嘉地區的團練組織稱為保安團練局（保安局），《（光緒）嶺東日報》對於保安局的設置及其職能，以及對於基層社會治安的管理有詳細的報導。報紙一類的資料對廣東團練的記錄相對零碎，輯錄起來亦有一定的難度，所以只能作為補充材料進行對比參照。

　　杜鳳治宦粵十幾年，歷任廣寧、新會、南海、羅定、佛岡等州縣的地方官。杜鳳治為官期間一直保持寫日記的習慣，其留下的日記手稿 40 本，近 400 萬字。其日記記錄了杜鳳治為任地方官期間的基層官場形態以及諸多官、

〔註129〕《諭辦民團》，《嶺海報》（光緒二十四年八月十九日），1898 年 10 月 4 日。《大紳辦團》，《嶺海報》（光緒二十四年十二月十一日），1899 年 1 月 22 日。
〔註130〕《彈壓械鬥》（光緒二十一年六月六日），《香港華字日報》，1895 年 7 月 27 日。《幾釀械鬥》（光緒二十七年三月二十九日），《香港華字日報》，1901 年 5 月 17 日。《息爭賠款》（光緒二十七年五月十一日），《香港華字日報》，1901 年 6 月 26 日。《鄉鬥詳述》（光緒二十九年五月九日），《香港華字日報》，1903 年 6 月 4 日。
〔註131〕《順屬三點會之披猖》（光緒三十三年九月十七日），《香港華字日報》1907 年 10 月 23 日。《順德桂洲匪風之猖獗》（光緒三十三年十一月十一日），《香港華字日報》，1907 年 12 月 15 日。《順德盜賊甲天下》（宣統二年八月十日），《香港華字日報》，1910 年 9 月 13 日。《順德三合會匪之猖獗》（宣統二年八月二十五日），《香港華字日報》，1910 年 9 月 28 日。《順德真無一寸淨土》（宣統二年十一月二十六日），《香港華字日報》，1910 年 12 月 27 日。
〔註132〕《（光緒）嶺東日報》見廣東省立中山圖書館的「微縮文獻全文數據庫系統」，可查找到每期的全文。

紳關係，其中包括對士紳團練活動及其團練局亦有所涉及。杜鳳治日記先為中山大學圖書館所藏，後廣東人民出版社以《望鳧行館宦粵日記》之名予以出版〔註133〕。現有邱捷教授點校的《杜鳳治日記》版本〔註134〕。

衛三畏的《中國總論》是為美國漢學的開山之作〔註135〕。該書是衛三畏作為西方傳教士自 1833 至 1876 年旅居中國期間，對於中國歷史、地理、文化、風俗等各方面皆有深入的介紹與刻畫。其中包括了作者居住廣州期間對於當時鴉片戰爭、洪兵起義以及第二次鴉片戰爭等重大歷史事件的客觀描述。當然，衛三畏作為早期來華的傳教士，其著作字裏行間的敘述不免為西方列強的侵略張本。

第二次鴉片戰爭期間，英法聯軍攻佔廣州，時任「廣州委員會」翻譯的赫德，在其日記中記錄了進入廣州城內的英軍與鄉勇的一些衝突事件。《赫德日記》一書中零散且反覆出現英軍與鄉勇衝突的記錄，一定程度上彌補了清代官方對於第二次鴉片戰爭廣州城時失陷時期歷史記錄的缺失，較為客觀地記錄了英法聯軍對廣州長達 4 年殖民統治的一些社會情況〔註136〕。

但是，一些外人的歷史記錄中卻為西方列強的侵略戰爭進行說辭，甚至故意歪曲事實，推卸戰爭責任，美化侵略，其立場極為鮮明，是為殖民者的殖民擴張而張目。例如斯坦利在《巴夏禮在中國》一書中將英法聯軍攻佔廣州城的侵略行為，解說成當時清政府與廣州城民眾拒絕履行條約，而不得已發動的武裝行動〔註137〕。並且一再指出廣州城內民眾通過散播傳單等方式散佈仇外情緒，蓄意挑起中英兩方爭端，間接闡明中國人的排外情緒才是促發中外戰爭衝突的根源。

〔註133〕〔清〕杜鳳治：《望鳧行館宦粵日記》（手抄本），見廣東省立中山圖書館、中山大學圖書館編：《清代稿鈔本》，第 10～19 冊，廣州：廣東人民出版社，2007 年。

〔註134〕〔清〕杜鳳治著，邱捷點校：《杜鳳治日記》（全 10 冊），廣東人民出版社，2021 年。

〔註135〕〔美〕衛三畏著，陳俱譯：《中國總論》（上下冊），上海：上海古籍出版社，2014 年。

〔註136〕〔英〕赫德著，傅曾仁、劉壯翀等譯：《步入中國清廷仕途——赫德日記（1854～1863）》，北京：中國海關出版社，2003 年，第 217、218、219、223、235、237、241、244、245、246、250、251、253、254、256、260、261、264、266、271、283、284、286、300 頁。

〔註137〕〔英〕斯坦利·萊恩-普爾、費雷德里克·維克多·狄更斯著，金瑩譯：《巴夏禮在中國》，上海：中西書局第，2011 年，185～196 頁。

　　在魏斐德的《大門口的陌生人》一書的相關表述中，甚至認為廣州城內的民眾已經欣然接受「外國人作為廣東的事蹟統治者」，清政府與地方官府已然屈服，廣州周邊 96 個村落地區的長者極為有禮地列隊歡迎英國的巡邏兵，而只有紳士才把聯軍「視為政治和社會的真正對手」〔註 138〕。並且把英法聯軍的侵略美化成是在珠江三角洲地區「建立起一種社會保護制度」。「英法聯軍的軍事佔領和殖民統治，包括廢除苦力買賣中罪惡的「豬仔貿易」和城市管理對廣州小店主百分之三的「抽釐」稅，這一舉動贏得了成千上萬農民和商人的感激不盡。而當英法聯軍不干涉地方事務時，地方民眾反而忿忿不平。〔註 139〕」最後魏斐德對英法聯軍發動戰爭行為評論道：「他們英國人將被新的中國視為帝國主義侵略者，而這個新中國恰恰是他們無意中幫助建立起來的」〔註 140〕。

　　總之，早期對於中國歷史的國外記錄者或歷史學家，對於近代中國歷史的記錄和相關的敘述都難免建立在早期西方殖民者的立場與觀點之上，其間不失為其反動侵略戰爭行為進行美化，因此在對這些史料的使用需要進行甄別。

（三）研究範圍

1. 空間範圍

　　清代廣東統轄的行政地域範圍包括了今天廣東、海南省和廣西省範圍內的欽廉等地區（圖緒-1），但受清代廣東團練相關史料所限，本文主要集中於廣州府、肇慶府、高州府、羅定州、韶州府、惠州府、潮州府等區域，即今天廣東省的地理範圍，不包括欽、廉地區和海南省。

〔註 138〕〔美〕魏斐德著，王小荷譯：《大門口的陌生人：1839～1861 年間華南的社會動亂》，北京：中國社會科學出版社，1988 年。

〔註 139〕〔美〕魏斐德著，王小荷譯：《大門口的陌生人：1839～1861 年間華南的社會動亂》，第 203～204 頁。

〔註 140〕〔美〕魏斐德著，王小荷譯：《大門口的陌生人：1839～1861 年間華南的社會動亂》，207 頁。

圖緒-1　清嘉慶二十五年（1820）廣東省行政編製圖〔註141〕

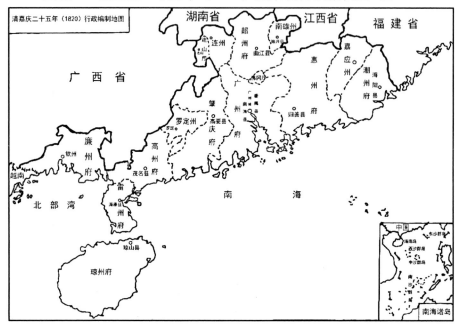

清代大規模團練活動形成的主要因素有二，一是大規模的社會動亂，二是官方的大力倡導。因此，本文論述的重點在於，清中後期廣東地區大規模並具有一定社會影響的官辦團練活動，及其團練活動之下具有社會管理職能的團練組織。本文集中對奉劄辦團的團練組織及其活動展開討論，即所討論的團亂組織及其活動具有明顯的官辦性質。本文以清代廣東團練為研究對象，主要以嘉慶九年至宣統三年（1804～1911）官方主導的五次大規模辦團行動為論述對象。所以，本文的論述對象並非是整個清代267年統治時間內廣東地區所有的團練活動。

清代廣東地區既存在五次大規模的辦團行動，同時亦存在三次短時間、小規模的團練活動，即嘉慶七年至八年（1802～1803）、道光三十年至咸豐二年（1850～1852）、光緒二十至二十五年（1898～1899）。

嘉慶七年至八年（1802～1803）廣東團練曾協助官府在惠州府和廣州府的部分地區剿滅天地會起義。嘉慶七年至八年（1802～1803）是廣東天地會起義的活躍期，也由於官府圍剿天地會起義軍和地方鄉民維護地區秩序等需要，才因此形成短時間、小規模的廣東團練活動。儘管在1802～1803年廣東地區有

〔註141〕《廣東歷史地圖集》編輯委員會：《廣東歷史地圖集》，廣州：廣東省地圖出版社，1995年，第21頁。

過短暫的團練活動，但由於此次官府剿滅天地會起義的規模較小，廣東團練其間的活動並不突出。另外，嘉慶年間天地會起義期間的廣東團練屬於民間紳民自發，而非在官府發布勸諭民間組建團練告示之下形成，因此本文未對其重點展開論述。

　　道光三十年至咸豐二年（1850～1852），高州府信宜縣地方團練協助官府剿滅凌十八拜上帝會起義。由於該場起義事關太平天國運動，因此學界在80、90 年代對廣東凌十八起義運動予以特別重視，進行了一些相關史料的整理工作和產生了一批相關的研究論文〔註 142〕。儘管如此，但廣東團練在協助官府圍剿這場凌十八領導起義的過程中並沒有突出的表現，且相關團練活動呈現小規模、分布零散且存續時間較短，因此筆者未將此次的團練活動納入到本文重點考察當中。

　　光緒二十四年（1898）廣東遂溪和香港新界地區爆發反抗法國和英國侵略的民眾運動，兩地士紳紛紛組建團練抵禦外來侵略〔註 143〕。雖然兩地團練對抵抗英法兩國侵略發揮出重要作用，但終因清政府的懦弱腐朽，法國和英國最終成功強佔廣州灣和新界等地。又以此次兩地團練運動是由地方士紳組織，且持續時間較短（1898～1899）、涉及範圍較小，所以本文沒有把這兩次的團練活動作為重點考察對象。

　　所謂的大規模團練活動，是指其團練範圍至少是跨縣級，並且縣與縣之間的團練形成聯合，對外敵展開鬥爭。例如第一次鴉片戰爭期間，為應對西

〔註 142〕　相關史料專輯有：茂名市政協文史資料研究委員會編：《凌十八起義史料集》，廣州：廣東人民出版社，1991 年。專著有：吳兆奇主編：《凌十八起義》，廣州：廣東人民出版社，1989 年。論文集有：茂名市政協文史資料研究委員會編：《凌十八起義論文集》，廣州：廣東人民出版社，1991 年。相關研究論文有：饒任坤：《信宜凌十八起義》，《廣西民族學院學報》，1983 年第 3 期。莊建平：《凌十八團營起義的考察》，《南京大學學報（哲學社會科學版）》，1983 年第 20 卷。杜德鳳：《太平天國時期的凌十八起義》，《江西師範大學學報（哲學社會科學版）》，1987 年第 4 期。方志欽：《凌十八起義散論》，《廣東史志》，1990 年第 4 期。歐安年：《「凌十八起義」之歷史回顧與反思》，《廣東史志》，1990 年第 1 期。呂堅：《試論凌十八起義與金田起義》，《史學集刊》，1992 年第 4 期。劉佐泉：《凌十八起義與客家》，《中國近代史》，1993 年第 7 期。莊建平：《凌十八起義及其歷史作用》，《歷史檔案》，1993 年第 1 期，等等。

〔註 143〕　光緒二十四年（1898 年 4 月 10 日）法國強逼清政府將廣州灣（今湛江地區）租借給法國，租期 99 年。同時，英國殖民者不甘落後，強迫清政府將九龍半島（即新界地區）租借給英國，租期 99 年。

方列強入侵，廣州府廣州城所在的番禺與南海兩縣團練組織展開聯合，掀起了抗英的系列鬥爭。第二次鴉片戰爭期間，廣州府的順德、東莞、南海、番禺等縣團練組織聯合成立廣東團練總局，對入侵的英法聯軍展開鬥爭。兩次鴉片戰爭，廣東的團練範圍只在廣府內部的縣級之間展開，但其他時期的廣東團練活動範圍則擴大到府級以上。例如嘉慶年間華南海盜活躍期間，廣東的團練活動達到 8 府 20 州縣（廣州府、肇慶府、惠州府、潮州府、高州府、廉州府、雷州府、瓊州府）的規模。再如咸豐年間洪兵起義期間，廣東團練活動有 5 府 4 直隸州 1 廳共 49 個州縣（廣州府、韶州府、肇慶府、惠州府、潮州府、連州、南雄直隸州、羅定州、嘉應州、佛岡廳）的規模。

2. 時間範圍

嘉慶九年至宣統三年（1804～1911），廣東地區五次以官方為主導的大規模辦團行動是為本文的重點分析對象。嘉慶九年（1804），廣東巡撫孫玉庭上表奏請皇帝調整海防政策，奏章裏面提到「力行保甲、團練鄉勇」的建議〔註 144〕。嘉慶皇帝認同了孫玉庭奏章中所提到的「嚴守口岸」、「嚴斷接濟」等建議，並對行保甲、舉團練等舉措表示支持〔註 145〕。嘉慶十年（1805），兩廣總督那彥成發布勸諭民間團練告示，此後清代廣東以官方主導的第一次大規模辦團行動正式展開。因此，本文以嘉慶九年（1804）作為本文研究的時間上限。

宣統三年（1911），辛亥革命爆發，清朝覆亡。清政權的結束，在官方主導下的清代廣東第五次團練活動亦隨之結束。第五次辦團活動由於清末廣東政局的頻繁變動而斷斷續續，其間團練活動也因官、紳矛盾的表面化而多次終止。儘管官方停止辦團活動，但地方辦團依舊持續。這些地方辦團有的是依附官府進行，有的是出於自保自衛的目的，甚至是出現劣紳辦團，擾亂地方秩序的惡劣現象。因此，清末廣東團練既有官辦，也有「官紳紳辦」，亦有民辦。這些團練對社會秩序產生不同的影響，既有維護社會秩序，也有擾亂社會秩序。因此，廣東團練活動不止於官方的辦團活動，更在於民間辦團活動規模的廣泛性和時間的持久性。許多民間團練組織不因清政權的覆滅而消

〔註 144〕〔清〕孫玉庭：《防剿洋匪情形疏》，載《延釐堂集》奏疏卷上，頁五十一，見國家清史編纂委員會：《清代詩文集彙編》，第 438 冊，上海：上海古籍出版社，2010 年，第 33 頁。

〔註 145〕《清實錄》第 29 冊，仁宗睿皇帝實錄（二），卷 130，嘉慶九年六月癸未，北京：中華書局，1986 年，第 766～768 頁。

亡，而是一直延續到民國時期，並與民國時期廣東民團、商團產生緊密聯繫。因此本文取 1911 年作為清代廣東團練活動的時間下限既是對廣東民間團練活動時間進行關照，同時也便於與民國時期廣東民團、商團的發展研究在時間線上可以形成緊密的銜接。

晚清到民國在中國歷史上是一個風雲變化的大時代。如果我們著眼於中國歷史上的歷次變化，其實可以「風物長宜放眼量」。很多事物只有放置在幾十年甚至上百年的歷史長河中才能完整準確地看出它的發展形態，清代團練亦如此。法國年鑒學派布羅代爾認為，以某種重大事件為中心，短時段地去觀察和研究歷史，這類歷史研究只不過是瞬息萬變、喧嚷一時的新聞而已〔註 146〕。只有長時段地觀察和研究歷史，才能找到歷史發展的真正動因。所以說研究歷史宜從更長的時段去進行考究，這也是避免落入「碎片化」窠穴的有效方法。

當然，長時段的開展歷史研究對於一個科研新手來說自然是個極大的挑戰，其研究自然也無法在長時段的歷史發展時期內對事物形成面面俱到的關照。因此，本文只能選取 1804～1911 年廣東團練活動中的典型事例進行針對性剖析，以期進一步凸顯清代廣東團練活動及其組織的特點。

（四）研究取徑

1. 國家與社會研究的「二元合一」

關於清代廣東團練研究是建立在「國家—社會」理論框架之下的一項區域史研究。目前學界對於「國家—社會」研究範式多有批責，例如從西方經驗抽象出來的「國家—社會」的理論架構隱含著二者對立的預設〔註 147〕。這便導致國內外諸多學者在沿用「國家—社會」理論框架展開研究分析時，不自覺地陷入「國家—社會」二元對立的窠穴中。晚清「團練大臣」以及「團亂」研究就是其中一例。而「國家—社會」的二元對立格局可能會導致一些史學研究走入另一種極端，即不見「國家」只見「社會」。這一點在於當前一些歷史人類學研究論著中有所體現。

事實上，「國家—社會」的理論框架中，國家與社會並非兩個截然獨立的

〔註146〕〔法〕費爾南·布羅代爾（Fernand Brandel）：《歷史科學和社會科學：長時段》，見何兆武主編：《歷史理論與史學理論：近現代西方史學著作選》，北京：商務印書館，1999 年，第 817 頁。

〔註147〕鄧京力：《「國家—社會」分析框架在中國史領域的應用》，《史學月刊》，2004年第 12 期，第 86 頁。

研究個體，甚至兩者之間都不存在明確的界限。因為「皇權」並非「不下縣」，所以縣級並非是中國古代社會中央政治體系的末端〔註148〕。國家中央權力遠遠地滲透進基層社會的各項管理中，且隨著動亂的加劇而愈發強烈。晚清時代如此，到了民國則愈發明顯。國家與社會二者互為交融且互相滲透，形成一種「你中有我、我中有你」的局面。對於區域史研究來說，這一認知尤為重要。因此，本文研究是在「國家—社會」理論框架展開，而所謂的「國家—社會」理論框架並非指國家與社會「二元對立」的格局，而應是區域史研究中的國家與社會的「二元合一」〔註149〕。

2. 政治史與社會史理論方法的結合

「從學科的劃分來說，有關晚清以來中國國家與社會的研究，應該說既是政治史研究的內容，也是社會史研究的範疇。……國家與社會關係的性質，決定了研究晚清國家與社會的互動，必然既是社會史研究的對象，同時也是政治史研究的對象。〔註150〕」過去國內學界的政治史研究呈現一種只見「骨架」沒有「血肉」的研究範式，為諸多學者所詬病。「中國的政治史敘事基本是『制度史』研究的一種翻版，人們在政治史的表述中除了瞭解到堆積出的一系列事件序列和機械的制度描述之外，根本無法感受到中國政治運作奇詭多變的態勢和與人們日常生活的關聯意義〔註151〕」為了讓政治史重獲新生，為政治史研究尋找新的生長點，在新的時期內學者們緊緊圍繞著事件、人物、制度這幾個政治史研究中的關鍵內容，紛紛嘗試、摸索政治史研究的新途徑。其中一個

〔註148〕 胡恒：《皇權不下縣？清代縣轄政區與基層社會治理》，北京：北京師範大學出版社，2015年。

〔註149〕 「國家與社會的二元合一」的提法是出於黃宗智教授《國家與社會的二元合一：中國歷史回顧與前瞻》（廣西師範大學出版社，2022年）一書的書名。黃教授提出的「國家與社會二元合一」是針對其提出的「第三領域」概念而言。筆者認同黃教授「國家與社會的二元合一」的觀點闡述，卻並不認同「第三領域」的概念。因此，本文所闡述的「國家與社會的二元合一」是在「國家—社會」二元分析框架之下，與黃教授提出的「國家—第三領域—社會」三元分析模式有本質上的區別（黃宗智：《中國的「公共領域」與「市民社會」？——國家與社會間的第三領域》，載黃宗智主編：《經驗與理論：中國社會、經濟與法律的實踐歷史研究》，北京：中國人民大學出版社，2007年，第169頁）。

〔註150〕 崔志海：《晚清國家與社會研究再思考》，《中國社會科學院院報》，2006年12月14日第006版，第2頁。

〔註151〕 楊念群：《為什麼要重提「政治史」研究》，《歷史研究》，2004年第4期，第10頁。

重要呼聲就是由鄧小南先生提出的「活的制度史」〔註152〕。

就學理而言，中國古代歷代統治者在大一統時期統治之下的中國版圖都較為遼闊，而且統治之下的中國各地發展不一，其各地社會情形更是千差萬別。所以在理論中、在實際上都不可能僅憑中央一道命令或者皇帝的一紙上諭就決定了各地社會的發展。因此，從事區域史研究是必須的且有價值的，而且區域史研究比較容易探索出一條符合一定地域特徵的發展模式與獨特的發展規律，進而突出區域社會發展的獨特性。這是區域史研究的旨趣所在。目前在區域社會史研究領域中出現了以中國某個區域為核心的研究範式，儘管這些流派風格各異，但其宗旨無一不是以某一區域的「小歷史」去豐富中國社會「大歷史」，使「大歷史」更為具象化〔註153〕。但目前學界的某些區域史研究深受國外後現代主義理論影響，汲汲於某些個人、人群、宗族或村落的日常瑣碎，走向了只見「樹木」不見「樹林」的「碎片化」研究。區域史研究的價值不應侷限於區域本身，或者不應止於區域內部，否則所謂的區域研究就會落入歷史「碎片化」的窠穴，我們也就無法從宏觀層面去理解歷史發展的整體性，也無從理解統一的多民族國家的形成。

關於強調政治史與社會史的對話，已有不少知名學者發出相關方面的探討與呼籲。鄧小南先生強調「活」的制度史的過程中要注重政治史與社會史、思想史等其他學術研究領域的關聯〔註154〕。楊念群先生在談到探求政治史新的生長點的問題上，更是強調政治史與社會史之間的對話〔註155〕。任何學術研究都來源於現實，也必將服務於現實，這才是學術研究價值性的體現。筆者同樣也不主張將政治史和社會史進行嚴格分開。實際上隨著學科內部之間的交叉融合，要做到嚴格分開也是不可能的。在學術方法與路徑的探索中，為了避免政治史研究中的只見「骨架」不見「血肉」的缺陷，同時也力圖規避區域社會史書寫中的「碎片化」，只見「樹木」不見「樹林」的劣勢，發揮政治史研究中的架構優勢和社會史研究中的深入性與具體性優勢，將政治史與社會

〔註152〕鄧小南：《走向「活」的制度史——以宋代官僚政治制度史為例的點滴思考》，《浙江學刊》，2003 年第 3 期，第 103 頁。

〔註153〕楊念群：《「地方性知識」、「地方感」與「跨區域研究」的前景》，《天津社會科學》，2004 年第 6 期，第 120 頁。

〔註154〕鄧小南：《走向「活」的制度史——以宋代官僚政治制度史為例的點滴思考》，《浙江學刊》，2003 年第 3 期，第 102 頁。

〔註155〕楊念群：《為什麼要重提「政治史」研究》，《歷史研究》，2004 年第 4 期，第 10 頁。

史這兩個歷史學科下相鄰的二級學科重新整合，構建「政治—社會史」應是政治史與區域社會史未來發展的新途徑〔註156〕。

由此看來，清代廣東團練研究作為一項區域史研究，既離不開政治史的宏觀框架，也離不開社會史的具體考察。只有將政治史與社會史兩個學科理論方法進行有效結合，才能為近代中國國家與社會研究探索出一條新道路。「如果沒有政治史的框架，沒有宏觀的對於整體的全局的把握。晚清史研究就會失去方向，但沒有社會史的考察，許多具體問題，甚至一些重大問題，也不可能得到解決。〔註157〕」

3.「國家政策引導下的社會控制」的研究視角

因此，本文在「國家—社會」的「二元合一」分析框架之下，結合政治史與社會史等理論方法，提出「國家政策引導下的社會控制」，以此作為本文的研究視角。以往傳統社會的國家政策研究，其研究重點在於政策如何產生。而所謂的「國家政策引導下的社會控制」，其研究的重點在於「社會控制」，即在國家政策引導下官府對於地方產生的社會控制行為，在研究上更加注重國家政策落實到地方社會所產生的社會效應。而朝廷政策的如何形成不再是討論的重點，只是作為官方形成社會控制的一個背景。「國家政策引導下的社會控制」既強調中央政策對於地方社會「自上而下」的管理與控制，也強調了社會發展變化對於國家政策「由下而上」的反向影響。以本文清代廣東團練研究為例，嘉慶以後廣東地方社會動亂的加劇，催生興辦團練政策的出臺。辦團諭令的頒布落實到廣東地方之後，形成了以官方為主導的大規模團練活動。其間，起於民間的團練組織在官方的大力倡導之下得以推廣，並逐步成為基層社會的主要管理機構。由此可見，清代廣東團練活動及其團練組織的形成與擴展，無不體現關於國家與社會之間那種「由下而上、自上而下、上下聯動」的互動關係。

以「國家政策引導下的社會控制」作為清代廣東團練的研究取徑，分析嘉慶至辛亥革命前夕廣東地方社會發展動態。筆者認為具有以下幾點好處：

第一，在時間發展層面，有利於我們在長時段內窺探出社會的發展變化。團練作為一項全國性政策，它在咸豐年間得到大面積的推廣，絕不是當時的統治者「一拍腦門」做出的決定，而應是彙集各地社會實情，經過反覆探討

〔註156〕徐永志、戴巍：《「政治—社會史」：深化史學研究的新途徑》，《史學月刊》，2007年第1期，第120頁。

〔註157〕崔志海：《晚清國家與社會研究再思考》，《中國社會科學院院報》，2006年12月14日第006版，第2頁。

且深思熟慮後形成的，而且也是借鑒了嘉慶年間興辦團練的經驗。一項政策既有對其前朝經驗的借鑒，而往後朝代對政策的制定或改動又是建立在借鑒前代政策經驗基礎上。如此一來，團練作為一項國之政策在清代形成了一條長達百餘年的漫長時間線，由此我們便可在這條漫長的時間線上探究出地方社會在不同時期的發展變化情況。為此，趙世瑜對於社會史研究視角「風物長宜放眼量」的提議，與年鑒學派主張的長時段歷史研究方法在本質上是不謀而合〔註158〕。

第二，在空間地域層面，有利於我們能夠在更為宏觀的層面中對話題進行展開，這也是政治史研究中所談到的「整體性」。「政治史研究，通常注重時代的走勢，注重整體性的把握，是大陸學界的傳統優勢所在」〔註159〕。團練既然是一項國之政策，必然在全國各地得以大範圍的推廣施行，這樣便為我們的團練研究展開一幅宏大的社會圖景，即便我們不以全國範圍而是以某一省區的團練活動作為探究，也有利於我們對同一時期這樣的全國性政治活動對不同省區展開對比研究。

第三，有利於我們對政治活動內部的參與者以及相關的社會各階層展開探討。團練作為清代國家的一項朝廷政策，在這場以官方為主導全國性的政治活動中，以朝廷與官府所代表的「國家意志」顯然在社會控制中佔據著主導地位，其他階層如士紳、民眾在重大政治活動中同樣有其一席之地。由此我們分析這場以官方為主導的政治活動，其分析重點並不在於朝廷對團練政策如何討論與制定，而在於團練作為一項政治制度是如何落實在地方，地方是如何對此加以推行，地方社會各階層對此作出何種反映。由此，一個鮮活的地域社會躍然紙上，從而彌補了政治史研究只有「骨架」不見「血肉」的弊病〔註160〕。

〔註158〕趙世瑜：《明清史與宋元史：史學史與社會史視角的反思——兼評〈中國歷史上的宋元明變遷〉》，《北京師範大學學報》，2007年第5期，第87頁。林立樹：《現代思潮：西方文化研究之通路》，北京：中央編譯出版社，2014年，第223～224頁。

〔註159〕鄧小南：《祖宗之法：北宋前期政治述略》，北京：新三聯書店，2006年，第2頁。

〔註160〕「還歷史以血肉」是常建華先生在《中國社會史研究十年》（《歷史研究》，1997年第1期）一文中提出的。楊念群：《為什麼要重提「政治史」研究》，《歷史研究》，2004年第4期，第10頁鄧小南：《祖宗之法：北宋前期政治述略》，北京：新三聯書店，2006年，第2頁。

（五）研究方法

文獻研究法。通過對有關團練文獻的梳理，特別是廣東地方志的查閱，釐清清中期以後廣東團練發展與組織的基本概況。

量化統計與分析。筆者在文獻分析的基礎上，借鑒計量史學的研究方法，主要針對涉及清代廣東順德縣團練的經濟情況展開量化統計與分析。

比較分析法。在充分釐清晚清廣東團練發展情況的基礎上，增加對全國其他地區團練情況的研究對比。在省區團練發展情況展開對比同時，本文亦注重清代廣東團練組織的內部對比。例如在對標準型與非標準型組織建置的清代廣東團練士紳出身情況進行量化統計的基礎上，對其不同時期團練領袖出身情況展開對比分析。

五、創新與不足

所謂的創新往往是在前人研究的基礎上的進一步推進，所以本部分對創新點的闡述勢必涉及到對前人研究不足的闡述。

（一）創新之處

第一，論文選題的新穎。往昔學界對於清代團練研究多側重內地省份，對於沿海省份的團練情況有所忽略。因此本文以「清代廣東團練」為專題研究，在選題上具有一定的新穎性。

第二，研究視角的創新。由於清代廣東團練活動與清中期以後的廣東社會動亂緊密相關，因此清代廣東的團練活動是本文分析和探究清中期以後廣東社會發展變化情況的一個良好研究視角。而本文通過清代廣東一域的社會動亂及其相應的團練活動，以小見大地去窺見清中期以後的社會發展變化。

第三，採用多學科研究方法。本文除了使用傳統的文獻分析研究以外，還借鑒並採用借鑒計量史學的研究方法，對清代廣東團練領袖數量情況，以及咸同時期順德團練總局捐輸情況進行量化統計。

第四，使用一些新史料。以往清代團練研究採用多是清代檔案（中國第一歷史檔案館館藏的清代檔案，清代巴縣衙門檔案等）、地方志、清人文集等資料。本文除了利用檔案、地方志、清人文集等資料之外，還重視利用《嶺海報》、《申報》、《香港華字日報》、《（光緒）嶺東日報》等報紙，對清末廣東團練進行研究。《葉名琛檔案——清代兩廣總督衙門殘牘》中記錄了葉名琛在廣東洪兵起義和第二次鴉片戰爭期間辦理團練的一些信息，例如道光二十九年

（1849）反入城鬥爭中葉名琛組織廣州城內街約團練的情況，又如咸豐年間廣州省城各商行以及廣州府各州縣捐輸團練經費數額等等。以往學界對此檔案材料少有關注，本文則對之進行整理分析，彌補以往研究的一些不足。

（二）不足之處

其一在於資料搜集、整理方面未能盡全。儘管筆者已經力所能及地對關於清代廣東團練的史料進行廣泛地搜集、整理，但難免還存有未及涉獵到的相關材料，寫作時不免掛一漏萬。例如本文的材料以廣東地方志為主，而有關清代廣東團練的史料在於地方志中分布極為零散，這需要筆者不斷把疏廣東地方志的相關記載，方可得到本文寫作所需的「有用」信息。即便是本文最為重視的廣東地方志材料，在其枯燥乏味的反覆校驗、篩選信息的過程中，難免會遺漏一些重要信息，更遑論其他材料的搜集與整理。

其二在於與清代廣東團練相關領域的論述未能盡全。清代廣東團練所包含的內容太多，涉及面太廣，筆者無法在一篇文章中予以全部說明。所以這就決定了本文只能對清代廣東團練與地方控制的聯繫進行重點討論。諸如與清代廣東團練組織相關的珠江三角洲沙田區域的管理與經營，已有黃永豪、譚棣華、科大衛、西川喜久子、劉志偉等多位學者對其展開討論〔註161〕。既有前人研究的珠玉在前，而且筆者對經濟史不甚熟悉，所以本文沒有對該話題展開探索。又如械鬥與團練的聯繫，咸同年間廣東的土客大械鬥過程雙方設團表現，劉平和鄭德華兩位學者已經做過相關的闡述〔註162〕。如果就此話題進行深挖，文章的主題勢必遷移至械鬥問題的論述上，顯然已偏離了本文論述的主題，故不作討論。

〔註161〕黃永豪：《土地開發與地方社會——晚清珠江三角洲沙田研究》，香港：文化創造出版社，2005年。譚棣華：《清代珠江三角洲的沙田》，廣州：廣東人民出版社，1993年。科大衛著，卜永堅譯：《皇帝和祖宗：華南的國家與宗族》，南京：江蘇人民出版社，2010年，第349～355頁。〔日〕西川喜久子著，曹磊石譯：《清代珠江三角洲沙田考》，《嶺南文史》，1985年第2期。〔日〕西川喜久子著，翟意安譯：《清代珠江三角洲地區的沙田》，《中山大學研究生學刊（社會科學版）》，2001年第3期。劉志偉：《地域空間中的國家秩序——珠江三角洲「沙田—民田」格局的形成》，《清史研究》，1999年第2期。

〔註162〕劉平：《被遺忘的戰爭——咸豐同治年間廣東土客大械鬥研究》，北京：商務印書館，2003年。鄭德華：《土客大械鬥：廣東土客事件研究（1856～1867）》，香港：香港中華書局有限公司，2021年。

第一章　清代廣東團練活動的產生

　　清嘉慶年間的白蓮教起義，對清王朝統治產生強烈衝擊。雖然官方在地方團練的協助下得以平定此次動亂，順利度過此次動亂帶來的統治危機，但不可否認的是清王朝歷經此次動亂開始由盛轉衰，中央對地方控制持續減弱，清王朝的政權統治盡顯疲態與頹勢。值得注意的是，清代團練組織及其相關的團練活動早在白蓮教起義之前已然存在，只是白蓮教起義期間地方團練經由官方推廣倡導而得以遍設，進而形成大規模的團練活動。因此，嘉慶年間白蓮教起義時期的團練活動，是為清代大規模團練活動的肇始，對後世的團練活動產生深遠影響。嘉慶年間同樣在廣東地區也興起一系列大規模團練活動，而四十年後的廣東團練更是在鴉片戰爭期間發揮著抵禦外侮的重要作用。由此可見，團練活動產生於國家內憂外患之際，在中央政權無力捍衛地方社會穩定之時，為地方社會提供良好的安全保障。因此，清代團練活動研究成為清中期以後一個重要的政治、社會現象，成為晚清史研究的一個重要課題。

　　關於清代團練與保甲的關係，地方志的記錄和清朝官員奏章中承認「團練」就是從「保甲」演化而來[註1]。當前學界只是從保甲到團練這單一的制

〔註1〕 「團練即保甲也。有事為團練，無事為保甲。」（〔清〕孫鼎臣：《請責成本籍人員辦理團練疏（咸豐二年）》，載〔清〕盛康輯：《皇朝經世文續編》卷81，兵政七，團練上，頁二十九，見沈雲龍主編《近代中國史料叢刊》第85輯，臺北：文海出版社，1966年，第2319頁。）「保甲設於無事之時，有警則從而聯之為團，申之以練，易保正保長之名為團總團正之職任稽之。」（《（民國）富順縣志》卷8，兵防，團練，頁十五，見中國國家圖書館特色資源（方志叢書），四川，第70冊。）

度性層面，對清代團練組織的產生進行探討〔註2〕。從保甲到團練這單一角度也僅僅勉強能夠說明清代團練組織如何產生，但卻遠不足以解釋清代團練活動如何興起。究其清中期以後為何屢屢出現大規模的團練活動，必然有著諸多特定之要素，並在特定的環境之下相互作用而形成的。

　　鑒於本文是以清代廣東團練為研究對象，因此本章更多的是運用清代廣東地區的史料，對清代廣東團練何為得以興起展開分析。

第一節　外部環境變化的促成

一、頻發的社會動亂

　　清代大規模團練活動產生於大規模的社會動亂之下，嘉慶時期白蓮教起義如是，咸豐年間太平天國動亂亦如是。因此，清代團練活動得以產生的一個重要前提便是動亂的社會環境。一般是大規模的動亂引發大規模的地方團練，小規模的動亂促使小規模團練的創辦。「應亂而起」是清代團練的一大特點。

　　關於社會動亂與團練活動之間的關係，已有學者做出相關的討論。例如陸寶千將咸同年間兩廣地區的天地會與兩廣地區的團練分別稱之為「原生團體」與「應生團體」，而將二者的對應關係稱之為「回春現象」。「某團體當其活動時，影響所及，輒能產生另一團體。換言之，後一團體受前一團體之刺激而產生。吾人名前一團體曰『原生團體』，後一團體曰『應生團體』。〔註3〕」「某一團體既受另一團體之刺激而應生，當刺激現象不再存在時，則應生之團體亦自行衰歇。迨後另有新團體成為刺激因素時，則此衰歇之應生團體又重新活動，是為團體之『回春現象』。〔註4〕」鄭亦芳在其論文中亦有

〔註2〕〔美〕孔飛力著、謝亮生等譯：《中華帝國晚期的叛亂及其敵人——1796～1864年的軍事化與社會結構》，北京：中國社會科學出版社，1990年，第50頁。王爾敏：《清代勇營制度》，《臺灣近代史研究所集刊》，1973年第4期。鄭亦芳：《清代團練的組織與功能——湖南、兩江、兩廣地區之比較研究》，《臺灣師大歷史學報》，1977年第5期，第296～303頁。王先明：《晚清保甲制歷史演變與鄉村權力結構——國家與社會在鄉村社會控制中的關係變化》，《史學月刊》，2000年第5期，第134頁。徐祖瀾：《鄉紳之治與國家權力——以明清時期中國鄉村社會為背景》，《法學家》，2010年第6期，第121頁。

〔註3〕陸寶千：《論晚清兩廣的天地會政權》，見《中央研究院近代史研究所專刊》第33冊，臺北：中央研究院近代史研究所，1975年，第233頁。

〔註4〕陸寶千：《論晚清兩廣的天地會政權》，見《中央研究院近代史研究所專刊》第33冊，第236頁。

同樣的表述〔註5〕。然而團練組織並非與天地會形成嚴格一對一的對應關係，正如陸寶千文中所述「團練之在廣東地區，當鴉片戰爭時，正是由上諭推行，至太平軍起事後，又有同樣內容之上諭」。顯然，清代團練不僅要應對咸同年間的天地會，而且鴉片戰爭期間的英國侵略者和太平天國運動時期的太平軍亦在應對之列。如果清代團練勉強能用「應生團體」加以概括的話，那麼入侵中國的洋人和太平軍等用「團體」進行概括則明顯不妥當。另外，「回春現象」一詞不知從何所出，讀來讓人不明所以。因此，陸寶千、鄭亦芳等學者概括社會動亂與團練活動之間關係，所用的「原生團體」、「應生團體」、「回春現象」等詞彙顯然不夠嚴謹。儘管如此，兩位學者對社會動亂與清代團練活動的關係表述仍有其合理性，簡而言之即是「社會動亂是清代團練活動產生的重要前提」。

　　眾所周知，引發清代大規模團練的兩次著名動亂分別是嘉慶年間的白蓮教起義和咸豐時期的太平天國運動。嘉慶元年至嘉慶九年（1796～1804）中原地區爆發了為期長達 9 年的白蓮教起義。清代嘉慶年間的白蓮教起義促使團練在河南、陝西、湖北、四川等四省大範圍的推行。咸豐元年至同治三年（1851～1864）歷時 15 年的太平天國動亂波及的範圍更廣，從兩廣地區到兩湖地區，再到長江中下游流域，太平天國動亂影響的範圍遍及清代內地十八省。為此，清廷不得不諭令湖南、江西等 14 個內地省份辦團禦匪，並先後委任多達 265 位團練大臣在籍督辦團練，其中最為著名的就是湖南曾國藩〔註6〕。此外，清代道光、咸豐、同治、光緒年間，遍及我國華北、華中地區的「撚亂」及西南、西北和新疆地區的「回亂」也是清代重要的動亂。「撚亂」與「回亂」不僅與太平天國運動爆發的時間相同時，而且其波及的範圍極為廣泛，包括整個華北、華中地區及雲南、貴州、陝西、甘肅、寧夏、青海及新疆等省份。從咸豐三年到光緒三年（1853～1877）底，「撚亂」與「回亂」持續了 25 年之久。最終，清政府在各地團練的協助下終於成功結束了這幾場全國性「內亂」〔註7〕。以上是清中期以後的大型社會動亂促成清代團練興起之大概。

〔註5〕鄭亦芳：《清代團練的組織與功能——湖南、兩江、兩廣地區之比較研究》，《臺灣師大歷史學報》，1977 年第 5 期，第 300 頁。

〔註6〕崔岷：《咸豐初年清廷委任「團練大臣」考》，《歷史研究》，2014 年第 6 期。

〔註7〕清代撚亂、回亂時期，各省份團練與各地起義軍的武裝鬥爭情況，詳見明世林的《清代鄉團之研究》（臺北：東華書局，1993 年，第 193～260 頁）第六章「清代中後葉撚亂及回亂時期的鄉團」內容。

　　清代廣東的地方動亂亦促成了廣東團練的興起。爆發於嘉慶五年（1800）的廣東天地會起義，是最早促使廣東團練興起的社會動亂。在官府軍隊和惠州府、廣州府各地團練的聯合進攻下，此次廣東天地會起義最終失敗〔註8〕。自嘉慶廣東天地會起義失敗以後，廣東地區動亂依舊。嘉慶時期，華南海盜頻繁對廣東沿海地區發動襲擾，嚴重攪亂廣東地區沿海州縣的社會秩序。嘉慶十年（1805），兩廣總督那彥成發布告示勸諭沿海鄉村的紳耆辦團守禦，協助官府對海盜展開封鎖與打擊。其中順德縣的士紳、鄉勇響應官府號召組建團練，配合官府打擊海盜，成為廣東其他州縣的典範。嘉慶十五年（1810），海盜在官府與地方團練的聯合打擊之下趨於沈寂，以後廣東沿海沒有再形成大規模的海盜劫掠活動。咸豐四年（1854），廣東各地爆發了大規模的洪兵起義，並且洪兵亂黨形成龐大的陣勢對各地縣城乃至廣州城進行圍攻。當時廣州附近地區和各地州縣為了抵禦洪兵亂黨的侵擾，皆各自組建團練應對動亂。例如廣州府南海縣的敦化社學、同人社學、公浦五堡公所等團練組織；番禺縣沙灣、茭塘兩司設立的沙茭團練總局；香山縣的防禦公局；東莞縣的東莞團練公局、祥和社、平康社等團練組織；新會縣的岡州公局、西南團練公局、東北公局等團練組織；順德縣的順德團練總局〔註9〕。

　　清代廣東社會除了存在內亂，還有嚴重的外患問題，如兩次鴉片戰爭的爆發。道光二十年（1840），鴉片戰爭爆發，在英軍進攻省城廣州之際，城北三元里發生了著名的「三元里抗英」事件。三元里抗英成為中國近代史上反侵略鬥爭的典型事例。此後，廣州城鄉紛紛組建以社學為中心的團練組織，陸續展開反入城、反租地等一系列的抗英鬥爭。咸豐六年（1856），第二次鴉片戰爭

〔註8〕　〔韓〕都重萬：《嘉慶年間廣東社會不安與團練之發展》，《清史研究》，1998 年第 3 期。

〔註9〕　清代廣東團練組織名稱不一，有公約、公局、社學等各種稱呼。公約與公局原本是官府推行保甲制度的一種輔助手段而建立起來的組織形式。在鴉片戰爭和洪兵起義期間，公約、公局將保甲制度納入其職能當中，成為平亂禦侮的地方團練組織。（王一娜：《晚清珠三角地區公約、公局的緣起及初期演變》，《廣東社會科學》，2011 年第 6 期，第 48 頁。）而晚清廣東地區社學的組織性質已經發生轉變，由原來的一個教育文化機構轉變為由地方士紳辦理團練、處理團練事務的一個管理機構。（鄭海麟：《鴉片戰爭時期廣東以社學為中心的抗英鬥爭》，《深圳大學學報（人文社會科學版）》，1990 年第 3 期，第 91 頁。）楊念群先生對鴉片戰爭期間廣東社學職能的轉化有詳細的論述。（楊念群：《論十九世紀嶺南鄉約的軍事化——中英衝突的一個區域性結果》，《清史研究》，1993 年第 3 期，第 120 頁。）

爆發，次年英法聯軍攻佔廣州城，督撫皆成為英法聯軍的俘虜，廣東社會面臨前所未有的安全挑戰。在英法聯軍佔領廣州城的形勢下，廣州城附近的一些州縣紛紛成立團練組織抗擊外國侵略者，包括南海縣石井公局、佛山團防局、順德團練總局、順德水藤鄉團練總局、三元里蕭岡公局等團練組織。咸豐七年（1857），朝廷委任羅惇衍、龍元僖、蘇廷魁三人辦理廣東團練並統領廣東全省團練，力圖驅逐英法侵略者，克復省城。此後，設立在廣州城郊北部的花縣的廣東團練總局成為廣東地區抗擊英法侵略者的主要武裝力量。中日甲午戰爭的戰敗，清政府的統治危機愈加沉重，中國的主權和領土完整遭受嚴重的破壞，英法兩國藉此進一步對廣東地區實施侵佔〔註10〕。光緒二十四年（1898）廣東遂溪和香港新界地區爆發反抗法國和英國侵略的民眾運動，兩地士紳紛紛組建團練抵禦外來侵略〔註11〕。

　　內亂與外患構成了清代廣東動亂的社會環境，有時兩者接踵而至，有時兩者同時並存，對清代廣東社會造成嚴重的影響，且它們共同促成了地方團練的創辦與發展。由此，大型的社會動亂成為朝廷與地方亟待解決的一個難題，而解決這一難題的方式就是興辦團練。因此，社會動亂是引發大規模團練活動的一個重要因素，動亂的社會環境是清代廣東團練活動興起的重要前提，同時也決定了團練組織與社會動亂之間的對立關係，賦予了廣東團練平內亂、禦外侮的雙重歷史使命。

二、綠營兵的衰腐

　　清代大規模團練活動的興起不僅與社會動亂相關聯，而且也與綠營兵的衰腐和保甲的廢弛息息相關。綠營兵的衰腐表明了國家軍隊無力應對大型戰亂，保甲的廢弛表明了官府對於基層社會管理漸趨失控。官方在軍事戰爭中無力應對大型戰亂，為作為民間武裝組織的清代廣東團練，協助官府平叛提供了機遇。同時，由於保甲的廢弛以及廣東地區日益嚴重的治安問題，官方對基層地方漸有失控之趨勢。這一問題的出現，客觀上為由士紳領導的團練

〔註10〕　光緒二十四年（1898 年 4 月 10 日）法國強逼清政府將廣州灣（今湛江地區）
　　　　　租借給法國，租期 99 年。同時，英國殖民者不甘落後，強迫清政府將九龍半
　　　　　島（即新界地區）租借給英國，租期 99 年。
〔註11〕　〔清〕李鍾珏：《密稟團練情形（八月十四日具稟）》，見《湛江人民抗法史料
　　　　　選編（1898～1899）》，北京：中國科學文化出版社，2004 年，第 54 頁。舒國
　　　　　雄：《明清兩朝深圳檔案文獻演繹》第 4 卷，廣州：花城出版社，2000 年，第
　　　　　1699 頁。

組織參與基層社會管理提供了方便。綠營兵的衰腐和保甲制的廢弛並不侷限於廣東一域，是全國性的普遍問題〔註12〕。

　　清中期以後國家經制兵（八旗、綠營）戰鬥力的低下和內部體制的腐朽已成不爭的事實。在這樣的形勢下，儘管官府有心剿匪，但是莍荷遍野的廣東社會現實與分布過於廣泛零散的綠營汛兵，使統治者向有鞭長莫及之感。綠營汛兵向有打擊地方盜匪、平叛動亂之責，然而分布過於零散的綠營兵難以對地方動亂產生有效的打擊，時常讓官府的緝捕處於尷尬的境地。由此導致地方社會在遭遇大規模的動亂之時，官府時常措手不及，一時間無法調集充足的兵力以應對。因此就常常出現這樣一種尷尬的場景：參與戰鬥的官方兵力遠遠少於敵對勢力的武裝人數。嘉慶七年（1802），在惠州府天地會起義期間，總督吉慶發現惠州府博羅天地會首領曾鬼六勾結永安匪徒抗拒官兵剿捕，其人數竟多達數千人。結果剿捕的官兵因為兵力不足導致此次剿捕的失敗，總督吉慶也因為對此次剿捕不力而受到嘉慶皇帝的申飭〔註13〕。

　　清代廣東的綠營兵不僅擔任打擊陸地盜匪，還承擔海防的重要職責。據史料統計，乾隆五十年（1785）廣東綠營兵人數有 68094 名，嘉慶十四年（1809）有 68704 名，道光二年（1882）有 69192 名〔註14〕。雖然清代廣東的綠營兵在兵額數量上較於其他省份相對較多，但是廣東地處中國南海邊疆，海岸線綿長，海島眾多，綠營汛兵分布極為零散。清代廣東沿海地區分布著成千上百個汛地，但汛營兵的配備不足，軍隊部署很不合理。廣東綠營兵以 6.9 萬人為常數，分駐在多達 2800 多個據點上，其中每個駐兵據點多則不過數百人，少則 3～5 人甚至只有 1 人〔註15〕。

〔註12〕〔美〕孔飛力著、謝亮生等譯：《中華帝國晚期的叛亂及其敵人——1796～1864 年的軍事化與社會結構》，北京：中國社會科學出版社，1990 年，第 39、40～41、52、54、64、97～98 頁。

〔註13〕《清實錄》第 29 冊，仁宗睿皇帝實錄（二），卷 104，嘉慶七年十月己未，北京：中華書局，1986 年，第 397～398 頁。

〔註14〕〔清〕盧坤、鄧廷楨主編，王宏斌等校點：《廣東海防匯覽》，石家莊：河北人民出版社，2009 年，第 279 頁。《（道光）廣東通志》，卷 174，經政略十七，兵制二，見《續修四庫全書》第 672 冊，史部·地理類，上海：上海古籍出版社，2002 年，第 685 頁。〔清〕趙爾巽：《清史稿》卷 131，志 106，兵二，綠營，北京：中華書局，1976 年，第 3891、3925 頁。

〔註15〕《（道光）廣東通志》，卷 175～177，經政略十八至二十，兵制三至五，見《續修四庫全書》第 672 冊，史部·地理類，上海：上海古籍出版社，2002 年，第 685～780 頁。

以東莞縣駐紮的汛營兵為例，清代東莞縣共設置 1734 名水師兵丁駐防，他們共分布在 31 處汛地，其中有 16 處分別只安排了 3～5 個人〔註 16〕。清代對綠營兵進行如此的設置，其目的在於起到就近監視、維持社會治安的作用。這樣的設置對於綠營兵的作用來講，平時追剿小股盜匪尚且有用，如若進行徵調應對大型動亂則力所不能及。分布零散、戰時難以徵調，且缺乏野戰性質和靈活機動性能成為綠營兵最為顯著的弊病〔註 17〕。

正因為如此，所以正當嘉慶年間大規模的粵洋海盜洶洶來襲抑或咸豐年間天地會起義來勢如潮，廣東近 7 萬的地方軍隊被迅速分隔在全省各地，難以形成有效的聯結，對來犯的敵人進行有效的打擊。在大規模的軍事行動中，廣東地方軍隊難以及時徵調、集結，使得官府平叛陷於一種兵力不敷調用、顧此失彼的困境。加之廣東軍事管理極為腐敗，軍隊貪污遍行，吃空餉、冒領錢糧、武器落後等問題導致廣東軍事防禦的缺點更為暴露。而且清代的綠營兵的集合與訓練形同虛設，軍隊紀律也極為渙散。郭嵩燾曾撰文對廣東綠營兵提出批評，「廣東綠營額兵，計數幾至七萬，而無一營可用之兵。承平日久，疲弱既多，加以額餉遞年積欠至三十月有奇，責成教練，竟亦窮於立言。……督之出戰，則為罷兵；俾之訓練，又成驕卒。〔註 18〕」這樣素質低劣的戰鬥隊伍，毋論平定戰亂，就維持地方治安也是十分乏力。

然而，問題的嚴重性還反映在地方財政上面。嘉道以來，廣東地方財政收入不敷支出，財用枯竭、府庫空虛的狀況日漸凸顯。太平天國運動以後，廣東由於財政困難，各營又常欠餉。廣東的綠營兵到同治三年六月（1864.7），積欠兵餉多達 30 多個月〔註 19〕。拖欠兵餉固然是造成軍隊戰鬥力低下的一大重要原因，另外，造成清代廣東軍隊防禦無力的在於軍營內部的貪污腐化問題。綠

〔註 16〕 《（民國）東莞縣志》，卷 28，經政略七，兵防下，頁二至三，見廣東省地方史志辦公室輯：《廣東歷代方志集成·廣州府部》第 24 冊，廣州：嶺南美術出版社，2007 年，第 300～301 頁。

〔註 17〕 《請停補各省兵額片》，見〔清〕郭嵩燾撰，梁小進主編：《郭嵩燾全集》第 4 冊，長沙：嶽麓書社，2012 年，第 328 頁。

〔註 18〕 《瀝陳廣東度支艱窘請緩解協撥各款並見催張運蘭一軍赴閩疏（會總督銜）》（同治三年），載〔清〕王先謙編：《郭侍郎（嵩燾）奏疏》，卷 4，頁二十至二十一，見沈雲龍主編：《近代中國史料叢刊》第 16 輯，臺北：文海出版社，1973 年，第 362～363 頁。

〔註 19〕 《瀝陳度支艱窘，請緩解協撥各餉片》（同治三年六月初三日），載〔清〕毛承霖編：《毛尚書（鴻賓）奏稿》卷 12，頁四十七，見沈雲龍主編：《近代中國史料叢刊》第 61 輯，臺北：文海出版社，1973 年，第 1264 頁。

營兵丁待遇極差，加之普遍存在的剋扣糧餉與欠餉現象，更使綠營兵丁收入不足以自養。按照清朝的制度，綠營馬兵月給 2 兩，戰兵月給 1.5 兩，步兵月給 1 兩，其收入不及勇餉的 1／4。清初，物價便宜，綠營兵尚足以自養及贍家；到鴉片戰爭前後，百物昂貴，每月收入已不足養活自己，還要接受軍隊長官的盤剝、剋扣〔註20〕。

由此觀之，國家正規軍分布過於零散以及軍隊的腐敗正是造成清代國家軍隊戰鬥力差、無力應對大規模動亂的主要因素。對於清代統治者而言，完善軍隊建設、著手軍隊改革是一項費時耗力的重大國家工程。而戰亂的產生往往是突發，清代統治者應對突如其來的戰亂，迅速平息戰亂、壓制戰亂影響規模、減少並消除戰亂帶來的負面影響才是當務之急。因此，當大型社會動亂足以對清代統治構成威脅，而此時加強軍事建設已然解決不了「燃眉之急」。面對官方兵力不足且軍隊素質低下、戰鬥力差等情況，清代統治者往往會在國家軍事體制之外另尋破解之法。於是朝廷把目光投注到代表著民間武裝組織的地方團練上，頒布詔諭勸諭民眾組建地方團練，企冀地方紳民創辦的團練組織能夠協助官軍平定戰亂。國家和地方官府鼓勵地方辦團，且徵調地方民兵參與平亂鬥爭，其目的有二：一是企冀通過彙集地方民兵，以補充官軍兵力之不足，增強國家震懾力量；二是整合散亂的地方武力，並將其納入國家統制之下，避免為敵對勢力所裹脅。

由此，國家軍隊在軍事鬥爭中無力應對大型社會動亂，客觀上為清代廣東團練組織協助官府平叛提供了機遇，亦為清代廣東團練活動的興起提供了條件。

三、保甲制的廢弛

清初，廣東一省普行保甲之法，以圖鞏固基層治安。在雍乾年間，清廷不僅陸續地擴大保甲的編查對象，而且進一步謀求保甲制度的強化。例如廣東地方官府對商船、漁船編立保甲，同時對土、客、疍、僚四民皆「一體編甲，以便稽查」〔註21〕。於是乾隆年間以來，廣東省屬水陸兩面已形成周密的保甲

〔註20〕《飭各營確查攤扣》（光緒十五年五月二十日），見苑書義、孫華峰、李秉新主編：《張之洞全集》第 4 冊，卷 95，公牘十，諮飭十，石家莊：河北人民出版社，1998 年，第 2589 頁。

〔註21〕《嚴查澳甲》，見〔清〕黃恩彤：《粵東省例新纂》（共八卷）卷 6，兵，船政，頁三，清道光二十六年（1846 年）藩署刊本，中山大學圖書館館藏。

網，出現了該省治安惟保甲是賴的局面。

　　保甲是清代官方實施用於監控地方的一項重要的行政制度。保甲雖是靖盜之法，可實際上其實施效果確是差強人意，乾隆中期廣東的保甲制已是廢弛狀態〔註22〕。保甲的廢弛意味著官方對於清代廣東基層社會的控制出現了嚴重的統治危機，這種危機的出現與加深無疑又是為動亂的產生創造了條件。清代廣東地區素來有著盜匪、會黨倡亂等等嚴重的社會問題，這些社會問題無一不是產生大型社會動亂的直接根源〔註23〕。

　　在基層地方治安管理方面，保甲固然是靖盜之良法，但實施的效果卻差強人意。乾隆三十一年（1766）十一月，兩廣總督楊廷璋奏稱廣東的保甲制「日久法弛，辦理不肯認真」等情況〔註24〕。不僅地方官吏不肯實力辦理，而且還常常假手書吏。按照規定，地方上所有大小事務皆要保長造冊繳官備查，然而保甲分布廣闊、零散，地方官無法一一做到親到盤查，只能委派胥役代為前往，其間胥役徇私枉法，從中牟利，對民眾形成騷擾，致使保甲終無實效。嘉慶年間，程含章亦指出了華南海盜的陸上接濟之所以無法得到有效禁絕，原因在於保甲制度沒有得到認真地貫徹落實〔註25〕。

　　至此，官方極力推行的保甲制已成廢弛之勢。保甲的廢弛不僅在於地方官吏不肯認真辦理，而且其最大的阻力來自於民間鄉紳勢力的抵制。其中緣由不僅在於保甲的制度設計中將士紳排除在領導層之外，因此每逢官府有事需要鄉村配合的時候往往出現鄉紳抵制的現象。記錄清代基層行政制度的《福惠全書》中提到「東南巨族之家，冠蓋相望，州縣每有興舉，凡不便於紳士者，輒倡為議論，格而不行。〔註26〕」另一方面，作為取自庶民的保長其處境也極為尷尬——非官亦非紳、無權亦無勢，只能淪落為官府奔跑的吏役，自然「自好

〔註22〕〔清〕盧坤、鄧廷楨編，王宏斌等校點：《廣東海防匯覽》，石家莊：河北人民出版社，2009年，第864頁。

〔註23〕何文平：《被輿論化的歷史：「粵東盜甲天下」說與近代廣東匪患》，《中山大學學報（社會科學版）》，2005年第1期，第40頁。

〔註24〕〔清〕盧坤、鄧廷楨編、王宏斌等校點：《廣東海防匯覽》，石家莊：河北人民出版社，2009年，第856、864頁。

〔註25〕〔清〕程含章：《上百制軍籌辦海匪書》，載〔清〕賀長齡主編：《皇朝經世文編》卷85，兵政十六、海防下，見沈雲龍主編，《近代中國史料叢刊》第74輯，臺北：文海出版社，1966年，第3071頁。

〔註26〕〔清〕黃六鴻：《福惠全書》卷23《保甲部》，頁十八，清光緒十九年文昌會館刻本。

者不為，由市井無賴濫充」〔註27〕。官府將所有事情都交給保長去辦理，而且只追究保長的責任，並且在職務上面臨著晉升無望的尷尬境遇，這就使各地保長們在繁雜的公務面前百般推諉、敷衍了事。「要給保長以行政地位，但這些保長與地方政府的關係卻被置於最卑下的地位。他們受到每月保證書的約束，負責地方治安，還要受到衙門下屬官員的鞭笞與剝削。〔註28〕」地位卑下，又受到盤剝，必然要將負擔轉嫁到治下之民，而又由於親族與鄉土關係，不允許他們對下屬民眾提出過分的要求，所以既要照顧到本地鄉族的利益，又要履行保長的職責，結果使大多數地方保長對官府虛與委蛇。在這種情況下，保甲在地方治安方面很難發揮出應有的作用。

不僅如此，清政府取消了保甲制度中的軍事組織功能，也嚴重影響了保甲的基層社會治安管理職能發揮。保甲之名出自宋代王安石所推行的保甲法，基於北宋時期積貧積弱的現狀，當時推行保甲法其目的在於練民強兵〔註29〕。王安石的「保甲法」不僅在歷史上首次使用了「保甲」之名，而且將警盜、切結聯保、訓練鄉丁等內容作了明確的規定。明代的保甲制度在軍事組織功能方面較於宋代又有進一步的發展。例如正德年間，贛南巡撫王守仁將保甲制改造成一種名叫「十家牌法」的地方治安體系。「十家牌法」為了達到「弭盜安民」的目的，治安管理的軍事功能得到進一步的擴充，例如從各縣各村中挑選年富力強、膽識過人的年輕人充為民壯，每縣多則十人少則八九人，交由地方縣官統領〔註30〕。每縣所徵集或召募得來的民壯，其三分之二歸縣官統領，用於守城防隘之事〔註31〕。

在保甲設計之初，宋明兩代的統治者為了進一步防範盜匪和震懾地方，允許保甲制具備一定的軍事武裝力量。而較之明代，清代的保甲有了一些新的變化。由於清代統治者是少數民族入關而坐擁江山，所以清代統治者特別重視對民眾，特別是為數眾多漢人的監控，於是保甲成為清代統治者對民眾

〔註27〕 蕭一山：《清史大綱》，上海：上海古籍出版社，2014 年，第 70 頁。

〔註28〕 〔美〕施堅雅主編，葉光庭等譯：《中華帝國晚期的城市》，北京：中華書局，2000 年，第 454～455 頁。

〔註29〕 〔清〕陸曾禹《康濟錄嚴保甲》，載〔清〕徐棟：《保甲書》卷 4，見《續修四庫全書》第 859 冊，史部‧政書類，上海：上海古籍出版社，2002 年，第 146 頁。

〔註30〕 〔明〕王守仁著，吳光等編校：《王陽明全集》，卷 17，別錄 9，《申諭十家牌法增立保長》，上海：上海古籍出版社，1992 年，第 609～610 頁。

〔註31〕 〔明〕王守仁著，吳光等編校：《王陽明全集》，卷 17，別錄 9，《申諭十家牌法增立保長》，第 609～610 頁。

進行監控的統治工具〔註32〕。清代統治者將保甲與里甲的職能加以整合，形成保甲制度的控制人口、編定戶籍與徵收賦稅等主要功能〔註33〕。同時朝廷將前代保甲所原有的平時緝捕盜匪、戰亂則募勇守城的職責進行分離，將緝盜捕匪的職責交由綠營兵或巡檢司負責。嘉慶十九年（1814）皇帝乾脆取消保甲緝拿人犯、催徵錢糧二事，只保留保甲對民眾的監管職能〔註34〕。清代對前代保甲制度的改造主要出於對地方勢力的防範，限制地方過多地擁有武裝力量，防止地方對中央的抗衡。因此清代統治者對前代保甲制度的改造中，取消前代保甲制度中的軍事組織功能，只強調其稽查功能。正由於清代的保甲喪失了軍事組織功能，所以當地方社會出現大型動亂之時，地方保甲根本無力與之應對。

保甲的廢弛意味著官方漸趨失去對基層民眾的監督與控制，在另一方面，失去監控與管制的民眾亦會被反叛勢力所裹脅，成為從亂者。這樣無疑壯大了敵對勢力，增加了國家平叛的難度。例如咸豐四年廣東地區洪兵起義時，《梁氏族譜・紀事略》中有如下記錄：

> 咸豐四年甲寅歲，逢簡鄉陳吉、梁接等為倡亂之首。本鄉呂敬及黃岡鄉之周升等，糾集各處會黨，而我族不肖者十餘人入黨，一時失足誤入者二三十人，不論親疏、本處外鄉故舊俱罔顧。始則捐需，繼則任意擄掠。又勒善良之人入會，授以口訣，不從隨者立禍其身。畏事不智者多被脅從。然在圖財，每人入會索銀多少不等，因而走避者甚眾。漸至雖在脅從，稍不遂願者，害亦不免，各縣各鄉皆如是也。〔註35〕

正如上文所述，清中期以後綠營兵已經相當頹敗，在緝盜捕匪方面亦未見良效。而巡檢司屬於保甲的上級管理機構，其分布數量遠少於保甲，且長期缺員。清政府在於基層地方設置有巡檢司，但形同虛設。據《光緒會典》統計，光緒年間全國巡檢司數目為1029，其中廣東省巡檢司缺額數量最多，達

〔註32〕閔鈞天：《中國保甲制度》，上海：上海書店出版社，1992年，第2頁。

〔註33〕〔清〕趙爾巽：《清史稿》卷120，志九十五，食貨一，北京：中華書局，1986年，第3481頁。

〔註34〕〔清〕劉錦藻撰：《清朝續文獻通考》卷25，戶口一，見王雲五總編：《十通第十種・清朝續文獻通考》（萬有文庫本）第1冊，上海：商務印書館，1936年，考7760。

〔註35〕《梁氏族譜・紀事略》（刻本選錄），見廣東省文史研究館、中山大學歷史系編：《廣東洪兵起義史料》，中冊，廣州：廣東人民出版社，1992年，第877頁。

到 152〔註36〕。因此，清政府雖然在於基層地方設置有巡檢司、保甲等由官府直接管理的行政機構，但由於保甲的廢弛和綠營兵的頹敗，官方對於基層社會的管理長期處於鬆弛狀態。清代廣東地區盜匪問題嚴重，素有「粵東盜甲天下」之稱，嚴重影響著地方社會治安〔註37〕。保甲制的廢弛體現出官方對基層社會管理的不盡人意，為士紳階層建立基層管理組織提供了機遇，同時客觀上亦為團練組織的產生創造了有利的外部條件。

　　清代保甲的廢弛對官府的社會控制造成嚴重影響，直接導致官方對基層社會控制力的減弱。於是，官方在一定程度上容忍了地方武力的團練組織的創設與發展，希望借助團練組織以彌補保甲廢弛造成的基層社會管控力的不足。官方在應對大型社會動亂時，則希望通過興辦團練活動，借助地方武裝力量以彌補綠營兵衰腐造成的戰鬥力的不足。因此，綠營兵的衰腐和保甲制的廢弛，為民間團練組織的出現和團練活動的興起創造了條件。

第二節　官方與紳民的聯合應對

　　清代大規模團練活動的興起需要特定的歷史機遇，同時，其發展亦須依靠一定的社會基礎才能進行。只有在動亂的社會環境下，且國家遭遇較為嚴重的統治危機之時，才會形成大規模的興辦團練活動。但是，例如頻發的社會動亂、綠營兵的衰腐、保甲制的廢弛等此類的外部環境的變化，只是為清代團練活動的興起提供了一種可能性。真正促成清代廣東團練活動的興起，關鍵在於官、紳、民對於社會動亂做出的應對。因此，清代廣東大規模團練活動的興起，除了社會動亂提供的特定社會環境等客觀因素之外，官方單方面無力應對大型社會動亂，轉而尋求與士紳、民眾聯合的態度轉變，地方士紳的配合以及民眾的參與亦是其中的重要因素。

一、官方的態度轉變

　　清代統治者從入主中原之時對於各地可能存在的反清勢力或組織，時刻保持著警惕的敏感神經。清代統治者利用各地建立的保甲制度對可能擁有武裝力

〔註36〕賀躍夫：《晚清縣以下基層行政官署與鄉村社會控制》，《中山大學學報（社會科學版）》，1995 年第 4 期，第 85 頁。

〔註37〕何文平：《被輿論化的歷史：「粵東盜甲天下」說與近代廣東匪患》，《中山大學學報（社會科學版）》，2005 年第 1 期，第 40 頁。

量的民間勢力或組織實施長期的監控，並採取各種措施限制民間武裝力量的發
展。清代統治者為了達到對地方武力的全面監控，對民間除農具、廚具以外如
槍炮等殺傷性武器實施嚴格管制，禁止其生產及流通〔註38〕。不僅如此，定期
稽查槍械也是清朝軍隊武器管理的常規手段。儘管如此，道光年間廣東、福建、
廣西、江西、湖南、浙江等省出現眾多糾眾持械火器刀械，釀成多人斃命的巨
案。因此朝廷在嚴查懲治械鬥首犯同時，還收繳一大批民間用於械鬥的武器。

　　清代統治者限制民間武裝力量的發展，固然有穩固政權統治的用意所在。
但是，隨著中央對地方控制的強化，地方自我保衛能力也遭到嚴重削弱。協助
中央控制、管理社會基層的地方保甲，在喪失軍事組織功能之後，無力應對大
規模的地方動亂，有時甚至連盜匪問題都無力解決。一方面，民間用於自衛的
武裝力量也由於朝廷的過度限制往往只能用於守護地方家園，卻無力應對大
型社會動亂。另一方面，缺乏民間力量的協助，官方軍隊在對地方叛匪的征剿
顯得力不從心，在鞏固王朝統治與穩定地方社會治安方面未能取得良好效果。
鑒於此，官方不得不對民間武力的限制態度重新省思與權衡。

　　清代嘉慶年間朝廷與廣東當局在治理華南海盜問題上的戰略調整與政策
轉變，就是官方對民間辦團態度轉變的實證。嘉慶年間形成的華南海盜問題
很大程度上與廣東沿海地區守備鬆弛密切相關。其中「守備鬆弛」主要體現
上清代水師建設問題上，包括了水師巡洋、會哨制度問題、水師船舶建造的
腐敗問題、水師官兵素質較差等等問題，並且不少是乾隆時期遺留下來長久
未決的老問題〔註39〕。當時清代水師面對海盜的擾亂有「七不戰」原則，即
使出洋與之交戰，僥倖得勝亦不敢遠洋追擊，因此常常出現官兵緝捕不力，
收效甚微的情況，更談不上達到全殲海盜的目的〔註40〕。廣東水師建設的腐
敗更是加重了朝廷治理海盜問題的困難程度。與清代水師建設的腐敗相對的
是華南海盜集團勢力的強大。海盜肇起於乾隆三十五年（1770），到了乾隆末
年海盜勢力大熾，與當時川楚教匪動亂一樣成為嚴重的社會治理問題〔註41〕。

〔註38〕張榮錚點校：《大清律例》卷19，兵律，軍政，天津：天津古籍出版社，1993
　　　　年，第312～313、364頁。

〔註39〕楊金森、范中義：《中國海防史》上冊，北京：海洋出版社，2005年，第425
　　　　～427頁。

〔註40〕《上百制軍籌辦海匪書》，載〔清〕賀長齡等主編：《皇朝經世文編》卷85，
　　　　兵政16、海防下，見沈雲龍主編：《近代中國史料叢刊一輯》第74輯，臺北：
　　　　文海出版社，1966年，第3065頁。

〔註41〕《（道光）瓊州府志》卷42，雜志，事紀，頁四十，載《中國方志叢書·第47

嘉慶初年，廣東海盜通過訂立《公立約單》形成聯盟，形成紅、黑、白、藍、黃、綠六大旗幫海盜集團〔註 42〕。海盜不斷對廣東沿海及內河的民眾進行騷擾劫，朝廷雖出動巡艇進行追捕，但官兵緝捕不力，收效甚微〔註 43〕。

　　鑒於此，嘉慶九年四月（1804.5），兩廣總督倭什布向嘉慶皇帝提交《籌辦洋匪疏》一折〔註 44〕。其目的在於勸誡嘉慶皇帝調整治理廣東地區華南海盜的策略，建議廣東海防策略由以剿為主轉變為以防為主。這份奏摺中提出了「團練鄉勇」、利用民間武裝力量打擊海盜勢力等建議。

　　然而，朝廷批駁了倭什布提出的建議。當時剛從白蓮教起義的泥潭中掙脫出來的朝廷，並未意識到華南海盜問題的嚴重性，也未意識到海盜治理之困難，更沒覺察到官方水師與海盜之間存在的實力差距，對官方水師的海防實力存在盲目的自信。因此，朝廷盲目地認為對付小股的海賊，只需地方派遣水師進行洋面緝捕即可，無需大費周章發動民間力量，使民眾恐慌躁動進而影響社會安定。另外，在官方意識觀念中，認為剿滅海賊屬於官方事務，不允許任何地方勢力或民間力量進行染指。朝廷與地方當局對於具有武裝性質的民間力量通常都是謹小慎微，擔憂民間形成的武裝力量會對地方治安產生新的威脅和擾動，甚至影響官方的社會控制，威脅政權統治。因此在涉及地方團練和借助民間力量緝捕盜匪方面，官方所表現出的態度基本都不予支持，在官方文件中藉口各種理由予以搪塞、批駁。所以，嘉慶皇帝在批覆倭什布《籌辦洋匪疏》中指出了「奏於各府州縣沿海村莊設立城堡，官給器械，團練鄉勇及將兵船停泊虎門以內壕墩地方，一聞報盜，分撥赴捕，各條本不可行」〔註 45〕。同時嘉慶皇帝駁斥了利用民間力量緝匪的建議，認為百姓本

　　　　號》，臺北：成文出版社，1967 年影印本，第 990 頁。蕭一山：《清代通史》
　　　　（中卷），北京：中華書局，1986 年，第 335 頁。
〔註42〕〔美〕穆黛安，劉平譯：《華南海盜：1790～1810》，北京：中國社會科學出版
　　　　社，1997 年，第 68～69 頁。《（咸豐）順德縣志》卷 21，列傳，文傳，頁二十
　　　　五至二十六，見廣東省地方史志辦公室輯：《廣東歷代方志集成·廣州府部》
　　　　第 17 冊，廣州：嶺南美術出版社，2007 年，第 498 頁。
〔註43〕《上百制軍籌辦海匪書》，載〔清〕賀長齡主編：《皇朝經世文編》卷 85，兵
　　　　政、海防下，見沈雲龍主編：《近代中國史料叢刊》第 74 輯，臺北：文海出版
　　　　社，1966 年，第 3064 頁。
〔註44〕《籌辦洋匪疏》，載〔清〕賀長齡主編：《皇朝經世文編》卷 85，兵政下，海
　　　　防，見沈雲龍主編：《近代中國史料叢刊》第 74 輯，臺北：文海出版社，1966
　　　　年，第 3055～3057 頁。
〔註45〕《清實錄》第 29 冊，仁宗睿皇帝實錄（二），卷 128，嘉慶九年四月甲申，北
　　　　京：中華書局，1986 年，第 735～736 頁。

身就畏懼盜匪，遇到盜匪都已避之不及，何談借民禦匪呢〔註46〕？嘉慶九年五月（1804.6），地方鄉勇在協助拿獲在洋疊劫並搶劫炮位盜匪朱亞三一事上，朝廷不僅不對立功的鄉勇民壯予以嘉獎，反而批責知縣呂淾私募鄉勇，不與營汛弁兵會同緝捕，並著兩廣總督倭什布徹查〔註47〕。

從以上朝廷對於地方官員動用民間力量緝捕盜匪的態度，可以看出朝廷對於民間力量的戒備與防範。至少在嘉慶九年六月之前，在朝廷未對廣東海盜治理方針進行調整之前，無論是緝捕陸上的盜匪還是洋面上的海盜，朝廷倚重的還是官方力量，而對民間力量時刻處於一種戒備的狀態。

但此後不久，嘉慶皇帝逐漸認識華南海盜問題的嚴重性及其治理之難，特別是對軍隊內部的積弊、廣東水師與海盜之間存在的實力差距，有了更為深刻的理解，從而促成朝廷對民間辦團態度的轉變，與海盜治理的政策調整。嘉慶九年六月二十六日（1804.8.1）廣東督撫上奏了廣東提督孫全謀出洋緝盜的失利。首先，廣東水師用於作戰的兵船數量明顯不足，官方遂只得另外徵用 9 隻民船進行作戰。其次，官方東拼西湊的結果就只得 39 隻駕船，並且「配載兵械無多，打仗不甚得力，餘船亦多有損壞」〔註48〕。再次，官方兵力與海盜之間的力量對比懸殊，官船和民船隻有 39 隻，而盜船就有百餘隻。而且海盜遭遇官兵緝捕非但不懼，還放炮迎敵。最後，這場官方洋面緝捕海盜的結果自然無功而返，相反還「傷斃千總連旭一員，兵丁四名」〔註49〕。這次廣東水師出洋緝盜的戰況著實讓朝廷觸目驚心。嘉慶皇帝除了將孫全謀作為此次事件的主要責任人進行革職治罪以外，開始調整治理海盜的戰略政策。

孫全謀出師不利之後，時任廣東巡撫孫玉庭於嘉慶九年六月上表奏請皇帝調整海防政策，以「嚴守口岸」、「斷接濟」為第一要務，為此也提出了沿海村莊募集鄉勇，行保甲舉團練〔註50〕。經歷孫全謀出洋捕盜失利事件後，嘉慶

〔註46〕《清實錄》第 29 冊，仁宗睿皇帝實錄（二），卷 128，嘉慶九年四月甲申，第 747 頁。

〔註47〕《清實錄》第 29 冊，仁宗睿皇帝實錄（二），卷 128，嘉慶九年四月甲申，第 747 頁。

〔註48〕《清實錄》第 29 冊，仁宗睿皇帝實錄（二），卷 130，嘉慶九年六月癸未，北京：中華書局，1986 年，第 766～768 頁。

〔註49〕《清實錄》第 29 冊，仁宗睿皇帝實錄（二），卷 130，嘉慶九年六月癸未，北京：中華書局，1986 年，第 766～768 頁。

〔註50〕〔清〕孫玉庭：《防剿洋匪情形疏》，載《延釐堂集》奏疏卷上，頁五十一，見國家清史編纂委員會：《清代詩文集彙編》，第 438 冊，上海：上海古籍出版社，2010 年，第 33 頁。

皇帝認同了孫玉庭奏章中所提到的「嚴守口岸」、「嚴斷接濟」等建議。並對行保甲、舉團練等舉措表示支持〔註51〕。由此觀之，官方與民間在遭遇大型社會動亂的問題上顯然有著共同合作的意願和現實需要。在針對治理華南海盜問題上，清政府與廣東當局認識到單憑官方力量無力遏制日益強大的海盜勢力，遂逐步放寬對民間武裝的管制，並勸諭地方民眾組建團練，要求其協助朝廷與地方官府共同對海盜展開軍事行動。清政府放鬆對民間武力限制，無疑為清代團練的興起提供了有利的條件。

嘉慶十年（1805），兩廣總督那彥成在面對規模龐大的海盜聯盟的洶洶來襲，借鑒了嘉慶初年地方官府聯合團練成功剿滅白蓮教起義的經驗，發布告示勸諭沿海州縣紳民組建團練，成功地抵禦了海盜對沿海內陸的進犯〔註52〕。團練與官軍在軍事上的聯合成為朝廷應對大型動亂的破解之法。由此，敦促民間興辦團練成為嘉慶以後朝廷與官府解決大型社會動亂問題的一項重要措施。

二、士紳的辦團動機

清中期以後，中央與地方官府摒棄了單方面以純軍事手段應對大型戰亂，轉而號召民間組建團練，以官民聯合的姿態共同應對大型社會動亂。在朝廷與地方官府發布勸諭民間團練號召之後，地方士紳亦亦積極響應號召，加入到地方辦團的活動之中。在鄭亦芳先生的統計中，清代廣東團練領袖成分中士紳佔據了78.4%高額的比例，是湖南、兩江、兩廣等地區中占比最高的〔註53〕。根據賀躍夫先生的推算，19世紀廣東地區士紳總數為 110,705人，其中參與到團練活動的士紳人數大約在 11,250 至 15,000 人，占士紳總人數的 10%至 14%〔註54〕。可見，清代廣東士紳在動亂的社會環境中辦理

〔註51〕《清實錄》第29冊，仁宗睿皇帝實錄（二），卷130，嘉慶九年六月癸未，北京：中華書局，1986年，第766～768頁。

〔註52〕〔清〕章佳容安輯：《那文毅公兩廣總督奏議》卷11，頁四十至四十一，見沈雲龍主編《近代中國史料叢刊》第21輯，臺北：文海出版社，1973年，第1452～1453頁。

〔註53〕鄭亦芳：《清代團練的組織與功能──湖南、兩江、兩廣地區之比較研究》，《臺灣師大歷史學報》，1977年第5期，第305～307頁。

〔註54〕具體推算過程，詳見賀躍夫著《晚清士紳與近代社會變遷──兼與日本士族比較》（廣州：廣東人民出版社，1994年）第55～57頁的內容。當然，關於19世紀廣東人口總數和士紳人數說法不一，黃宇和在《兩廣總督葉名琛》（北京：中華書局，1984年，第41頁）中指出當時廣東人口2100萬，其中士紳只有38628人。

團練的積極性。人在面對動亂之時，一般總是儘量避免捲入動亂之中，盡力避亂以求自保。然而，清代廣東士紳群體在應對社會動亂時卻選擇積極辦團，與引發社會動亂的「擾亂者」展開鬥爭。其背後的辦團動機值得做進一步的探究。

第一，士紳階層辦團是為抑制社會動亂以維護自身權益。

19 世紀廣東地區爆發的幾次內亂當中，有數次是由社會底層的破產者或瀕臨破產的貧苦大眾引起的，包括嘉慶年間的華南海盜、天地會會眾、咸豐年間的洪兵起義者、光緒宣統時期的盜匪等等。他們通過暴力手段體現社會底層破產者的經濟利益訴求以及謀求社會地位的改善。然而，他們的一些擾亂行動和破壞行為，自然引發在等級結構體系中擁有優勢地位的士紳集團的強烈抵制。來自底層社會瀕於破產或已然破產的貧苦民眾，迫於其社會環境的惡化以及生存壓力，而淪為盜匪，加入秘密社會，甚至鋌而走險成為清王朝的對抗者。在士紳群體眼中，他們是擾亂社會秩序、破壞社會穩定的「擾亂者」，因此必須抑制其勢力的擴張，並通過各項整治措施最終予以清除。如此一來，士紳群體與這些「擾亂者」，一方是既得利益階層，且是既得利益的維護者，另一方是利益受損階層，且極力謀求利益的獲得，二者自然地形成階層對立，並在利益訴求上產生嚴重衝突，且常以暴力衝突的形式表現〔註55〕。

在中國的傳統社會，富戶、地主未必都是鄉紳，而士紳則大多是有錢人家出身，所以一些「擾亂者」自然將擁有一定財富的士紳作為他們的攻擊目標。在嘉慶廣東天地會起義之初，「擾亂者」為了募集資金糧餉，紛紛出動劫掠、勒索當地的士紳富戶，致使不少士紳家破人亡、流離失所。不僅是在嘉慶年間的天地會起義，清末廣東盜匪橫行，士紳也經常成為盜匪掠奪、攻殺的主要對象〔註 56〕。「擾亂者」以暴力的形式對士紳進行直接經濟掠奪，無疑降低了士紳群體對於起義活動的認同，並直接激發士紳階層的反抗。他們紛紛組建團練抵制「擾亂者」的一些擾亂與破壞行為，維護自身利益和社會秩序。並且士紳在組建團練經常借助官府平叛的名義，甚至直接與官府聯合對「擾亂者」實施打擊。並且由於急於平定戰亂，對「擾亂者」產生震懾的

〔註55〕《兩廣總督倭什布等奏審辦蔡廷仕案內關念椶摺》（嘉慶九年四月十一日批軍錄），見中國人民大學清史研究所、中國第一歷史檔案館編：《天地會》第 6 冊，北京：中國人民大學出版社，1988 年，第 453 頁。〔清〕朱栻：《粵東成案初編》，卷 15，「叛逆結會」，頁二十七，清道光十二年刻本。

〔註56〕《順德盧氏之冤狀》（宣統三年六月二十日），《時報》，1911 年 7 月 15 日。

效果，朝廷和地方官府允許士紳無需經過審判程序對極端惡劣的「擾亂者」實施「就地正法」。許多「擾亂者」在擾亂行動中被直接殺死（稱為「就地正法〔註57〕」）。即使躲過被直接殺死的命運，許多「擾亂者」也會在「清匪」的行動中被清算處死。士紳與「擾亂者」之間殘酷的相互攻殺行為表明兩者的階級對立的不可調和。抑制底層動亂，維護士紳群體權益不受侵害，是士紳階層在動亂的社會環境中奮起辦團的一個強大動機。

第二，士紳辦團是以忠君保國思想為辦團之本，於國家危難之際挽社稷於即倒，於民族危難之時抗擊外來侵略。

清中期以後的中國社會動亂不斷，外患內亂接連不斷。在重大動亂面前，飽讀詩書的儒家士大夫們深切感受到這樣一個道理：無論是西方侵略者，還是國內反抗清朝統治的「叛亂者」，他們已然動搖清王朝的統治，如若不除，必將釀成大禍，國家危亡，百姓也不得安寧，覆巢之下無完卵。眾多辦團士紳奉忠君愛國思想為辦團之本，在國家危亡之際必定渴望一番作為。鴉片戰爭期間，英國侵略者侵犯我國疆土，廣東升平公所的士紳發布了一則誓滅英夷的宣言告示。類似的篇章還有鴉片戰爭期間，廣東士紳起草的抗英長紅和討英夷檄文等文件，如《三元里等鄉抗英長紅》諸篇、《各鄉仗義討英夷檄》等，各文皆慷慨激昂地痛斥英夷侵略中國的險惡用心，呼籲民眾奮起抵抗外侮〔註58〕。兩千多年來，愛國忠君思想作為官方政治倡導的一種意識形態，不僅滲透到國家政治制度、管理機器以及百姓的社會生活當中，而且已潛移默化地化為一種根深蒂固的家國觀念。眾多紳民基於保家衛國的共同情感，進而更為容易在抗擊外來侵略一事上產生統一行動。另外，或基於傳統的忠君愛國思想，抑或基於護衛桑梓的情懷，紳民一般對於擾亂社會秩序、破壞民眾生活的「反叛者」都有著天然的牴觸和仇恨情緒。加之，忠君愛國的家國情懷經過統治者長期的宣揚，並在屢屢倡諭地方辦團的號召下，更多的紳民自願抑或不自覺地捲入了團練的行列中，為維護清王朝政權而效命。因此，忠君愛國不僅成為清政府興辦團練的一個文化號召，而且成為士紳辦團在思想上的一個重要動力源泉。

第三，士紳階層辦團是以擺脫保甲制度的政治控制而實現政治作為。

〔註57〕邱遠猷：《太平天國與晚清的「就地正法」之制》，《近代史研究》1998年第2期。

〔註58〕廣東省文史研究館：《三元里人民抗英鬥爭史料》，北京：中華書局，1978年，第77～79、81～82、88～91、93～95頁。

　　清代保甲管控的對象是處於基層社會的民眾，其中自然也包括了士紳階層。清政府為了壓制地方勢力的成長與壯大，對於在基層社會擁有一定名望的士紳亦選擇打壓的態勢。因此，一般在保甲長的選任上都排除了士紳的參與。保甲制度對士紳階層政治地位的上升以及政治作為的施展形成一定的壓制作用。如何擺脫保甲制度對於士紳的政治控制，是地方士紳實現政治作為所面臨的首要問題。清代中後期社會的動亂以及團練的興辦，為士紳擺脫保甲的政治控制提供了良好的機遇。所以，擺脫政治束縛，實現政治作為成為清代士紳辦團的動機之一。

　　儘管團練組織在地方政治制度設計上並不具備合法性，而士紳卻依託團練成為事實上基層社會的實際管理者〔註59〕。團練職能的擴大，也意味著其組織控制系統的擴大。對於晚清紳權擴張，團練局的設置是極具意味深長的一步。儘管團練局的諸多活動在名義上受到官府的監督控制，但在實際操作過程中，士紳成為團練局的主宰，故而團練局也有「紳局」之稱。而且設有團練局為領導機構的團練組織常常在動亂之後還會得以保留，逐漸轉化為地方的常設機關。這些固定的、合法的團練機構，不僅承擔起地方防務，而且其辦團士紳也常常插手地方救濟、地方教育、維護公共設施等地方事務。

　　總而言之，士紳想要擺脫保甲對其政治束縛、實現其政治作為，惟有憑藉動亂之際興辦團練而得以完成。士紳階層的崛起與紳權擴張是晚清中國的一個重要的政治現象；而其中興辦團練活動是士紳階層實現崛起及其權勢擴張的一個重要憑藉。

三、民眾參與團練活動

　　即使官府與士紳有共同合作辦團的意願傾向，但最終決定團練是否能得以成功組建，還在於廣大民眾所付出的實際行動。一方面，如同士紳辦團動機一樣，廣大民眾在遭遇社會動亂之時，也有維護自身利益的強烈訴求。另一方面，王朝政權在面臨動亂的衝擊，往往出現兵單將寡、用繁費絀等困境，加之國防力量過於分散、管理不良等諸多因素，導致無法為動亂之下的民眾提供切實保護。如果處於王朝統治末期，或是改朝換代之際，國家政權統治本就已岌岌可危，更遑論能夠為百姓提供足夠的軍事保障。「兵之衛民不如民

〔註59〕王先明：《晚清士紳基層社會地位的歷史變動》，《歷史研究》，1996年第1期，第21頁。

之自衛〔註60〕」。這不僅是動亂之際官府的倡導，也是身處動亂之中的民眾得以安身立命的唯一選擇。而對於居住一方水土、並且素有安土重遷的民眾，如何在戰亂中有效地保障自身及財產安全成為亟需解決的事情。因此他們需要建立一套屬於自己的武裝體系。中國古代民間長期形成地方武裝自衛的傳統，就是廣大民眾在社會動亂之時維護自身利益的行動體現。

　　廣東地區歷來有「聚族而居」的傳統。廣東各鄉村宗族戶眾人雜，事務紛繁，每族皆設有嚴密的統轄組織。族有族長，為全族之首，其下依血緣的親疏分為房或支。各房有房長，統率之下的許多個體家庭。家有家長，為一家所依附。族長、家長平時各自管理其統掌的族務，一旦有外患侵凌或變亂發生，則由他們決定全族集體行動的方向。族長、宗內的長老在面對一些足以摧毀他們家園的社會動亂，一般會團結族人進行武力自衛，形成對外防禦的姿態。在遭遇劇烈的社會動亂之時，他們更傾向於聚合一族之內的所有家族或者聯合其他村落的宗族組織加以整合，以結寨築堡的形式進行對外防禦；對內則團結族人、訓練鄉勇，培養出一支足以抵禦外來進犯之敵的民兵隊伍。在這樣的培養模式中便產生出以宗族為主體的團練組織。在這樣的團練組織中，族長、族紳為團長，族人及其族內子弟充當團勇，族產提供團練的經濟基礎，宗祠為辦團之所〔註61〕。這以宗族組織為主體的地方武裝自衛是清代廣東廣大農村地區團練組織形成的基礎。

　　「廣東的宗族與團練在十九世紀四十年代和五十年代已合為一體，一個單一族的村的團練，不多不少就是一個宗族組織〔註62〕。」但在廣東鄉村地區，由一姓一族組成一個村落的情況較少，多數是一個村落由多個同姓宗族組成。魏斐德亦指出了在鴉片戰爭的廣州反入城鬥爭期間，「東平公社的二十名領袖中有大約百分之六十的人是同姓〔註63〕。」這無法肯定地表明這些人的

〔註60〕〔清〕容安輯：《那文毅公兩廣總督奏議》卷11，頁三十二至三十三，見沈雲龍主編《近代中國史料叢刊》第21輯，臺北：文海出版社，1973年，第1452～1453頁。廣東省文史研究館：《三元里人民抗英鬥爭史料》，北京：中華書局，1978年，第265頁。

〔註61〕〔英〕莫里斯‧弗里德曼（Maurice Freedman）著，劉曉春譯：《中國東南的宗族組織》，上海：上海人民出版社，2000年，第84頁。

〔註62〕〔美〕魏斐德著，王小荷譯：《大門口的陌生人：1839～1861年間華南的社會動亂》，北京：中國社會科學出版社，1988年，第127頁。

〔註63〕〔美〕魏斐德著，王小荷譯：《大門口的陌生人：1839～1861年間華南的社會動亂》，第128頁。

關係是來自同一宗族組織，但是他們既出自同一團練組織，且相互間存在密切關係，可以肯定是來自同一村落的同姓宗族。廣東的鄉村多是一鄉由一姓乃至多個同姓宗族組成，一族的團練為一「族團」，單族或多族的團練則組成「鄉團」，而社學團練則是由數鄉或數十鄉的團練整合而成的。例如升平社學就是廣州城北部合 13 社，80 餘個鄉村共同組建的超大型團練組織（實則參與組建升平社學的有 92 鄉）[註64]。又如升平社學旗下「13 社」之一的佛嶺社學，是由番禺縣蕭岡 13 鄉共建，石井社學則由南海縣、番禺縣 14 鄉共建。由此可知，在鴉片戰爭廣州反入城鬥爭期間，廣東鄉村地區的民眾，由「族團—鄉團—社學團練」的形式參與到團練活動當中。

亦有由士紳帶領自己族人、族眾，組建「族團」直接參與到團練活動。例如嘉慶廣東團練與華南海盜的鬥爭中，順德縣士紳孫大來帶領「其族光謙、光謨、鄉人黃河、清輩督勇拒賊保護[註65]」。其族人、鄉人先後有 9 人戰死。咸豐年間，廣東團練對抗廣東洪兵起義軍過程中，佛山堡冼鳳詔「集土著各族，籍其子弟為鄉團，結營於佛山之忠義流芳祠[註66]」。

民眾參與到團練活動所在的團練組織，因地域的不同而有所變化。清代廣東鄉村地區的民眾，多數聚合到由宗族組織組建的「族團」當中。而在城市地區，民眾則參與到由每個街巷組建的團練組織中。道光二十九年（1849），參與反入城鬥爭的廣州城內「街約團練」就有 10 萬餘眾[註67]。

當然，民眾參與到團練活動，成為團練組織中的一員，並不表示就是對清王朝的忠心。在廣東洪兵起義期間，不乏有鄉族團練為洪兵起義者所裹脅，從而與起義軍共同對抗朝廷官府。例如在增城縣，咸豐三年（1853），天地會以客民為中心而擴展開來。當地知縣聞知後，組成「靖安約」、「六都大約」等聯村團練。可是，當咸豐四年（1854）何六等洪兵起義軍攻擊縣城時，參加靖安約的廖村、棠村、下角等團練突然纏上紅巾，響應洪兵，由是縣城被

〔註64〕《（同治）番禺縣志》卷 16，建置略三，頁五十一至五十二，見《廣東歷代方志集成·廣州府部》第 20 冊，廣州：嶺南美術出版社，2007 年，第 187～188 頁。

〔註65〕《（咸豐）順德縣志》，卷 25，列傳五，國朝一，頁四十七，見廣東省地方史志辦公室輯：《廣東歷代方志集成·廣州府部》第 17 冊，廣州：嶺南美術出版社，2007 年，第 618 頁。

〔註66〕《（宣統）南海縣志》，卷 18，列傳五，頁三，見《廣東歷代方志集成·廣州府部》第 14 冊，廣州：嶺南美術出版社，2007 年，第 413 頁。

〔註67〕〔清〕梁廷枏撰，邵循正點校：《夷氛聞記》卷 5，北京：中華書局，1959 年，第 158～159 頁。

攻克〔註68〕。廣東洪兵起義期間，全族全鄉參加造反的事例還有，番禺縣猛湧村全村3百多村民全部纏上紅巾，加入洪兵隊伍〔註69〕。

　　由於在社會動亂肇始之際，民眾既有可能成為擁護官府的一方，亦有可能加入「反叛者」行列，所以對於民眾的爭取成為官方與「反叛者」鬥爭的一個焦點。此間，官府與士紳對民眾的宣傳動員起了很大的作用。例如鴉片戰爭期間，廣東士紳撰寫了抗英長紅和討英夷檄文，並向當地民眾進行宣傳，目的在於慷慨激昂地痛斥英夷侵略中國的險惡用心，呼籲民眾奮起抵抗外侮，保家衛國〔註70〕。但採用揭帖、傳單等文字傳播方式，對於識字率極低的鄉村地區有時難以取得有效的宣傳效果。因此，官方或士紳有時將需要傳達的信息，改編成通俗易懂、朗朗上口的民謠加以傳播，能取得更好的宣傳效果，更能獲取民眾的認同。例如《勝利歌》所唱的「一聲炮響義律埋城，三元里打勝，四方炮臺打爛，伍家講和，六百萬補回，七星旗揚揚，八面埋伏，九九打下，十足勝利。」和「洋鬼子怕百姓」等〔註71〕。這些民謠的傳唱都是激勵民眾要勇於與外來侵略者鬥爭，起到很好的戰爭動員效果。有時，辦團士紳親自面向民眾進行積極勸導，能取得更為直接高效的動員效果。例如「三合會匪起，（香山縣）東鄉附近多為所惑。（鄭）逵鴻聞之，詣濠頭邀族人飲，曉以大義，皆感泣，遂矢於祠廟，倡義拒賊〔註72〕。」又如「咸豐四年，紅賊竊發，黃粱都為九十有奇，眾為賊所惑，幾成盜藪。（黃）毓俊乃集諸鄉，立約法，議團練，互相應援，有倡亂者共治之〔註73〕。」再如「咸豐甲寅，紅賊攻邑城，上閘、張家邊、象角、濠湧等處有警，（劉）元貞躬督戰，曉以大義，聞者感奮〔註74〕。」

〔註68〕《增城團練節略》（咸豐五年春，1855年春），見廣東省文史研究館、中山大學歷史系編《廣東洪兵起義史料》上冊，廣州：廣東人民出版社，1992年，第218頁。

〔註69〕《林亞聚點名單及供詞》，見〔日〕佐佐木正哉編：《清末的秘密結社（資料篇）》，東京：近代中國研究委員會，1967年，第40頁。

〔註70〕廣東省文史研究館：《三元里人民抗英鬥爭史料》，北京：中華書局，1978年，第77～79、81～82、88～91、93～95頁。

〔註71〕廣東省文史研究館：《三元里人民抗英鬥爭史料》，第306～307頁。

〔註72〕《（光緒）香山縣志》卷15，列傳三，國朝，頁三十二，見《廣東歷代方志集成·廣州府部》第36冊，廣州：嶺南美術出版社，2007年，第323頁。

〔註73〕《（光緒）香山縣志》卷15，列傳三，國朝，頁三十二，見《廣東歷代方志集成·廣州府部》第36冊，第324頁。

〔註74〕《（光緒）香山縣志》卷15，列傳三，國朝，頁三十二，見《廣東歷代方志集成·

總之，民眾對團練活動的參與，成為官紳聯辦的團練活動得以興起的重要社會基礎。

小　結

前文已述，清代團練組織早已遍及中國大地，或見於地方志，更多的並未見於文獻記載。團練組織所形成的相關團練活動，之所以見於文獻記載，亦因於當地發生的社會動亂，當地民眾（有時包括當地官員）組織團練，奮起而抗之。因此，社會動亂的產生是形成團練活動的一大重要因素。動亂的社會環境為團練組織的發展提供機遇。小規模的社會動亂促發小規模的團練活動，而大規模團練活動的興起，則需要大型的社會動亂以促成。晚清時代，內憂外患的社會形態，大型社會動亂接踵而至，客觀上為清代團練活動的興起提供了特定的歷史機遇。

清代中後期出現大規模的團練活動有其複雜的因素，本章以清代廣東團練為例，對其形成大規模團練活動的原因進行深入的剖析。

綜上所述，清代廣東團練活動的興起是內外兩種因素共同作用產生的結果。其中外部因素主要指外部環境變化，即清中期以後廣東地區動亂的社會環境，軍隊無力應對大型社會動亂，保甲的廢弛以及官方對基層社會管理的失控。內部因素主要指人對於當時環境變化的應對，即官、紳、民面對社會動亂的態度與反應，包括了官方從限制民間武力到勸諭民間辦團的態度轉變，士紳的辦團動機，以及民眾參與到官紳聯辦的團練活動。

清代廣東大規模團練活動的興起，體現出在動亂的社會環境下，官、紳、民應對社會動亂的一種共同反應形式。團練活動既由民間社會以防範為目的的自覺、自發組織而形成的，在社會動亂肇起之後，由官方所倡諭進而進一步擴大，形成大規模的社會組織行動。清代廣東大規模團練活動的興起體現官、紳、民之間一種「由下而上、自上而下、上下聯動」的互動模式。而對於清代統治者來說，興辦團練活動的目的在於把民間無序的武裝力量納入到由國家監管的有序軌道中。

廣州府部》第 36 冊，第 324 頁。

第二章　清代廣東的主要團練活動

　　動亂是引起團練的重要前提,「應亂而起」是團練發展的一大特點。而官辦的團練活動在清代團練的發展史中佔據著主流地位,在廣東地區尤其如此。自清嘉慶以後,廣東地區社會動亂接連不斷。其中較為大型的社會動亂大致有嘉慶九年至十五年(1804~1810)華南海盜的擾亂、道光二十年至二十二年(1840~1842)的鴉片戰爭、咸豐四年至同治三年(1854~1864)的洪兵起義、咸豐六年至十年(1856~1860)的第二次鴉片戰爭、光緒九年至十一年(1883~1885)的中法戰爭、光緒二十四年(1898)以後廣東盜匪問題的嚴重化。為了應對這六次大規模的社會動亂,廣東當局在朝廷的示意之下相繼開展了五次全省範圍的辦團活動。其中洪兵起義與第二次鴉片戰爭在發生的時間點相近,且其持續的時間上有所重合。因此對應清中期以後廣東地區的六次大型社會動亂,就只有五次大規模官辦團練活動,其時間段分別為1805~1810、1839~1849、1854~1862、1884~1885、1898~1911。

　　對清代廣東地區官辦的大規模團練活動進行劃分主要有兩大依據,第一,依據清代廣東地區大型社會動亂的始終,對清代廣東團練活動進行階段劃分。由於清代團練與大型社會動亂聯繫緊密,且具有「應亂而起」的活動特徵。同時,在社會動亂基本結束之後,官方一般會要求團練組織進行裁撤,部分團練組織亦會自行解散。由此,社會動亂的結束亦意味著大規模的團練活動基本結束,團練活動亦具有「亂止輒散」的活動特徵。因此,清代廣東大型社會動亂的開始與結束時間,可以成為判斷清代廣東團練起止的標準〔註1〕。另外,由於

─────────────────

〔註 1〕 賀躍夫、王先明等學者在其著作中皆指出了清代團練與社會動亂的密切關係,並且是作為在大動亂之際清廷控馭地方而出現的社會組織形式,間接地點明了清代團練「應亂而生」的活動特徵。(賀躍夫:《晚清士紳與近代社會變遷──兼與

清代廣東團練的興辦應付的是不同類型的社會動亂，所以社會動亂的時起時伏決定了大規模團練活動時斷時續的特徵。第二，依據朝廷與廣東當局發布團練告示的時間，確定清代廣東大規模團練活動的開始。大規模的民間武裝行動一般皆受到官方的嚴密管控，更何況是由官方主動發起的大規模團練活動。因此，大規模的團練活動多數屬於官辦性質。為了應對這六次大規模的社會動亂，廣東當局在朝廷的示意之下相繼開展了五次全省範圍的辦團行動。每當大規模團練活動興起之前，朝廷或廣東當局一般會發布團練告示，號召地方紳民組建團練、協助官府平定內亂。並且在每次興辦團練活動之前，官方（或朝廷或督撫）總會發布勸諭民間團練的告示，以示為團練活動的開始。

　　本章主要以嘉慶九年至宣統三年（1804～1911）期間，官方主導的五次大規模辦團行動為論述對象，重點分析在動亂的社會環境下，官、紳、民如何通過興辦團練活動應對大型社會動亂。而這五次大規模的團練活動如何進行具體劃分，和團練作為一項國家政策如何落實到地方層面，這是本章需要探究的問題。

　　這裡的「大規模官辦團練活動」，並非包含整個清代267年統治時間內廣東地區所有的團練活動。包括兩大特徵，一為「官辦」，二為「大規模」。因此，民間自辦的團練活動以及小規模團練活動均不在本文討論範圍。所謂的大規模團練活動，是指其團練範圍至少是跨縣級，並且縣與縣之間的團練形成聯合，對外敵展開鬥爭。所謂的「對敵展開鬥爭」，揭示了本文論述的大規模團練活動打擊對象是引發社會動亂、并與官府作對的敵對勢力與不法分子，諸如華南海盜，鴉片戰爭期間的英國侵略者等。清代廣東第一次團練活動，針對的打擊對象是華南海盜，第二次針對的是鴉片戰爭期間的英國侵略者，第三次針對的是廣東洪兵起義軍和第二次鴉片戰爭期間的英法聯軍，第四次針對的是中法戰爭期間的法國侵略者，第五次針對的是清末廣東盜匪。由於鬥爭對象的不同，因此本文將清代廣東團練活動劃分為5個不同階段。

第一節　應對華南海盜的團練活動（1805～1810）

　　清代廣東由官方主導的第一次大規模團練活動，主要針對嘉慶年間華南海盜問題的治理而展開。此次團練活動以嘉慶十年（1805）兩廣總督那彥成的勸諭民間團練告示為開始標誌，至嘉慶十五年（1810）華南海盜基本平息

日本士族比較》，廣東人民出版社，1994年，第18～28頁。王先明：《近代紳士——一個封建階層的歷史命運》，天津人民出版社，1997年，第93～95頁。）

為結束標誌，共持續 6 年。

一、華南海盜問題與興辦團練的決策

　　自明代以來，海盜的擾亂一直是中國南部沿海地區社會治理的重要問題。清王朝定鼎中原以後，浙江、福建、廣東等地區成為鄭成功等反清勢力的重要舞臺，客觀上為沿海海盜的活動提供了有力的契機，因此順治、康熙年間成為中國沿海海盜活動的一個重要時期〔註2〕。起初，康熙皇帝為了打擊沿海海盜和臺灣鄭氏，在沿海地區頒布了海禁、遷界等一系列政策。此後，清廷收復臺灣，沿海海盜日趨消弭。乾隆中期以後，隨著吏治的日趨腐敗，加之饑荒、戰爭帶來的物價飛漲，人口膨脹帶來的生活壓力等等原因導致的民不聊生，不少沿海居民下海為盜，對沿海地區的治理構成嚴重的社會隱患。

　　乾隆中期至嘉慶中期，朝廷疲於應對地方內亂（白蓮教起義和西南苗民起義等）而無暇南顧，加之當時安南發生內亂，西山起義軍為獲取資金對中國沿海海盜提供庇護與支持，因此這時期廣東海盜迅速發展壯大，對沿海地區安全形成嚴重威脅。關於如何治理華南海盜問題，朝廷與地方官府經歷一系列反覆的討論，其中對於地方辦團問題的爭論最為激烈。最後朝廷在面對國家經制軍衰腐，保甲制管控無力等現實之後，不得不放寬了對地方武裝力量的限制。此舉體現了官方在於華南海盜治理策略上的轉變，亦是對於民間辦團態度的轉變。嘉慶九年（1804）廣東巡撫孫玉庭上表奏請皇帝調整海防政策，以「嚴守口岸」、「斷接濟」為第一要務，為此也提出了沿海村莊募集鄉勇，行保甲舉團練〔註3〕。嘉慶皇帝認同了孫玉庭奏章中所提到的「嚴守口岸」、「嚴斷接濟」等建議，並對行保甲、舉團練等舉措表示支持〔註4〕。孫玉庭的奏章裏面提到「力行保甲、團練鄉勇」的建議與同年九月兩廣總督倭什布提出的「沿海村莊，願出壯丁，自衛身家，毋庸派人領班經理」等意見不謀而合〔註5〕。正當廣東

〔註2〕〔美〕安樂博：《中國海島的黃金時代 1520～1810》，《東南學術》2002 年第 1 期，第 37 頁。

〔註3〕〔清〕孫玉庭：《防剿洋匪情形疏》，載《延釐堂集》奏疏卷上，頁五十一，見國家清史編纂委員會：《清代詩文集彙編》，第 438 冊，上海：上海古籍出版社，2010 年，第 33 頁。

〔註4〕《清實錄》第 29 冊，仁宗睿皇帝實錄（二），卷 130，嘉慶九年六月癸未，北京：中華書局，1986 年，第 766～768 頁。

〔註5〕戴逸、李文海編：《清通鑒》第 12 冊，清仁宗嘉慶 9 年，太原：山西人民出版社，2000 年，第 5007 頁。

鄉村準備辦團自衛之時，兩廣總督倭什布與廣東巡撫孫玉庭奏摺所奏的行保甲、舉團練等事項卻因為二者的去職而成為一紙具文〔註6〕。繼任的兩廣總督那彥成延續了前任督撫的辦團主張，並針對沿海地區如何辦團的問題，在勸諭沿海村落辦團的告示中提出許多切實可行的措施〔註7〕。兩廣總督那彥成的勸諭民間團練告示，標誌著廣東第一次大規模團練活動的開始。

二、清代廣東團練與華南海盜的鬥爭

嘉慶初年，華南海盜並對廣東沿海地區形成嚴重的擾亂。廣東海盜通過訂立《公立約單》形成聯盟，形成紅、黑、白、藍、黃、綠六大旗幫海盜集團〔註8〕。海盜不斷對廣東沿海及內河的民眾進行騷擾劫，朝廷雖出動巡艇進行追捕，但官兵緝捕不力，收效甚微〔註9〕。嘉慶年間海盜六幫的聯合促使海盜的力量變得異常強大，其中對珠三角地區影響最大的當屬張保仔、鄭一嫂所在的紅旗海盜幫〔註10〕。嘉慶九年（1804），海盜張保仔突入順德縣「東海十六沙」實施劫掠。為了應對海盜的進犯，順德縣士紳胡鳴鸞在各鄉「護沙」組織的基礎上建立起一個規模更為龐大的「護沙」組織——容桂公約〔註11〕。容桂公約的主要職責就是緝捕盜匪，負責東海十六沙的防衛。為了方便緝捕地方盜匪，官府賦予了容桂公約緝捕、查拿盜匪的權力。「故辦匪

〔註6〕《清實錄》第 29 冊，仁宗睿皇帝實錄（二），卷 137、141，嘉慶九年十一月甲寅、嘉慶十年三月己酉，北京：中華書局，1986 年，第 874、931～932頁。

〔註7〕〔清〕章佳容安輯：《那文毅公兩廣總督奏議》卷 11，頁四十至四十一，見沈雲龍主編：《近代中國史料叢刊》第 21 輯，臺北：文海出版社，1973 年，第1452～1453 頁。何圳泳：《「一時之功」與「長久之計」：「堅壁清野」治盜方略的解析——以嘉慶十年（1805）兩廣總督那彥成的海盜治理為例》，《汕頭大學學報（人文社會科學版）》，2019 年第 8 期，第 135 頁。

〔註8〕〔美〕穆黛安著，劉平譯：《華南海盜：1790～1810》，北京：中國社會科學出版社，1997 年，第 68～69 頁。《（咸豐）順德縣志》，卷 21，列傳一，文傳，國朝，頁二十七，見廣東省地方史志辦公室輯：《廣東歷代方志集成‧廣州府部》第 17 冊，廣州：嶺南美術出版社，2007 年，第 499 頁。

〔註9〕〔清〕程含章：《上百制軍籌辦海匪書》，載〔清〕賀長齡主編：《皇朝經世文編》卷 85，兵政、海防下，見沈雲龍主編：《近代中國史料叢刊》第 74 輯，臺北：文海出版社，1973 年，第 3064 頁。

〔註10〕劉平：《清中葉廣東海盜問題的探索》，《清史研究》1998 年第 1 期，第 43 頁。

〔註11〕《（咸豐）順德縣志》，卷 27，列傳七，國朝三，頁十六，見廣東省地方史志辦公室輯：《廣東歷代方志集成‧廣州府部》第 17 冊，廣州：嶺南美術出版社，2007 年，第 652 頁。

以大鄉大族之巨匪為要，邇年節次攻辦。文武衙門皆責成該鄉紳秉公攻首緝拿解送。〔註12〕」為了緝捕盜匪的需要，容桂公約還設立了一定武裝組織。「巡船扒艇十八號，雇募丁壯二百零八名，駕船分赴各沙巡邏。〔註13〕」為了維持公約的運營，容桂公約還擁有一定的徵稅權，不僅擁有徵收沙田的捕費，而且還攬辦了牌規銀的徵收。此外，容桂公約還要向官府領取沙牌，向官府繳納一定的銀兩，並接受官府的管控〔註14〕。容桂公約制定的章程還被當時的兩廣總督那彥成作為團練組織籌措經費的典範加以推廣。

　　　　查香邑各村香燈田畝約計六千餘頃，議照順德容桂兩鄉捐簽事
　　例，每田一畝每年捐錢八十文，主佃各出一半，分上下兩造交收。
　　四鄉禾稻成熟，多出巡船防護，俟盜匪平靜即行停止。〔註15〕

那彥成要求將容桂公約的《防盜章程十條》抄發至各州縣，各州縣按照自身情況因地制宜、稍加變通而施行，並將實行情況向當局報告。嘉慶十三年（1808），順德縣士紳利用容桂公約的經費建立起一所容山書院，這所書院成為團練的總部和鄉勇操練的場所。官府批准公約有權搜查與捕捉海盜以及其他危害社會秩序的可疑人員，鄉勇負責晝夜巡邏，如發現可疑人員，立即緝拿，送官究辦〔註16〕。在順德縣的龍山鄉，來自 10 個村落的地方士紳聯合組建起一個鄉約，中心位於城垣的大岡墟，團練指揮部設立在鎮中心武廟左邊的公館。嘉慶十四年（1809），海盜張保因封海口而突入內河劫掠，圍攻黃連鄉。龍山鄉大岡墟鄉紳溫汝能招募了 300 餘名壯勇，馳援黃連鄉〔註17〕。

〔註12〕 《擬照舊雇募守沙議》，載〔清〕龍廷槐：《敬學軒文集》卷 12，見國家清史
　　　　編纂委員會：《清代詩文集彙編》，第 452 冊，上海：上海古籍出版社，2010
　　　　年，第 524 頁。
〔註13〕 《擬照舊雇募守沙議》，載〔清〕龍廷槐：《敬學軒文集》卷 12，見國家清史
　　　　編纂委員會：《清代詩文集彙編》，第 452 冊，上海：上海古籍出版社，2010
　　　　年，第 524 頁。
〔註14〕 《擬照舊雇募守沙議》，載〔清〕龍廷槐：《敬學軒文集》卷 12，頁一至六，
　　　　見國家清史編纂委員會：《清代詩文集彙編》，第 452 冊，上海：上海古籍出
　　　　版社，2010 年，第 523 頁。
〔註15〕 〔清〕章佳容安輯：《那文毅公兩廣總督奏議》卷 11，頁四十八，見沈雲龍主編
　　　　《近代中國史料叢刊》第 21 輯，臺北：文海出版社，1973 年，第 1466～1467 頁。
〔註16〕 〔清〕章佳容安輯：《那文毅公兩廣總督奏議》卷 11，頁三十二至三十三，見沈雲
　　　　龍主編《近代中國史料叢刊》第 21 輯，臺北：文海出版社，1973 年，第 1468 頁。
〔註17〕 《（咸豐）順德縣志》，卷 27，列傳七，國朝三，頁四，見廣東省地方史志辦
　　　　公室輯：《廣東歷代方志集成・廣州府部》第 17 冊，廣州：嶺南美術出版社，
　　　　2007 年，第 646 頁。

　　嘉慶十四年（1809）是廣東團練與海盜戰鬥最為慘烈的一年。附表1中發生在嘉慶十四年的鬥爭有38項事例，附表2中有41項事例。並且從兩表中嘉慶十四年鄉勇團練與海盜戰鬥地點統計情況看，該年海盜突入珠江三角洲內河區域，集中對廣州府的新會、南海、番禺、香山、順德等較為富庶的州縣實施重點侵擾。嘉慶十四年這一年廣東東路海域的海盜基本被平定，所剩只有中路海域的鄭一嫂和張保仔的紅旗幫和郭婆帶（郭學顯）的黑旗幫，西路海域的烏石二、李尚青、吳知青、東海霸等四股海盜〔註18〕。七月，鄭一嫂、張保仔紅旗幫與郭婆帶黑旗幫兩大海盜幫派對廣州府諸縣進行掠奪。從附表1「鬥爭對象」一欄可看到，嘉慶十四年張保仔騷擾的足跡最廣，遍及廣州府南海、番禺、增城、新寧、新會、香山、順德諸縣，鄭一嫂主要為張保仔提供後勤支持，也對新會和順德兩縣進行騷擾。黑旗幫的郭婆帶對南海、番禺、香山、順德等縣進行騷擾。其中香山與順德兩縣是廣東省較為富庶的地區，所以成為海盜劫掠的重點地區〔註19〕。

　　嘉慶十四年（1809），順德縣大良士紳龍廷槐主持民間聯防，組建團練，親赴四鄉募勇，並募集銀兩、購買武器、修築炮臺，加強東海十六沙的防守，促使容桂公約的武裝力量有了進一步的發展〔註20〕。可以說，嘉慶年間與海盜的鬥爭過程中，順德團練在龍廷槐主持下正式形成，並為其侄子龍元僖主持的順德團練總局奠定了基礎。

　　嘉慶十四年（1809）番禺縣沙灣建立仁讓公局，同年兩廣總督百齡命「沿海州縣團練為守禦計〔註21〕」。仁讓公局作為地方團練組織對海盜的侵擾起到

〔註18〕〔清〕盧坤、鄧廷楨主編，王宏斌等校點：《廣東海防匯覽》，石家莊：河北人民出版社，2009年，第1048頁。〔清〕袁永綸：《靖海氛記》卷上，頁三至四，香港海事博物館藏清道光十年碧蘿山房刊本。何圳泳：《「一時之功」與「長久之計」：「堅壁清野」治盜方略的解析——以嘉慶十年（1805）兩廣總督那彥成的海盜治理為例》，《汕頭大學學報（人文社會科學版）》，2019年第8期，第135頁。

〔註19〕《（咸豐）順德縣志》，卷31，前事略，頁十八，見廣東省地方史志辦公室輯：《廣東歷代方志集成·廣州府部》第17冊，廣州：嶺南美術出版社，2007年，第709頁。

〔註20〕《（咸豐）順德縣志》，卷26，列傳六，國朝二，頁二十九，見廣東省地方史志辦公室輯：《廣東歷代方志集成·廣州府部》第17冊，廣州：嶺南美術出版社，2007年，第641頁。

〔註21〕《（同治）番禺縣志》，卷16、22，建置略三，頁四十八，前事三，頁十六，見廣東省地方史志辦公室輯：《廣東歷代方志集成·廣州府部》第20冊，廣州：嶺南美術出版社，2007年，第186、268頁。

了很好的防守作用〔註22〕。

圖 2-1　嘉慶十四年（1809）珠江三角洲海域海盜入侵路線圖〔註23〕

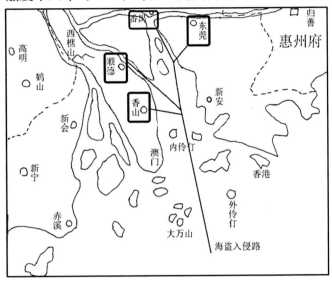

嘉慶十五年（1810）香山縣創設附城公約。為了防備張保仔、鄭一嫂等海盜集團的擾亂，位於縣城以鄭姓為首的七大家族聯合捐資設立的該公約，名為固圍公所。香山縣知縣彭昭麟詳請督撫院批准，等海心沙成為沙坦能供墾殖，歸附城公約報承，其上繳的報承沙坦費用作為當地的防務費用〔註24〕。此外，香山縣的其他團練組織亦陸續興辦，如東鄉公約、隆都公約、恭谷兩都公約、黃梁防海公約、小欖公約、大黃圃公約、小黃圃公約〔註25〕。

當時廣東沿海村落除了組建團練還自行開濠築堡，加強防守〔註26〕。同時官府應當責成口岸各文武官員進行協助，倘若該處未有官員，士紳亦應在緊要的地方早築濠堡，再向地方官申報。此種開濠築堡之法是嘉慶十年（1805）

〔註22〕〔清〕袁永綸：《靖海氛記》卷上，頁十七，巴黎國家圖書館藏清道光十年碧蘿山房刊本。

〔註23〕王崇敏：《南海海洋文化研究》，北京：海洋出版社，2016 年，第 348 頁，圖 5-1。

〔註24〕《（民國）香山縣志》，卷4，建置，頁二，見《廣東歷代方志集成·廣州府部》第 34 冊，廣州：嶺南美術出版社，2007 年，第 414 頁。

〔註25〕《（光緒）香山縣志》，卷8，海防，炮位附，頁七十，見《廣東歷代方志集成·廣州府部》第 36 冊，廣州：嶺南美術出版社，2007 年，第 157 頁。

〔註26〕〔清〕章佳容安輯：《那文毅公兩廣總督奏議》卷 11，頁四十五至四十六，見沈雲龍主編《近代中國史料叢刊》第 21 輯，臺北：文海出版社，1973 年，第 1461～1463 頁。

兩廣總督那彥成提出的，是根據那彥成本人在白蓮教起義時期剿滅白蓮教的經驗基礎上加以改進，與嶺南地區風土地貌相適應〔註27〕。

　　嘉慶十五年（1810）遊弋在廣東洋面的海盜在官兵與團練的圍追堵截下，部分海盜在權衡利弊之後逐漸萌發投誠之心，同時再加之海盜集團內部由於權力與利益分配的不均，導致海盜集團逐漸走向分崩離析。其中以紅旗幫的張保仔與黑旗幫的郭婆帶之間的矛盾最為明顯。根據《靖海氛記》記載，在海盜集團內部，郭婆帶的資歷比張保仔老，且比張保仔年長，但事事卻被張保仔壓制，故而對張保仔素有怨氣〔註28〕。後來嘉慶十四年十二月張保仔被圍赤瀝角向郭婆帶求援，郭婆帶不但坐視不救，還與張保仔相攻，並向官府投降。至此，盛極一時的廣東海盜集團完全瓦解，在郭婆帶投誠後不久，鄭一嫂、張保仔也向官府投誠。最終張保仔被授予職銜，並隨同水師剿滅烏石二等其餘海島。嘉慶十五年，大規模廣東海盜活動基本平息。

　　嘉慶年間廣東團練協助官府打擊華南海盜的屢次軍事行動，極大彰顯了廣東團練的「靖亂」職能。嘉慶初年朝廷與廣東當局在出洋緝盜遭遇種種失利的情形下，逐漸認識到單純依靠官方力量無法遏制海盜的劫掠，要徹底解決海盜問題需要民間的配合。況且海盜全憑陸上奸民接濟以糊口，近來沿岸港口稽查甚嚴，海盜無從得以補給，必當尋思上岸擄掠。而「沿海袤延數千里，一時兵力勢難兼顧，」所以「不得不藉居民之團練共為地方堤防之計」〔註29〕。也只有發動民間力量，實現「士民齊心戮力，共切同仇」，才能有效地解決海盜擾亂問題。所以只有發動民間舉行團練，「沿海沿河村莊紳耆，務遵前劄，速行團練」，同時配合官方「飛調各陸路營兵嚴把港口，分配大隊舟師由內河搜捕直抵外洋」，這樣實現兵民合力，嚴守口岸，防禦堵截才能防止海盜上岸滋擾〔註30〕。由此，沿海地區民眾興辦團練對海盜實施封鎖、堵截，

〔註27〕〔清〕章佳容安輯：《那文毅公（彥成）兩廣總督奏議》卷11，頁四十三至四十七，見沈雲龍主編《近代中國史料叢刊》第21輯，臺北：文海出版社，1973年，第1458～1465頁。

〔註28〕〔清〕袁永綸：《靖海氛記》卷下，頁八，巴黎國家圖書館藏清道光十年碧蘿山房刊本。

〔註29〕〔清〕章佳容安輯：《那文毅公（彥成）兩廣總督奏議》卷11，頁四十三至四十七，見沈雲龍主編《近代中國史料叢刊》第21輯，臺北：文海出版社，1973年，第1458～1465頁。

〔註30〕〔清〕章佳容安輯：《那文毅公（彥成）兩廣總督奏議》卷11，頁四十三至四十七，見沈雲龍主編《近代中國史料叢刊》第21輯，臺北：文海出版社，1973年，第1458～1465頁。

成功斷絕海盜的陸上接濟，最終促成海盜聯盟的分崩離析，為官府成功殲滅和招撫海盜提供有利條件。

嘉慶十四年（1809），兩廣總督百齡將「於沿海村莊團集兵勇、編查保甲」等事項奏呈嘉慶皇帝，得到了嘉慶皇帝的認可，「勸諭近海村莊各衛身家，自行團練」〔註31〕。從嘉慶九年到嘉慶十五年（1804～1810）的 7 年時間裏，廣東地區歷任倭什布、那彥成、吳熊光、永保、百齡 5 位兩廣總督，歷任孫玉庭、百齡、孫玉庭、永保、韓崶 4 位廣東巡撫，孫玉庭在百齡前後就任兩次廣東巡撫，其間督撫會因為意見無法統一而出現「督撫同城」的權力鬥爭，但在治理海盜政策上，督撫仍然延續前任的既定政策並加以推行。嘉慶時期歷任廣東督撫對於海盜治理政策的延續，才使得民間辦團措施逐步在沿海鄉村得以推廣，促成廣東當局第一次辦團行動的順利完成。

嘉慶年間官府的第一次大規模團練活動針對的是華南海盜問題的治理，清代廣東團練依據形勢的變化，配合官府整治行動，對華南海盜勢力形成一定的抑制性作用。嘉慶年間華南海盜能夠最終得以平息，主要還是時任兩廣總督百齡的「禁船出洋」和「鹽歸陸運」等諸多「斷接濟」政策的有效落實，並且通過興辦沿海團練等措施成功地阻絕了海盜的登岸騷擾，實現坐困海盜的戰略目的。嘉慶十五年（1810）廣東地區大規模海盜活動的最終平息，宣告了清代廣東地區第一次大規模團練活動的結束。

第二節　鴉片戰爭前後的團練活動（1839～1849）

清代廣東由官方主導的第二次大規模團練活動，主要針對發動鴉片戰爭的英國侵略者展開鬥爭。此次鬥爭的焦點是鴉片戰爭之後英國侵略者進入廣州城的問題。此次活動以道光十九年（1839），兩廣總督的林則徐發布告示勒令沿海村莊組織團練為開始標誌，以道光二十九年（1849）英軍的退卻宣告結束，共持續 11 年。

〔註31〕《清實錄》第 29 冊，仁宗睿皇帝實錄（二），卷 217，嘉慶十四年八月壬辰，北京：中華書局，1986 年，第 910～911 頁。中國第一歷史檔案館：《嘉慶道光兩朝上諭檔》第 14 冊，桂林：廣西師範大學出版社，2000 年，第 481 頁。陳賢波：《百齡與嘉慶十四年（1809）廣東籌辦海盜方略》，《華南師範大學學報（社會科學版）》，2017 年第 4 期。

一、林則徐抗英鬥爭中的團練活動

　　道光十九年（1839）廣東地區鴉片及其走私貿易流毒地方、為害甚重。作為欽差大臣的林則徐到任廣東以後，大力打擊鴉片走私貿易，並發布告示勒令沿海村莊組織團練〔註32〕。至此，廣東當局開始第二次團練活動。道光二十年（1840），升任兩廣總督的林則徐，積極籌備廣東海防，招募漁民疍戶為水勇，在廣東主持禁煙中，林則徐一直關注民心的向背和民力的動員。他因「群情頗為警動」而大受鼓舞，相信對英國侵略者「銜仇刺骨」的粵民可用〔註33〕。因此，調動和組織民眾反對西方侵略者，是林則徐實行民族自衛戰爭的重要策略原則。為配合水師外海作戰，林則徐廣泛號召沿海各地和珠江三角洲鄉民實行團練，守土自衛。林則徐還令地方官員漁民自造木筏，出海偷襲、焚燒英船，並公布了有關捕獲敵艦船和殺俘敵軍的獎賞辦法〔註34〕。同時，林則徐還聯合廣東水師提督關天培，雇募沿海漁疍各戶為水勇，重點打擊向英船洋人接濟的「匪船」，斷絕英國侵略者的陸上接濟〔註35〕。而且此次行動取得了不小的戰果：燒毀夷船23隻，擒獲夷人10名，並得到道光皇帝的讚譽，一定程度上堅定了官民抗擊外夷侵略的信心〔註36〕。

　　林則徐還動員行商、鹽商等商行出資，在廣州公開招募水勇5000人，經訓練分配各處，協同清軍作戰。鴉片戰爭爆發後，隨著清軍對英軍作戰的失利，沿海防務形勢嚴峻，給事中沈鑅奏請沿海各省組建團練抵禦英軍入侵〔註37〕。

〔註32〕 《諭沿海民人團練自衛告示》（道光十九年七月二十三日），見《林則徐全集·文錄卷》第5冊，福州：海峽文藝出版社，2002年，第2529頁。〔美〕魏斐德著，王小荷譯：《大門口的陌生人：1839～1861年間華南的社會動亂》，北京：中國社會科學出版社，1988年，第15頁。《欽差大臣林則徐等又奏英人非不可制清嚴諭查禁鴉片》（道光十九年八月十七日），見〔清〕文慶等纂：《籌辦夷務始末（道光朝）》，第1冊，北京：中華書局，1964年，第219頁。

〔註33〕 《欽差大臣林則徐奏報抵粵日期並體察洋面堵截蔞船情形摺》，《鴉片戰爭檔案史料》，第一冊，天津：天津古籍出版社，1992年，第496頁。

〔註34〕 〔清〕林則徐：《諭香山縣加強戒備及獎勵民眾殲敵》，見陳錫祺：《林則徐奏稿·公牘·日記補編》，廣州：中山大學出版社，1985年，第90頁。

〔註35〕 《燒毀奸船以斷英舶接濟摺》（道光二十年二月初四日，1840年3月7日），見《林則徐全集》第3冊，奏摺卷，福州：海峽文藝出版社，2002年，第1411頁。

〔註36〕 《燒毀奸船以斷英舶接濟摺》（道光二十年二月初四日，1840年3月7日），見《林則徐全集》第3冊，奏摺卷，第1412頁。

〔註37〕 《著沿海各將軍督撫議覆給事中沈鑅奏請飭團練水勇事上諭》，道光二十年七月初二日（剿捕檔），見中國第一歷史檔案館：《鴉片戰爭檔案史料》第5冊，

朝廷將給事中沈鑅的奏議頒發給廣東、福建、浙江等省各將軍議覆，在沿海團練水勇的提議很快得到沿海各省將軍的支持，於是鴉片時期中國沿海各省掀起一次辦團熱潮〔註38〕。

《南京條約》簽訂標誌著鴉片戰爭的結束，但中英衝突仍在持續，特別是廣東地方民眾與英國侵略者的矛盾日益加劇，時刻有演化成軍事衝突的可能。此時，道光二十三年（1843），為防範中英之間再次的軍事衝突，清廷積極加強沿海地區的防備，遂將江西監察御史田潤提出的沿海省份籌辦團練的提議頒發山東等七省議覆，得到各省的不同回應〔註39〕。其中廣東地區為應對英軍隨時可能的侵略，對興辦沿海團練做出積極的回應，並加強了沿海一帶的軍事佈防〔註40〕。

道光二十一年（1841），英國侵略者侵佔廣州城，逼迫廣東當局簽訂《廣州和約》，索要 600 萬兩作為贖城費。英國侵略者儘管接受 600 萬兩的贖城費並撤離了廣州城，但仍不時派遣軍艦闖入珠江口，對附近地區大肆騷擾。對此，廣州民眾對英軍蠻橫的侵略行徑恨之入骨。作為欽差大臣奕山卻以「恪守」《廣州和約》為由，放任英軍對廣東地區的侵擾。面對英國侵略者咄咄逼人的侵略姿態，廣東督撫無奈之下只有借助愛國士紳創辦的團練，與英國侵略者展開周旋。兩廣總督的祁𡎲和廣東巡撫怡良順應廣東民眾高漲的抗英鬥爭形勢，發布了「曉諭團練」告示〔註41〕。

除了官方發布的團練告示，廣東民間一些愛國士紳也主動聯合起來，發布告示號召民眾辦團、抵抗外來侵略。同時廣州的一批愛國士紳如梁廷枏、黃培芳、鄧淳、曾釗等人先後受聘為祁𡎲幕僚，參與廣州的防衛事宜。他們以官方

天津：天津古籍出版社，1992 年，第 215 頁。

〔註38〕　《杭州將軍奇明保保奏陳乍浦所募鄉勇擬准入伍補充水師摺》、《福州將軍保昌等奏陳閩省團練水勇壯勇情形摺》、《兩廣總督林則徐等奏為遵旨覆議團練水勇情形摺》，見中國第一歷史檔案館：《鴉片戰爭檔案史料》第 2 冊，天津：天津古籍出版社，1992 年，第 338、349、403 頁。

〔註39〕　崔岷：《倚重與警惕：1843 年的團練「防夷」之議與清廷決策》，《史學月刊》，2018 年第 11 期，第 54～57 頁。

〔註40〕　《兩廣總督林則徐等奏為遵旨覆議團練水勇情形摺》，見中國第一歷史檔案館：《鴉片戰爭檔案史料》第 2 冊，天津：天津古籍出版社，1992 年，第 403 頁。《祁𡎲等又奏團練鄉兵於粵省情形相宜摺》，見廣東省文史研究館：《三元里人民抗英鬥爭史料》，北京：中華書局，1978 年，第 257～258 頁。

〔註41〕　廣東省文史研究館：《三元里人民抗英鬥爭史料》，北京：中華書局，1978 年，第 265 頁。

的名義，傳檄城鄉，號召更多的民眾開展團練，加入抗英鬥爭的行列。在抗擊
外來侵略的問題上，官、紳、民三者的立場都是統一。當是時，虎門失守，英
軍炮艦直逼廣州城，廣州城內軍民惶恐不安。「省城各官先將家眷紛紛逃避，
以致人心惶恐。城廂內外，居民鋪戶，十遷八九。內地匪徒，肆行劫掠。難民
有被搶去財物者，有擄去婦女勒贖者，傷心慘目，不可言狀。各處會匪乘機擾
害。或千人，或數百人，白晝搶劫村莊。〔註42〕」所以對於地方的紳民來說，
組建團練的動機不僅在於反抗外來侵略的家國情懷，而且還有保護地區不受
無賴、逃兵、土匪的騷擾。相對於前者，後者才是更為直接與現實的問題。不
過，廣州城內的動亂究其根本是由外來侵略所引起的。「故逆夷一日不靖，則
匪徒一日不清〔註43〕。」

　　鴉片戰爭期間在廣東中英雙方的鬥爭主要圍繞廣州城而展開。英方引據
《南京條約》的條款要求進入廣州城，而廣州城民眾堅決反對英方入城。雙方
遂起激烈衝突。在英軍佔領廣州北郊的主要炮臺，包圍廣州城之後，廣州城郊
陸續組建了由地方士紳領導的升平社學、東平社學、南平社學、隆平社學等團
練組織，廣州城內由士紳、商人組建了城內的街約團練。英國殖民者蠻橫的侵
略行徑激起廣東民眾的強烈反抗，隨即爆發了三元里抗英和反入城鬥爭等著名
事件。

二、鴉片戰爭後廣東團練的抗英鬥爭

　　道光二十一年四月初十（1841.5.30），英國侵略者進犯廣州。與此同時，
廣州城北郊爆發了著名的三元里抗英事件。廣州附近的民眾紛紛組織起來，
自發地爆發了多次抗擊英軍的小規模的軍事行動。雖然《南京條約》的簽訂
標誌著中英鴉片戰爭的結束，但廣東民眾的抗英鬥爭仍在繼續，且其聲勢比
鴉片戰爭期間更為弘大。雙方斗爭的焦點主要圍繞英國侵略者進入廣州城問
題展開。在三元里抗英之後，廣州民眾自發抗英鬥爭漸多〔註44〕。廣州城郊
鄉村的社學紛紛辦起團練，城內工商戶組成了街約團練。廣州的社學團練開

〔註42〕《駱秉章奏陳戰守之策摺》，見〔清〕文慶等纂：《籌辦夷務始末（道光朝）》，
　　　　第2冊，北京：中華書局，1964年，第1019頁。
〔註43〕《駱秉章奏陳戰守之策摺》，見〔清〕文慶等纂：《籌辦夷務始末（道光朝）》，
　　　　第2冊，北京：中華書局，1964年，第2177頁。
〔註44〕趙爾巽：《清史稿》第38冊，列傳158，祁墳傳，北京：中華書局，1977年，
　　　　第11514頁。

始發動群眾，與英軍周旋抗爭。社學，是清朝延續明朝的一種鄉村鄉紳興賢辦學的場所。道光年間廣州附近許多具有教化功能的社學直接轉化成軍事化的團練組織〔註45〕。街約是城市工商以街巷為單位組成的內防盜賊、外禦敵寇的自衛組織。不論是社學還是街約，和平時各安居樂業，有事時各家各戶出錢出人，組成團練自衛，負責保衛自己鄉村和街道的安全。

圖 2-2 三元里抗英鬥爭形勢圖〔註46〕

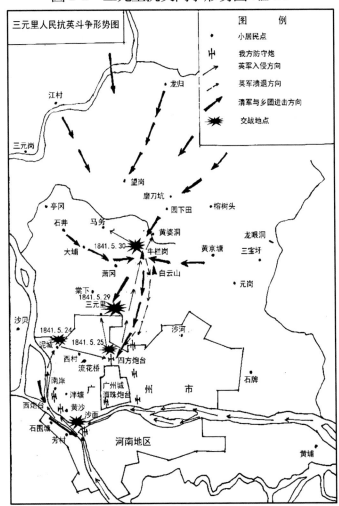

〔註45〕楊念群：《論十九世紀嶺南鄉約的軍事化——中英衝突的一個區域性結果》，《清史研究》，1993 年第 3 期，第 117 頁。

〔註46〕廣東歷史地圖集編輯委員會：《廣東歷史地圖集》，廣州：廣東省地圖出版社，1995 年，第 29 頁。

　　當時廣州西北郊的升平社學、東郊的東平社學，以及廣州南郊河南地區數十村，團練人數多達數萬人。同時，省河的水上防務也有所增強。曾釗率領壯勇 2 萬餘人，於省河各險要之處分別設防。香山水勇在林福祥的率領之下，負責省河防務，進行水上巡防。一些士紳如陳其琨、許祥光等人設立勸捐局，紛紛為團練進行募捐，經費總額多達 150 多萬兩。曾釗、樊封等倡行屯田 17 萬畝，勸捐和屯田的全部總收入均作民間防衛的經費，「不用國帑一文」〔註47〕。

圖 2-3　鴉片戰爭期間廣州城郊社學分布圖〔註48〕

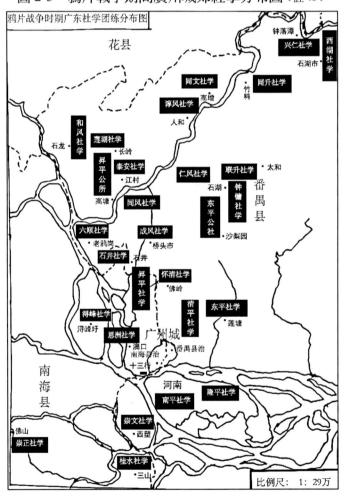

〔註47〕《粵東人民抗英鬥爭史料》，見中國史學會主編：《中國近代史資料叢刊・鴉片戰爭》第四冊，上海：上海人民出版社，1957 年，第 14 頁。

〔註48〕張海鵬：《中國近代史稿地圖集》，北京：中國地圖出版社，1987 年，第 16 頁。

（一）社學團練

廣州城郊社學團練以升平社學、東平社學、南平社學、隆平社學最為著名，其中升平社學是廣州城郊社學團練中規模最大、人數最多的社學團練〔註49〕。升平社學是廣州城郊北路團練的領導機構，合 13 社，80 餘個鄉村共同組建（實則參與組建升平社學的有 92 鄉）〔註50〕。並且作為當時廣東最大的團練局的升平社學，其設立得到朝廷的授意和督撫的支持，並以團練自衛、抵禦外侮為職責〔註51〕。

三元里抗英事件之後，廣州城北番禺縣、南海縣等 92 鄉士紳齊聚升平社學，並發表了與英夷不共戴天的宣言，和訂立了關於防守城北的相關條例〔註52〕。升平社學又叫石井社學，位於廣州城北 30 里，早在乾隆二十九年（1765）就已存在，合石井十三鄉（番禺縣 8 村、南海縣 5 村）共建，屬於番禺縣、南海縣兩縣十三鄉共有的社學，此後年久失修，漸棄不用〔註53〕。道光二十一年（1841），城北鄉舉人李芳等士紳重建升平社學〔註54〕。升平社學是當時廣東最大的團練局，其設立是得到朝廷的授意和督撫的支持，並以團練自衛、抵禦外侮為職責〔註55〕。

〔註49〕〔美〕魏斐德：《大門口的陌生人：1839～1861 年間華南的社會動亂》，北京：中國社會科學出版社，1988 年，第 67 頁。

〔註50〕《（同治）番禺縣志》卷 16，建置略三，頁五十一至五十二，見見《廣東歷代方志集成·廣州府部》第 20 冊，廣州：嶺南美術出版社，2007 年，第 187～188 頁。

〔註51〕《程矞採奏紳士捐建升平社學公所由》（道光二十四年三月初二日），見中國史學會主編：《中國近代史資料叢刊·鴉片戰爭》第 4 冊，上海：上海人民出版社，1978 年，第 197～198 頁。

〔註52〕《升平公所紳耆宣言》、《升平社學防守城北條例》，見廣東省文史研究館：《三元里人民抗英鬥爭史料》，北京：中華書局，1978 年，第 271～272、274～277 頁。

〔註53〕《（同治）番禺縣志》卷 16，建置略三，頁五十一至五十二，見《廣東歷代方志集成·廣州府部》第 20 冊，廣州：嶺南美術出版社，2007 年，第 187～188 頁。

〔註54〕《祁墳等又奏石井紳士請建立升平社學團練自衛摺》，見〔清〕文慶等纂：《籌辦夷務始末（道光朝）》，第 5 冊，北京：中華書局，1964 年，第 2517 頁。

〔註55〕《廷寄（答奕山、祁墳等折片）》，見〔清〕文慶等纂：《籌辦夷務始末（道光朝）》，第 5 冊，北京：中華書局，1964 年，第 2205 頁。

表2-1　升平社學團練領導者情況表〔註56〕

姓　名	職　務	出　身	議敘加獎情況
李芳	總管升平社學	原任陽江縣訓導	捐輸軍餉重大事務，督辦出力人員，給予加一級。
何有書	承辦升平公所事務	在籍內閣中書、丁酉科進士	自稱年已老邁，不能仕宦，應請賞加內閣侍讀職銜，以獎耆德。
梁源昌	協同辦公	監生	以從九品未入流歸部盡先選用。
林孔光	協同辦公	監生	以從九品未入流歸部盡先選用。
陳朝選	協同辦公	監生	以從九品未入流歸部盡先選用。
週日襄		舉人，	揀選知縣，常川督工，並辦理團練，辛勤周妥，據該督保奏，堪膺民社之任。
歐陽芝		附貢生、候補訓導	捐納分發試用訓導，常川督工，並辦理團練，辛勤周妥。據該督保奏，堪膺民社之任。
何玉成	「堪膺民社之任」	舉人、六品軍功	揀選知縣，常川督工，並辦理團練，辛勤周妥，據該督保奏，堪膺民社之任。
伍長清	幫辦公所事務	六品軍功、管帶壯丁	查該軍功前在三元里打仗出力，賞給六品軍功，又在懷清社學首先團練，調防四方炮臺，經年不懈。現幫辦公所事務，始終勤奮出力。查其才具，可以陸路把總盡先拔補，並請賞戴藍翎。
陳民鑒	協同辦公	捐職詹事府主簿銜	

　　在新設立的升平社學裏面，包括了許多舊有的社學以及與升平社學同時設立的社學，包括石井社學在內還有其他12所社學，一般分稱為東六社、西七社〔註57〕。關於升平社學在南海縣管轄的社學情況，《（同治）南海縣志》記錄的不甚詳明，並且與《（同治）番禺縣志》記錄的「十三」社學數量與名稱上皆有出入。「升平社學：曰恩洲、曰石井、曰懷清、曰成風、曰淳風、曰

〔註56〕《程矞採單》（道光二十四年三月初二日），見中國史學會主編：《中國近代史資料叢刊‧鴉片戰爭》第4冊，上海：上海人民出版社，1978年，第199～200頁。

〔註57〕東六社包括佛嶺（懷清）、聯陞、鍾鏞、同升、興仁、西湖等6所社學，西七社包括石井、成風、同風、蓮湖、和風、淳風、同文等7所社學。官橋社學不在西七社數內，並且在升平社學建立之前，官橋社學已荒廢，但在道光二十八年（1848年）捐款維持升平社學的《升平社學保良堂芳名錄》中將官橋社學的基本鄉大塱歸入石井社。另一說西七社有泰安沒有同文。但是泰安社在番禺縣江村，由江村、沙塘、龍湖等八鄉組成，曾籌建社學未成。

－90－

和風、曰潯風、曰六順、曰鍾鏞、曰西湖、曰蓮湖、曰興仁。〔註58〕」這12
個社學名與《升平社學保良堂芳名錄》同，是 1848 年捐款維持升平社學的
12 個社學，與創建的 13 個社學有同有異。這些舊有社學和新成立的社學，
前者如石井社學、佛嶺（懷清）社學、成風社學、和風社學、蓮湖社學，後
者如淳風社學、同升社學、西湖社學等，無論前者還是後者雖冠以「社學」
之名，但都已是由士紳領導組織的團練組織，其主要任務是由原來的「興學
育才」演變成抵抗外來侵略者的鬥爭〔註59〕。

表 2-2　升平社學領導下各社學設置情況表〔註60〕

社學名稱	地　點	設立時間	共同創立社學的鄉村	備　　註
東六社				
佛嶺（懷清）社學	番禺縣城北十三裡	道光七年（1827）	蕭岡 14 鄉共建，其中 10 鄉為番禺縣，分別為夏茅、馬務、陳田、鶴邊、峻岡、小坪、園下田、黃沙岡、烏石岡；4 鄉為南海縣，分別為平沙、塘湧、大圃、岡貝。	原名懷清社學，同治三年（1863）何玉成等重修，改今名。咸豐四年（1854）李文茂、周春、甘先等洪兵起義，曾以懷清社學所在的佛嶺市為大營。失敗後，整個佛嶺市和懷清社學均被清軍夷為平地。同治三年重修，抗戰時期被毀。
昭（聯）升社學	太和市	道光十九年（1839）	番禺縣的上南村、謝家莊、石湖營等 41 鄉共建。	
鐘鏞社學	石湖圩	道光十九年（1839）	番禺縣的石湖、南村、園下、龍陂、夏良、清湖岡、慕岡、	

〔註58〕《（同治）南海縣志》卷 4，建置略一，頁十六，見《廣東歷代方志集成·廣
　　　　州府部》第 11 冊，廣州：嶺南美術出版社，2007 年，第 475 頁。

〔註59〕楊念群：《論十九世紀嶺南鄉約的軍事化──中英衝突的一個區域性結果》，
　　　　《清史研究》，1993 年第 3 期，第 121 頁。

〔註60〕《（同治）番禺縣志》卷 16，建置略三，頁五十一至五十二，見見《廣東歷代
　　　　方志集成·廣州府部》第 20 冊，廣州：嶺南美術出版社，2007 年，第 187～
　　　　188 頁。《（同治）南海縣志》卷 4，建置略一，頁十六，見《廣東歷代方志集
　　　　成·廣州府部》第 11 冊，廣州：嶺南美術出版社，2007 年，第 475 頁。《廣
　　　　東人民在三元里抗英鬥爭簡史（節錄）》，見列島編：《鴉片戰爭史論文專集》，
　　　　北京：生活·讀書·新知三聯書店，1958 年，第 293～295 頁。

			彭邊、小瀝、長樂、烏泥逕、羅村、灰窯坑、沙亭岡等 26 鄉共建。	
同升社學	公正圩（一名竹料圩）	嘉慶六年（1796）	番禺縣的寮案村、米岡村、羅漢塘村、安平莊、竹料村上社、二社、三社、四社、東風村、白沙塘村、大岡嶺村、沙亭岡村、良田村上社、二社、三社、四社、馮坳村、大羅村、小羅村、虎塘村、烏泥逕村、龍塘村。	
興仁社學	鐘落潭村	道光四年（1824）	番禺縣的鐘落潭、羅漢塘、鳳凰、沙田、汫湖、水口營、龍岡等十二鄉共建。	
西湖社學	西湖市	道光二十四年（1844）	番禺縣的西湖市、五龍岡、長沙沛、中徑、蘇村、牛山、京塘、楓園下、茅岡等 18 鄉共建。	
西七社				
石井社學（太平社學）	番禺縣城北三十裡，即南海縣黃岡堡石井古市街。	乾隆二十九年（1765）	由番禺、南海兩縣 13 鄉共建，分別是番禺縣的大塱、滘心、古鑒（即古料）、岑村、環滘（即環溪）、大岡腳、張村、譚村，南海的槎頭、鳳岡、馬岡、亭岡、浮山等十三鄉合建。	石井社學毀於抗日戰爭。
同風社學	距離番禺縣城 50 厘，去司署（江村幕德里司署）7 裡	乾隆三十八年（1774）	由番禺縣的茅山、大龍頭、蓼江、葉邊、何埔、上村、小塘、沙蜆、上塘、大田、廩邊、鳳邊、鶴邊、岡夏、珠岡、沙坳、三元岡、南岡、沙滘、蜆仔沛等鄉共建	社址早廢，1931 年《續番禺志・圖》尚存其名，籌議重建，在原址豎有同風社學建築地址的木牌。
蓮湖社學	長嶺北	乾隆四十年（1775）	番禺縣的長嶺、水瀝、塘背、大屈、長岡、龍興莊、白水塘等鄉共建。	社址於 1939 年抗日戰爭時被日寇拆毀。
和風社學	石龍圩	乾隆三十二年（1767）	番禺縣的神山、郭塘、兩潭、大石岡、沙塘、大嶺下、雅瑤、聚龍、井岡、南埔、羅溪、洲鷺及花縣的酈家莊等 28 鄉共建。	

淳風社學	人和圩		番禺縣的鴉湖、蚌湖兩鄉共建	
同文社學	高增圩		番禺縣的高增、矮岡等 16 鄉和花縣的廣嶺、東成莊等 4 鄉共建	

　　廣州東北白雲山以東一帶的鄉村原來附屬升平社學管轄，但升平社學管轄的規模太大，這一帶距離總社有七八十里之遙，一旦有事勢必難以相互呼應。同時這一帶聚居著許多客民，當時遷徙而來的客家人（客民）與土著的廣府人（土民）存在著許多矛盾和衝突。為了適應這種特殊狀況，1842 年 12 月，士紳王韶光等（他們都是客家人）組建了屬於客家人自己的團練組織——東平社學〔註61〕。東平社學的領導人為「軍功六品即選府經縣丞王韶光、即選縣丞高梁材、鄉耆賴定生、楊利達、楊金、王韶貴等〔註62〕」。這些士紳基本上皆是客家人。客家士紳除了在沙梨園設東平公社，同時在燕塘瘦狗嶺設立了東平社學，與升平社學形成掎角之勢，這是廣州城外兩個最大的團練組織。東平社學設立的另一個作用是一定程度上緩和了當時土客雙方的矛盾。由於土客雙方有著共同的外敵，所以暫時達成土民與客民共同禦敵的協議。

　　同時期，在廣州城的南面和東南面分別設立了南平社學和隆平社學，它們皆仿升平社學成例進行設立，在戰略上與升平社學、東平社學相呼應，對入侵的英軍構成包圍之勢。

（二）街約團練

　　在《南京條約》簽訂以後，英國侵略者派遣軍隊進入珠江內河，並以武力脅迫廣東當局，要求進入廣州城。此舉引起了廣州城內紳民的強烈抗議，粵秀書院院長何文綺、監院羅家政、訓導譚瑩、仇乾厚、學正張應秋、番禺教諭丁熙、番禺候選道徐祥光、候補同知禮光、候選郎中金菁茅、候選同知沈光國、香山候選員外鮑俊等士紳聯合城內店鋪、居民組建街約團練〔註63〕。

〔註61〕　《番禺東北六社義民稟督署請建東平總社呈文》，見廣東省文史研究館：《三元里人民抗英鬥爭史料》，北京：中華書局，1978 年，第 277～278 頁。

〔註62〕　當時東平社學的負責人有：高梁材、王韶光、鍾占琪、謝錫恩、周秉鈞、何廷珖、謝世恩、徐大祥、王錫瀛、江宏源、林向槐、陳裕賢、宋達潮、林士成、范瑞照、林超龍、謝卓恩、徐添伯等。（《廣東人民在三元里抗英鬥爭簡史（節錄）》，見列島編：《鴉片戰爭史論文專集》，北京：生活・讀書・新知三聯書店，1958 年，第 293 頁。）

〔註63〕　〔清〕梁廷枏撰，邵循正點校：《夷氛聞記》，卷 5，北京：中華書局，1959 年，

同時廣州城內的街約團勇訂立了團練章程，規定團練經費由廣州城內鋪戶按戶分攤。

　　街約團練以街或約為單位組成，按戶出丁，規定無論居民還是店鋪，大戶出三丁，中戶出二丁、小戶出一丁，不得在外招募。街約團勇主要由店員、工人充任，每街每約少者幾十人，多者數百人，旬日間組織的街約團勇近 10 萬人。為激勵團勇英勇殺敵，領導士紳頒布了一系列獎賞措施，如「有能殺一逆夷首級者，則將其左耳頭髮一併獻出示眾，給花紅銀一百元。有能活捉一兵頭者，給花紅銀四百元。〔註64〕」當時廣州城內各街約團練訂立了嚴密的團練章程，要求各鋪各戶巡邏監察，對英軍嚴陣以待，時刻警惕英軍的動態，為抗擊英軍入城做好充分的戰鬥準備。

表 2-3　廣州城街約團練基本信息〔註65〕

區　　域		街約名稱數量	領導者數量	團練總人數
城內	內城	雙門底上街等 50 個街區	陳廷森、蘇蔭清等 61 人	11,879
	新城內	南門直街等 35 個街區	張國權、潘國正等 77 人	19,671
城外	東門外	正東首約等 10 個街區	鄭文藻、白崇韜等 10 人	2,707
	小東門外	永安首四約等 16 個街區	陳國楨、雷顯廷等 31 人	6,632
	永清門外	永清街等 12 個街區	蔡邦常、戴恩等 17 人	3,858
	西門外	石岡街等 33 個街區	梁炳華、馬應元等 49 人	11,196
	太平門外	天平街等 26 個街區	區昌俊、胡敏輝等 52 人	16,346
	遊欄門外	七約等 11 個街區	馮濟美、李福恩等 12 人	4,480
	靖海門外	東首約等 2 個街區	林鴻泰、黃河瑞 2 人	485
	五仙門外	會仙街等 2 個街區	霍鶯標、羅織昌 2 人	590
城南郊區	河南地區	龍溪七約等 32 個街區	潘正理、王尚之等 54 人	19,534
總計		229 個街區	367 人	97,378

第 158～159 頁。
〔註64〕《闔省城鋪戶居民等公啟》，見中國史學會主編：《中國近代史資料叢刊·鴉片戰爭》第 3 冊，上海：上海人民出版社，1978 年，第 358 頁。
〔註65〕〔清〕梁廷枏撰，邵循正點校：《夷氛聞記》，卷 5，北京：中華書局，1959 年，第 159～164 頁。

（三）鬥爭結果

由於廣州城內外團練聲勢浩大，反對英軍入城呼聲強烈，民眾抗英情緒十分高漲，英軍統帥德庇時對此情形感到震撼，遂放棄入城的企圖〔註66〕。換言之，儘管當時中英雙方就入城問題形成激烈的爭執，廣州城內外的團練組織已經做好與英方產生軍事衝突的準備，但最終由於英方的暫時妥協，使得劍拔弩張的緊張局勢得到暫時緩和，雙方沒有引發大規模的戰鬥。

儘管雙方沒有產生大規模的軍事衝突，但並不能否認廣州城內外團練組織在於此次抗英鬥爭中所發揮出的領導作用。例如道光二十七年（1847），英國侵略軍，偃旗息鼓，潛越虎門，炸毀火藥庫，釘塞八百多門大炮，短短三日就佔據洋館、安瀾橋，並威脅以武力佔領廣州城。當時，防守廣州城北炮臺和流花橋一帶的武裝分布是：「永康臺下之東邊雙眼橋一帶，派營兵一百五十名，並東平社學義勇四百名為左翼，西邊空地流花橋一帶，派營兵二百名，並升平社鄉勇五百名為右翼。永康臺下後山空地，派鄉勇二百名，策應左右，並為永康、耆定兩臺聲援。另派升平社學義勇守西路古寺，西平社鄉勇守南路……〔註67〕」參與防守的增援的鄉勇多於營兵。同時，廣州城內街約團練發布告示，號召廣東全省人民反對英國侵略者，並於通告廣州城內外義勇積極備戰，城內居民配合防禦〔註68〕。

升平社學的《防守城北條例》22條，是升平社學籌款、佈防、派遣武力、準備迎擊侵略者的行動部署。其中具體分工城北佈防的計劃是：「決定分北部地帶為東西兩面，東面由下塘以及其他鄉村團勇防守，西面則由三元里以及其他鄉團勇防守」〔註69〕。更有籌募經費辦法的，「現決定根據地產募捐，園地每畝一兩二錢，魚塘每畝五兩，全數向社學繳納」〔註70〕。也有規定團勇編制

〔註66〕〔英〕德庇時：《戰事結束後最不利於我們的是廣州的局勢》，見廣東省文史研究館：《三元里人民抗英鬥爭史料》，北京：中華書局，1978年，第273頁。《廣東軍務記》（錄自鈔本太平夷錄卷三），見中國史學會主編：《中國近代史資料叢刊‧鴉片戰爭》第3冊，上海：上海人民出版社，1978年，第33～34頁。

〔註67〕《虎門炮臺圖說》（抄本），廣州省立中山圖書館藏，轉引自張友仁：《鴉片戰爭前後廣州人民的抗英鬥爭是社學組織領導的》，《學術研究》，1962年第5期，第54頁。

〔註68〕《升平公所紳耆宣言》，見廣東省文史研究館：《三元里人民抗英鬥爭史料》，北京：中華書局，1978年，第272頁。

〔註69〕《升平公所紳耆宣言》，見廣東省文史研究館：《三元里人民抗英鬥爭史料》，《升平社學防守城北條例》，第274～276頁。

〔註70〕《升平公所紳耆宣言》，見廣東省文史研究館：《三元里人民抗英鬥爭史料》，

的，「二十名團勇為一排，由排長統率，排長攜帶銅鑼一面」、「二十名團勇為一隊，由隊長率領，隊長執旗一面，並有一押隊，荷一大鼓」〔註71〕。其餘還有團勇的徵調、裝備、伙食、經費存儲、水陸隘口以及駐地鄉村的設防等等規定。

《佛山紳耆致廣州義勇管帶徐祥光函》寫道：「本鎮全體人民同心協力，結成誓約，趨赴效命。各商號，已選出八千名至二萬壯勇，準備聽候使用，隨時接到告急通志，決即帶隊前來，共同禦敵，絕不延誤……〔註72〕」。徐祥光在答覆佛山紳耆及石龍、西樵、陳村、西南、江門各鎮的函件中，除了贊許鄉勇和各鎮知名賢達外，更具體指示「倘今後有告急通知到達，各鎮勇丁不須全體前來，留半數守衛各鎮邊區，而以半數來省城協助……〔註73〕」。由此可見當時參加抗英的群眾，實是各階層的愛國人士，同時動員抗英的團練義勇，也不限於廣州城廂，而整個珠江三角洲的群眾，都已經枕戈待旦，進入了備戰狀態。

這些史料，說明了以升平社學為首的若干抗英社學團練，在抗英鬥爭的實際工作中，不單是做了發長紅、揭帖等宣傳動員工作，還做了聯絡和團練義勇的組訓工作；不但是擔負了出錢捐輸和運籌謀劃的任務，而且與英人進行了零散的鬥爭，出色地完成了保家衛國、抗擊外來侵略的任務。

而反入城鬥爭的結果——英方的暫時妥協，在於中方看來是一場重大的「勝利」，特別是兩廣總督徐廣縉「以民制夷」政策在外交上的勝利。「設城所以衛民，衛民方能保國。廣東百姓既不願外國人進城，天朝不能拂百姓以順夷人。〔註74〕」自三元里抗英鬥爭以來，清政府與廣東地區的地方官員成分認識到民眾反侵略鬥爭的巨大力量。故而在應對英軍入侵和清兵無力的問題上，朝堂上下逐漸形成一種「以民制夷」的共識。「以民制夷」政策主要表現為兩點，一是在軍事上利用團練組織對英軍實施直接打擊，迫使英軍的退卻；二是在外交上利用團練組織對英軍構成的軍事壓力，迫使英方在利益攫取方面的退讓。而「以民制夷」政策在反英軍入城的問題上得到施行，並最

《升平社學防守城北條例》，第 274～276 頁。

〔註71〕 《升平公所紳耆宣言》，見廣東省文史研究館：《三元里人民抗英鬥爭史料》，《升平社學防守城北條例》，第 274～276 頁。

〔註72〕 《升平公所紳耆宣言》，見廣東省文史研究館：《三元里人民抗英鬥爭史料》，《佛山紳耆致廣州義勇管帶徐祥光函》，第 285 頁。

〔註73〕 《升平公所紳耆宣言》，見廣東省文史研究館：《三元里人民抗英鬥爭史料》，《佛山紳耆致廣州義勇管帶徐祥光函》，第 285～286 頁。

〔註74〕 《徐廣縉奏吷嗍氣餒情虛擬即備文照會招》，見〔清〕文慶等纂：《籌辦夷務始末（道光朝）》，第 6 冊，北京：中華書局，1964 年，第 3184 頁。

終獲得成功。朝廷因為成功規避一次軍事衝突，和一場極有可能的軍事失敗，自是十分歡喜。如徐廣縉等的廣東大吏，因為謀略的成功而十分得意。「現在英夷罷議進城，實因省城官民，齊心保護，防禦森嚴，畏葸中止，是聲威遠播，已屬信而有徵〔註75〕。」廣州城內的民眾因為保住了城市，亦十分歡喜。士紳由於辦團有功而獲嘉獎，亦十分歡喜。這是19世紀中國首次外交的「大成功」，朝堂上下都喜氣洋洋。朝廷嘉獎了徐廣縉、葉名琛等大員以及辦團出力的士紳，並授予了一塊「眾志成城」的匾額〔註76〕。

　　而英方所求的是打開中國的大門，與中國展開貿易，因此亦不希望以武力進行脅迫，從而與中方的關係陷入僵局。更何況廣州城內外形成規模龐大的反英陣營，民眾排外情緒高漲，以區區兩千名英兵還應對不了如此聲勢浩大的反英鬥爭力量。即使英軍能夠強行進入廣州城，亦無足夠的警備力量以建立統治秩序，維持穩定。《澳門月報》如此評論道：「遠征軍最後的戰鬥行為似乎停止得很適當。已經到了這個防禦空虛的都會門口，中國軍隊還屯紮在後面的高地上，竟不把這個都會實際佔領下來，的確是一件難事。然而若是佔領了的話，廣東省政府一定會瓦解，大清帝國這一地區的全部就一定會陷入無政府狀態——這是外國人和中國人同樣地希望避免的事。〔註77〕」因此，英方選擇停止戰鬥，結束敵對行為，是一種衡量利弊之後的理性選擇。

　　英軍的退卻標誌著廣州城內外紳民的反入城鬥爭的勝利，隨之廣州城內外的團練組織陸續被解散。至此由廣東當局主導的第二次大規模團練活動宣告結束。

第三節　咸同年間的「內亂外患」及其團練活動
（1854～1862）

　　清代廣東由官方主導的第三次大規模團練活動，主要針對洪兵起義軍對清政府的地方統治造成的威脅，以及第二次鴉片戰爭英法聯軍佔領廣州城問

〔註75〕《徐廣縉等又奏英人罷議進城實因民團齊心應懇優加褒獎片》，見〔清〕文慶等纂：《籌辦夷務始末（道光朝）》，第6冊，北京：中華書局，1964年，第3188頁。

〔註76〕《上諭（答徐廣縉等折片）》，見〔清〕文慶等纂：《籌辦夷務始末（道光朝）》，第6冊，北京：中華書局，1964年，第3190頁。〔清〕夏燮著，高鴻志點校：《中西紀事》，長沙：嶽麓書社，1988年，第168～169頁。

〔註77〕Journal of Occurrences, *The Chinese Repository*, Vol. X. No. IV（April, 1841）. pp.240.

題而展開。廣東的洪兵起義以及第二次鴉片戰爭的爆發，可謂是內亂外患接踵而至，極大地動搖了清政府在廣東的地方統治。第二次鴉片戰爭中，英法聯軍佔領廣州城、俘虜廣東督撫，致使廣東的行政機構一度癱瘓。在第二次鴉片戰爭中，廣東方面創辦了歷次團練活動中規格最高的團練組織——廣東團練總局。此次團練活動以咸豐四年（1854），被洪兵起義軍圍困在廣州城的兩廣總督葉名琛，發布勸諭地方團練的告示為開始標誌，以同治元年（1862）廣東團練總局的裁撤宣告結束，共持續 9 年。在此次團練活動中，廣東團練協助官府實現靖亂平叛，維護了社會秩序的穩定，並加強了社會控制與管理，在維護清政府的地方統治方面做出重要貢獻。

一、廣東團練與洪兵起義軍的鬥爭

咸豐元年（1851）爆發的太平天國運動促成了清王朝全國上下的新的一輪辦團高潮。在此期間朝廷不止一次發布諭令，勒令全國內地各省區組建團練，並委派一批「團練大臣」協助各省大吏辦理團練以抵禦太平軍的擾亂〔註78〕。太平天國動亂肇發於廣西，作為廣西鄰省的廣東自然也是朝廷重點關注的對象。咸豐三年正月三十日（1853.3.9），何桂珍提議除目前江西、湖南、安徽三省已辦團，其他內地省份也應該迅速組建地方團練〔註79〕。咸豐三年何桂珍奏摺關於地方辦團的提議是咸豐年間廣東地區辦團的先聲。咸豐四年（1854），聲勢浩大的廣東洪兵起義則促使廣東地區迅速形成廣東當局第三次的大規模辦團活動。

洪兵起義波及了廣東、廣西、湖南、江西、貴州南方五省，是當時國內一場大型內亂〔註80〕。從咸豐四年到同治三年（1854～1864）洪兵起義鬥爭

〔註78〕 自咸豐二年（1852 年）五月至四年（1854 年）五月，清廷先後向湖南、江西、安徽、江蘇等 14 省，陸續委任一批「在籍紳士」為主、間由現任和候補官員擔任的「團練大臣」，希望借助其熟悉當地情形且富有鄉望的優勢，協助地方官員辦理團練。（崔岷：《咸豐初年清廷委任「團練大臣」考》，《歷史研究》，2014 年第 6 期，第 165 頁。）

〔註79〕 俞炳坤、呂堅主編：《清政府鎮壓太平天國檔案史料》第 4 冊，北京：社會科學文獻出版社，1992 年，第 170 頁。

〔註80〕 廣東天地會起義軍自稱「洪兵」，取洪門造反軍之義，起義軍打紅旗，頭裹紅巾，又稱「洪兵」。廣東洪兵起義是太平天國運動背景下，規模最大、延續時間最長，同太平天國關係最為密切的幾支起義隊伍之一。（廣東省文史研究館、中山大學歷史系編《廣東洪兵起義史料》上冊，廣州：廣東人民出版社，1992 年，序，第 1 頁。）

持續十一年，建立了長期控制桂、粵兩省45個州縣如升平天國、大成王國、大洪王國、延陵王等起義軍政權〔註81〕。廣東、廣西兩省是洪兵起義軍跟清軍、地方團練展開戰鬥的主要戰場。在廣東地區，鬥爭最為激烈的是咸豐四年（1854）廣東的洪兵起義軍圍攻廣州城，當時清軍、地方團練與洪兵起義軍展開了激烈的鬥爭。正當廣州省城被圍之時，身在廣州城內的兩廣總督葉名琛才匆匆發布勸諭地方團練的告示，由此開啟了廣東當局的第三次大規模辦團行動。在發布勸諭地方團練告示的當天，葉名琛與位於廣州與佛山鎮之間的大瀝四堡九十六鄉等的眾位辦團士紳見面，共同商討如何抵禦洪兵的侵擾〔註82〕。面對洪兵起義引發的動亂，咸豐四年以後廣東全省的官民皆組建起團練抵禦洪兵的擾亂。

圖 2-4　咸豐四年（1854）廣東天地會起義軍圍攻廣州城圖〔註83〕

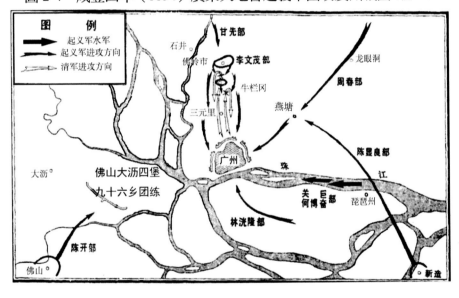

〔註81〕駱寶善：《太平天國時期的廣東天地會起義述略》（上），《中山大學學報（社會科學版）》，1981年第4期。陸寶千：《論晚清兩廣的天地會政權》，臺灣：中央研究院近代史研究所，1985年，第1～34頁。雷冬文：《近代廣東會黨：關於其在近代廣東社會變遷中的作用》，廣州：暨南大學出版社，2004年，第79頁。
〔註82〕《（宣統）南海縣志》，卷14，列傳，「明之綱傳」，見廣東省文史研究館、中山大學歷史系：《廣東洪兵起義史料》，下冊，廣州：廣東人民出版社，1996年，第1314頁。廣東省地方史志編委會辦公室、廣州市地方志編委會辦公室：《清實錄廣東史料》第5冊，廣州：廣東省地圖出版社，1995年，第11、15、16頁。
〔註83〕軍事科學院《中國近代戰爭史》編寫組：《中國近代戰爭史》，第1冊，北京：軍事科學出版社，1984年，第403頁。

（一）洪兵起義概況

咸同時期的洪兵起義遍及南方五省（廣東、廣西、湖南、江西、貴州），同時也波及廣東全境（8 府 4 直隸州）。據《廣東洪兵起義史料》的記載，咸豐四年至五年（1854～1855）廣東有 5 府（廣州府、韶州府、肇慶府、惠州府、潮州府）4 直隸州（連州、南雄直隸州、羅定州、嘉應州）1 廳（佛岡廳）有 22 個州縣爆發了洪兵起義，其中被洪兵佔領的縣城數量多達 41 個，擾動州縣多達 56 個〔註84〕。

圖 2-5　咸豐四、五年（1854～1855）洪兵起義佔領地區示意圖〔註85〕

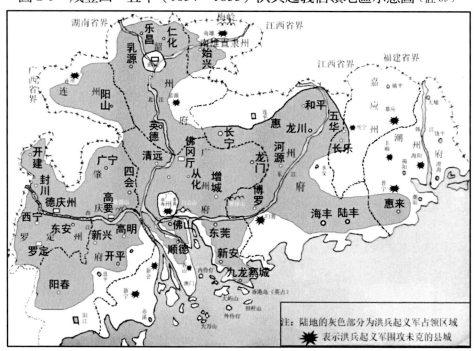

廣州府各州縣多處爆發了洪兵起義軍。圍繞廣州省城為中心區域，北部有李文茂率領的起義軍、東部有陳顯良等部、南部有林光隆等部，城郊附近的省河有關巨、何博奮等洪兵起義軍水勇。以他們為首，並聯合東莞縣何六（祿）所部、三水縣陳金缸所部、佛山的陳開、花縣甘先所部、清遠縣練四虎、侯陳帶所部以及韶州府、連州等 20 多位起義軍首領所在的起義軍，從咸豐四年夏

〔註84〕根據廣東省文史研究館、中山大學歷史系編《廣東洪兵起義史料》下冊（廣州：廣東人民出版社，1992 年）輯錄的廣東各地州縣洪兵起義的資料統計。
〔註85〕廣東省文史研究館、中山大學歷史系編《廣東洪兵起義史料》下冊（廣州：廣東人民出版社，1992 年）輯錄的廣東各地州縣洪兵起義的資料。

至五年春（1854.7～1855.1）圍困廣州城長達半年之久。廣州府其他州縣還有像順德縣的陳吉所部、新會縣陳松年、呂萃所部等洪兵起義軍。由於廣東省城的所在地，廣州府是洪兵起義軍最為活躍的活動區域，而且廣州城能否被攻克意味著洪兵起義軍所進行推翻清朝的「革命」能否成功。遭起義初期，位於廣州城附近的洪兵起義軍趁廣東當局防備不周之際發動對廣州城的猛烈攻擊，企圖一舉拿下廣州城，仿照太平軍建立政權。然而儘管洪兵起義軍規模龐大，氣勢洶洶，但由於事發倉促，起義軍各部沒有形成一個核心的領導力量，各部之間沒有展開密切的配合，而是各自為戰，最後被清軍和各地州縣紳民組建的團練逐一擊破，紛紛敗北。

配合廣州府洪兵起義軍完成圍攻廣州城任務的還有肇慶府的起義軍各部。肇慶府是洪兵起義軍第二個重要的活動區域。由於肇慶府位於粵西地區，該區域第連廣西，所以起義軍圍攻廣州城失敗以後，該區域成為撤退的起義軍向廣西方向的重要立足點。咸豐五年夏，從廣州府敗退的陳開、李文茂的洪兵起義軍所部通過肇慶府進入廣西，在廣西潯州府（今桂平）建立「大成」政權。另外，肇慶府成為起義軍在廣州府鬥爭失利之後安頓修整、蓄勢反擊的重要據點。肇慶府在洪兵起義軍的軍事鬥爭極具重要的戰略意義，因此洪兵起義軍對該區域的佔領極為重視，在起義之初，洪兵起義軍在該區域迅速取得壓倒性勝利。活躍在該區域的起義軍首領有鶴山縣的馮滾（馮坤），高要縣的陳瀚洸、四會縣的陳水、陳業、蘇程，開平縣的梁福、譚壽、司徒正吉、張江等人。該區域有 11 個州縣的洪兵發動了起義，並且起義軍在起義之後迅速佔領了當地的縣城。

韶州府由於是位於廣東與外省重要的南北交通要道，所以該區域的能否成功佔領關乎著起義軍能否成功切斷外省軍隊對廣東當局的支持以及其他的物資補給。韶州府是廣東洪兵起義運動的一塊重要的戰略區域。在起義軍發動起義之初，韶州府重要的 4 各州縣（英德、樂昌、仁化、乳源）分別被起義軍佔領，並且韶州府府城三度陷入洪兵起義軍的重圍〔註 86〕。活動在這一區域的起義軍首領主要有英德縣陳義和、陳榮，樂昌縣的葛耀明（葛高老藤）等人，在該區域上起義軍與清軍、當地團練展開激烈的戰鬥和反覆的爭

〔註 86〕《（同治）韶州府志》，卷 24，武備略，兵事，《韶州府守城紀略》，頁四十六至四十九，見《中國方志叢書·第 2 號》，臺北：成文出版社，1966 年，第 486～488 頁。

奪〔註87〕。同治二年（1862），葛耀明和惠州府的翟火姑通過韶州府進入江西與太平軍會合，成為歸屬太平天國管轄的「粵東花旗」。

惠州府、潮州府等各州縣均是洪兵起義軍活動的重要區域，例如該區域的起義軍首領有惠州府歸善縣的羅亞添、翟火姑、何阿黃、陳志麟，龍門縣的藍糞山、鄒新茂等人，潮州府潮陽縣的陳娘康、澄海縣的林阿掌、海陽縣（今潮安）的吳忠恕、陳阿十，揭陽縣的林元戼，普寧縣的楊臣堯、許阿梅、林阿廷，豐順縣的古聲揚、管以均等人。惠州府的 6 個州縣（龍門、海豐、陸豐、長寧、龍川、博羅）和潮州府的惠來縣均被起義軍佔領過，此外潮州府的潮陽、澄海、海陽、揭陽等縣是洪兵起義的首倡之地。此外，連州、南雄直隸州、羅定州、嘉應州和佛岡廳等均有不少起義軍在活動。

而在洪兵起義軍佔領廣東許多州縣的同時，廣東許多州縣在地方官員與士紳的領導下，興辦團練並展開收復失地的鬥爭行動。正如嘉慶年間廣東海盜的擾亂和鴉片戰爭的爆發，以往廣東每當有重大動亂產生，地方政府往往會聯合地方士紳組建地方團練進行抵禦。但是咸豐四年這場突如其來的洪兵起義卻讓廣東地方政府措手不及，無法做出及時的防範措施，進而導致廣東的許多州縣瞬間淪陷，廣州省城也遭受嚴重的安全挑戰。儘管如此，在廣東洪兵起義爆發後，許多州縣仍舊紛紛組建地方團練與洪兵起義軍進行鬥爭。由於此次洪兵起義讓地方統治者猝不及防，因此各地州縣臨時組建起的團練組織沒能形成有效統一的領導，形成零碎分散、各自為戰的戰鬥格局。（廣東洪兵起義期間各地州縣建立起的團練組織及其團練領導者信息情況，詳見附表 3、4）從附表 3 統計的洪兵起義期間廣東各州縣組建團練情況來看，廣州府的各州縣是團練與洪兵鬥爭的主要戰場。在廣州府一些鬥爭較為激烈的州縣，如南海、番禺、增城、新會、清遠等縣都是設立多個團練組織進行防禦，也有像順德、香山等縣設立了管理全縣的團練組織。在這些的團練組織中，像南海縣大瀝四堡和九江鄉、番禺縣的沙灣、菱塘、石橋鄉等地區的團練組織，是由當地士紳捐資募勇、自行發起的，而像清遠、新會、新寧、龍門等州縣的團練組織則是由地方知縣倡導、勸諭，當地士紳領導組建形成的。從

〔註87〕《（同治）韶州府志》，卷 24，武備略，兵事，《韶州府守城紀略》、《翁源縣守城解圍記》、《克服英德縣城記》、《平英德藍山賊記》、《平英德轄腳記》，頁四十六至五十四，見《中國方志叢書‧第 2 號》，臺北：成文出版社，1966 年，第 486～490 頁。

附表 4 的廣東各州縣團練領導者的統計情況看，組建團練人數最多的是南海縣的士紳，有 27 人。在地方團練與洪兵起義軍眾多鬥爭中，最為經典莫過於咸豐四年（1854）的佛山鎮和廣州城的攻守戰。

（二）佛山鎮攻守戰

咸豐四年（1854），廣東洪兵起義爆發之初，首先起來抵抗起義軍的是南海縣大瀝四堡九十六鄉的團練。南海縣大瀝四堡即大瀝、梯雲、扶南、太平四堡，位於佛山與廣州之間，對拱衛廣州省城有著十分重要的戰略地位。佛山起義軍陳開等部意圖與廣州城北部的甘先、李文茂等部打通聯繫，合圍廣州，所以從佛山到廣州這一路大瀝四堡是必經之地。

清咸豐四年五月，即洪兵起義還在醞釀之時，大瀝四堡的鄉紳、舉人歐陽泉、麥佩金，生員何應春等首倡團練，「籌備軍械糧糧，集鄉兵，除內匪，嚴密偵邏，使南北兩路賊音耗不得通。〔註88〕」何聘珍也是大瀝四堡九十六鄉團練的主要倡導者。咸豐四年洪兵起義爆發，何聘珍與其兄秀春、應春二人激勵村民，抽選壯丁，分為五旗，組建大瀝堡九十六鄉團練。當時，佛山起義軍首領陳開已經佔據了大瀝堡一些汛署，並邀集賊眾企圖進一步進犯大瀝堡。何聘珍故而率領鄉勇與之展開鬥爭，此為大瀝堡九十六鄉團練對洪兵起義軍戰鬥的開始。

當時各路洪兵起義軍把廣州省城圍得水泄不通。為了制止城北的甘先、李文茂等部與西面的陳開所部形成聯合，大瀝四堡九十六鄉團練分別與佛山陳開、廣州城北的甘先、李文茂等兩路起義軍展開了殊死搏鬥〔註89〕。由於大瀝四堡九十六鄉團練的頑強抵抗，陳開、李文茂兩路起義軍始終無法形成聯合作戰，也沒有機會合圍廣州，這樣讓廣州守城的清軍得到喘息的機會。

陳開起義後，佛山鎮士紳紛紛逃離佛山，部分前往廣州，組織團練抵抗起義軍。佛山同知謝效莊滯留廣州期間也積極聯絡士紳組織團練。「效莊既羈省，日與鄉紳之在城者謀規復。〔註90〕」另外，佛山當地士紳組建了兩支團

〔註88〕《（宣統）南海縣志》，卷18，列傳五，忠義，歐陽泉傳，頁一，見廣東省地方史志辦公室輯：《廣東歷代方志集成·廣州府部》第14冊，廣州：嶺南美術出版社，2007年，第411頁。

〔註89〕《（宣統）南海縣志》，卷18，列傳五，忠義，歐陽泉傳，頁一，見廣東省地方史志辦公室輯：《廣東歷代方志集成·廣州府部》第14冊，廣州：嶺南美術出版社，2007年，第411頁。

〔註90〕《（民國）佛山忠義鄉志》，卷12，職官志，謝效莊傳，頁十一，見《中國地方志集成·鄉鎮志輯》第30冊，上海：上海書店出版社，1992年，第494頁。

練隊伍，一支是佛山鄉勇。另一支是南順營。佛山鄉勇的領導士紳為候選布
政司經歷、大魁堂值理梁應琨、梁應棠，大魁堂值理李應棠，舉人吳乃煌，在
籍官員王福康、武舉孔繼堯等人。另一支團練武裝是南順營，由佛山士紳冼
佐邦、冼斌、冼鳳詔等人組織。

　　廣東按察使沈棣輝率領上萬人的清軍與團練分水陸兩路進攻佛山。佛山
士紳組織的團練成為了進攻起義軍的先頭部隊。咸豐四年十一月初三日
（1854.12.22），佛山賊焚燒四十九街，瓦礫彌望。會垣解圍，官軍進規佛山，
鎮紳亦募團備戰。陳開不能守，率眾往廣西，官軍遂於十一月十二日收復佛
山，餘匪悉平〔註91〕。佔據佛山的洪兵最終敗逃意味著清軍與起義軍在佛山
攻守戰役中取得了關鍵性的勝利。

（三）廣州城攻守戰

　　在洪兵與清軍、廣東團練鬥爭的眾多戰役中，廣州城的攻防戰是極為關鍵
的一場戰役。廣州城的得失對於南方洪兵起義軍的鬥爭形勢具有極為重要的
戰略意義。對於洪兵起義軍來說，若能夠佔領廣州省城無疑是加快了洪兵對於
廣東佔領，取得廣東一省控制權的關鍵性一步。洪兵對廣州城的佔領，對於已
經佔領了廣東許多州縣的洪兵起義軍來說是具有十分鼓舞性質的戰略措施。
同樣廣州城是清朝對於南方地區控制的一大軍事重鎮，如若失去對廣州的控
制，加之當時如火如荼的太平天國運動，清王朝對於南方地區的控制將面臨著
十分危急的不利局面。因此，咸豐四年（1854）的廣州城攻防戰對於廣東洪兵
起義軍和清王朝雙方都有著十分重要的戰略意義，即一城之得失將徹底改變
雙方的鬥爭形勢。咸豐四年的廣州城攻防戰也是廣東洪兵起義發展的巔峰，此
後廣東洪兵在官軍與團練的聯合打擊下節節敗退，直至被剿滅。廣東洪兵起義
爆發之後的廣州府，東莞縣、佛山鎮、花縣等廣州省城附近的這些重要州縣，
成為洪兵起義軍首領何六、陳開、甘先等人倡亂的大本營。廣州城附近州縣的
洪兵首領如陳開、李文茂、陳顯良等人紛紛建立名號，反對清政府統治〔註92〕。
咸豐四年六月（1854.7），陳開率部從廣州之西而來，李文茂、周春、甘先等人
率軍自廣州城北部開始進發，林光隆起兵於廣州城南郊河南地區，而關巨、何

〔註91〕《（民國）佛山忠義鄉志》，卷11，鄉事志，頁十四，見《中國地方志集成·
　　　鄉鎮志輯》第30冊，上海：上海書店出版社，1992年，第480頁。
〔註92〕廣東省文史研究館、中山大學歷史系編《廣東洪兵起義史料》上冊，廣州：廣
　　　東人民出版社，1992年，第7頁。

博奮則督軍於珠江水上，廣州城附近州縣的各路起義軍彙集一處，開始聯合圍攻廣州城。一時間，參加圍攻廣州城的洪兵起義軍多達數十萬人之眾，船隻數千，環逼省垣長達半年之久。在各路起義軍的圍困下，廣州城一時間成為一座孤城，督撫政令不出廣州城外，廣州省城的防守又再一次面臨嚴峻的考驗。

兩廣總督葉名琛鑒於廣州城防守外無兵力可調、內部防禦空虛的嚴峻局勢，只能參照了道光二十九年（1849）反入城鬥爭中保衛廣州的一些經驗，號召廣州城內居民組建街約團練。

> ——議各街據險設營，海旁一帶最為緊要。至應如何設法相度堵禦，由該街自行籌定，合眾街以為聲援。

> ——議際茲歲暮行人雜沓，良歹難分，更須值事督帶民壯，嚴加巡邏。議大街添設民壯四十名，中街三十名，小街廿名。如遇有告警，大鋪另出三人，中鋪出二人，小鋪出一人。穿號衣、戴青帽、持軍器俱由該街值事帶領救護。如畏葸不到，仍照例罰銀壹佰兩正，以充公用。

> ——議已聯之街，公設定式木簽，分派各街值事。一聞告警，遇事之街即持公簽通知前後左右各街，立即持公簽帶領民莊奮勇救護。遇事之街作為前隊，其餘鄰近各街以次繼進。所過各閘，驗明公簽放行。各街值事預先周知，守關民壯以免臨時窒礙為要。

> ——議已聯之街每店捐租銀壹月以充經費，餘十街已經報明，互相存記外，其餘各街亦須報明。俟報齊刊掃分送聯街值事互相存記，仍由各街自行管理，以便有事按數派抽，以昭平允。〔註93〕

同練勇一樣，街約團練的指揮官，包括隊長、旗頭、值事和協理值事等職位皆由士紳擔任。但是葉名琛不願讓民兵由民眾自己掌握，所以除了登記各隊負責人的姓名、籍貫外，他還在廣州四個城區各組織了一個監督委員會，輪流掌管全城的街約團練。這些委員會成員都由地方士紳組成，統一由軍需總局中四位主要官員之一進行主持。街約團練的主要職責是進行沿街巡邏，盤查生人。在這一方面，他們做得比正規軍還要有效，因為正規軍並不一定認識附近的居民。街約團練在廣州城內每條街道都設置了關卡，在大、中、

〔註93〕《聯街團練新增章程》（咸豐四年十二月，太平等六十六街全啟），見陳玉環；劉志偉整理：《葉名琛檔案兩廣督府衙門檔案殘牘》第 7 冊，檔案編號 F0931／1541，廣州：廣東人民出版社，2013 年，第 194 頁。

小街道巡邏執勤的團練分別增至 60、30、和 20 人。「已聯之街，分設定式木
簽，分派各街值事，一聞告警，遇事之街即持公簽通知，前後各街立即持公
簽帶領民壯奮勇救護，遇事之街作為前隊，其餘各街以次繼進，所通各卡驗
明公簽放行。﹝註94﹞」街約團練對維持廣州的治安起了重要作用，除在城內
外小心提防之外，還騰出大批兵勇上城禦敵。儘管街約團練自籌薪餉，但葉
名琛為了防止因倡辦者腐敗影響士氣，於是親自點驗其收支帳目，起到良好
的監管作用。

　　面對洪兵圍城的嚴峻形勢，廣州守城軍士在地方兵勇的配合下，打退了洪
兵的屢次進攻。咸豐四年閏七月初六日（1854.8.29），洪兵再次發起新的一輪
進攻。守衛廣州城的將士兵勇在總督葉名琛的領導下拼死阻擊，最後終於打退
了猛烈進攻的起義軍。其他各路起義軍在清軍作戰中皆處於不利的局面，最後
在節節敗退的形勢下不得不撤往其他州縣。清軍在咸豐四年的廣州攻防戰中
取得了最後勝利。

　　正如嘉慶年間廣東海盜的擾亂和鴉片戰爭的爆發，以往廣東每當有重大
動亂產生，地方政府往往會聯合地方士紳組建地方團練進行抵禦。但是咸豐
四年這場突如其來的洪兵起義卻讓廣東地方政府措手不及，無法做出及時的
防範措施，進而導致廣東的許多州縣瞬間淪陷，廣州省城也遭受嚴重的安全
挑戰。儘管如此，在廣東洪兵起義爆發後，許多州縣仍舊紛紛組建地方團練
與洪兵起義軍進行鬥爭。由於此次洪兵起義讓地方統治者猝不及防，因此各
地州縣臨時組建起的團練組織沒能形成有效統一的領導，形成零碎分散、各
自為戰的戰鬥格局。從附表 3 統計的洪兵起義期間廣東各州縣組建團練情況
來看，廣州府的各州縣是團練與洪兵鬥爭的主要戰場。在廣州府一些鬥爭較
為激烈的州縣，如南海、番禺、增城、新會、清遠等縣都是設立多個團練組織
進行防禦，也有像順德、香山等縣設立了管理全縣的團練組織。在這些的團
練組織中，像南海縣大瀝四堡和九江鄉、番禺縣的沙灣、菱塘、石橋鄉等地
區的團練組織，是由當地士紳捐資募勇、自行發起的，而像清遠、新會、新
寧、龍門等州縣的團練組織則是由地方知縣倡導、勸諭，當地士紳領導組建
形成的。從附表 4 的廣東各州縣團練領導者的統計情況看，組建團練人數最
多的是南海縣的士紳，有 27 人。各地州縣雖然在廣東洪兵起義爆發初期
（1854）被洪兵起義軍迅速佔領，但許多洪兵起義軍採取流動式作戰且各部

﹝註94﹞〔澳大利亞〕黃宇和：《兩廣總督葉名琛》，北京：中華書局，1984 年，第 73 頁。

起義軍的作戰之間缺乏有效的配合，同時不乏一些騎牆派的起義軍頭領見起
義局勢不妙便向清軍投誠，所以在洪兵起義的翌年，即咸豐五年（1855）雖
然雙方的戰鬥仍在持續，但洪兵已然呈現節節敗退之勢，廣東許多州縣相繼
被清軍收復。雖然洪兵起義持續整整十一年之久（1854～1864），但廣東洪兵
起義軍在清軍和地方團練的聯合打擊之下，陸續向廣東鄰近其他省份（廣西、
湖南、江西等省）進行轉移，其中陳開、李文茂所部撤往廣西，而何六、陳金
缸所部則撤往湘南地區，在廣東、廣西交界地帶建立大成政權，繼續與清軍
作鬥爭。而粵北的陳金缸所部則佔領肇慶府懷集縣和開建縣兩地，自號「南
興王」，建立大洪政權繼續與清軍鬥爭。同治三年（1864）大成國政權覆亡宣
告廣東洪兵起義的結束。

二、廣東團練與英法聯軍的鬥爭

在廣東洪兵起義爆發不久，咸豐六年（1856）第二次鴉片戰爭在廣東爆
發。咸豐七年（1857），英法聯軍侵佔廣州城，廣東督撫成為英法聯軍的俘虜。
一時間，廣東政局群龍無首。英法聯軍侵佔廣州城激起了城郊鄉民的反抗，
紛紛組建團練禦敵。英法聯軍侵佔廣州城並俘虜了廣東督撫的消息傳至朝
廷，引發朝堂震動，清廷遂迅速將葉名琛撤職，更換黃宗漢為兩廣總督。咸
豐八年（1858），朝廷諭令廣東在籍戶部侍郎羅惇衍、太常寺卿龍元僖、給事
中蘇廷魁三大紳為團練大臣，督辦廣東全省團練。至此，羅惇衍、龍元僖、
蘇廷魁和廣東眾多地方士紳在廣州府花縣創建了領導廣東全省團練的團練
機構——廣東團練總局。隨著省級團練機構的創立代表了清代廣東團練活
動，達到有史以來最高等級與最大規模的標準。

在廣東督撫被俘、新任督撫尚未上任之際，咸豐八年正月初二日（1858.1.
15）經由湖南巡撫駱秉章轉遞一道咸豐皇帝寫給廣東三大紳（羅惇衍、龍元僖、
蘇廷魁）的密諭，要求羅、龍、蘇三紳領導廣東團練將佔據廣州的英法聯軍驅
逐出城。該密諭的頒發標誌著清代廣東團練活動發展至最高潮〔註95〕。咸豐
年間，清廷與廣東當局為了應對來勢洶洶的洪兵起義以及咄咄逼人英法聯軍

〔註95〕《軍機大臣寄前戶部侍郎等著密傳各鄉團練將英軍逐出廣東省城上諭》（咸豐
　　　　八年正月初二日），見齊思和主編：《中國近代史資料叢刊·第二次鴉片戰爭》
　　　　第 3 冊，上海：上海人民出版社，1979 年，第 147～148 頁。廣東省地方史志
　　　　編委會辦公室、廣州市地方志編委會辦公室：《清實錄廣東史料》，第 5 冊，
　　　　廣州：廣東省地圖出版社，1995 年，第 102 頁。

的進犯，相繼發布諭令和告示，號召廣東民眾組建團練，抵禦英法列強的侵擾。

　　第二次鴉片戰爭爆發之後，英法聯軍直接對廣州城發動進攻。此時廣東大部分清軍被洪兵所牽制，廣州城內守備空虛，因此英法聯軍幾乎沒有遇到任何抵抗就佔領了廣州城。而此時居於城中的兩廣總督葉名琛、巡撫柏貴皆成為英法聯軍的俘虜。咸豐七年十一月十五日（1857.12.18），朝廷發布上諭，免除葉名琛兩廣總督以及辦理善後即通商事宜大臣的職務，改派黃宗漢接任。黃宗漢未到之前，暫時由柏貴署理，並命羅惇衍、龍元僖、蘇廷魁辦理廣東團練，力圖克復省城，授予3人「欽差辦理夷務關防」〔註96〕。朝廷任命羅、龍、蘇三紳為廣東「團練大臣」的諭旨和省一級的團練組織——廣東團練總局的設立，標誌著廣東團練活動發展至高潮階段。

　　如今面臨著廣州城被佔領的情況，廣東團練總局的位置要設置在何處為好呢？廣東團練總局辦理者羅惇衍、龍元僖和蘇廷魁三人「初意在順德設局」，後來分析認為「順德近海，番舶頃刻可到，勢難設局，惟花縣在省北，離城一百餘里，皆陸路不通舟楫，且可與省北石井一帶鄉團聯絡，可戰可守」〔註97〕。最後廣東團練總局的地點設立在廣州城郊北部的花縣。

　　廣東團練總局成立以後，將番禺、南海、東莞、順德、花縣、香山等縣的團練都納入其控制之下。其領導的廣東團練組織有南海石井公局、佛山團防局、順德團練總局、順德水藤鄉團練總局、三元里蕭岡公局等，此外還有其他縣一些士紳領導的地方團練也歸廣東團練總局管控，如香山縣士紳林福盛領導的團練（簡稱「香勇」）、東莞縣孝廉何仁山領導的團練（「東莞勇」）、新安縣主事陳桂籍領導的團練（「新勇」）、千總鄧安邦率領的「鄧勇」，以及花縣等地的練勇。對於廣東團練總局領導的其他州縣團練情況，相關的文獻資料記錄並不全面，所以在下文的論述中，擇其中記錄較為全面的石井公局進行介紹。

　　在面對英法聯軍佔領廣州城的情況下，廣州城附近的一些州縣紛紛成立團練組織，其中包括在廣東團練總局創立之前設立於南海縣石井墟的石井公局。

〔註96〕《清實錄》第43冊，文宗顯皇帝實錄（四），卷242，咸豐八年正月己卯，北京：中華書局，1986年，第759～761頁。

〔註97〕〔清〕華廷傑：《觸藩始末》，見齊思和主編：《中國近代史資料叢刊‧第二次鴉片戰爭》第1冊，上海：上海人民出版社，1979年，第187～190頁。

　　咸豐七年十一月（1857.12），南海知縣華廷傑與番禺知縣李星衢商議，聯合廣州府 14 個縣地方有名士紳梁葆訓（舉人）、王漢橋（山長）、林九如（知府）、許其光（編修）等人，在南海縣石井墟設立石井公局，並制定了團練章程頒發給 14 個縣的士紳〔註98〕。這次由官府與當地士紳舉辦的關於建立石井公局的會議，討論了以下幾個問題：

　　首先，關於石井公局的經費籌集問題。「廣州府署發當生息之本銀，除四年軍務提用外，尚餘十三四萬可以收用。外四縣東、順、香、新及增城、花縣等處，倉穀尚存十餘萬石，或碾米充銀，或變價折銀，亦可得十萬。其時運道廣府三處移出現銀，除接濟西北兩江軍營外，尚可存銀十萬，綜計可定三十萬。此外則用兩縣印票籌借，或抵兌錢銀，亦可源源接濟。〔註99〕」

　　其次，確定參與石井公局的局紳人數。有順德在籍戶部侍郎羅惇衍、太常寺卿龍元僖，香山、新會原辦團練之局紳、東莞孝廉何仁山、增城之在籍主事陳維岳、番禺沙灣、茭塘士紳、南海大瀝、佛山、九江、江浦士紳，以及廣州府十四縣凡有時望的紳衿〔註100〕。

　　再次，石井公局設立的地點在石井墟以內的某村，離城三十里〔註101〕。

　　然後，關於團練武器方面。「飛函香、順、東、新四縣，每縣造抬槍二百枝、火藥二萬斤。〔註102〕」

　　最後，關於石井公局與英法侵略者的鬥爭策略，即如何迫使英法聯軍退出廣州城和如何營救出被困廣州城的廣東巡撫柏貴。前面的問題眾紳認為「議事定後，各縣紳衿各帶鄉勇，或數千或數百。分別旗幟，申明號令，約集四五萬人，駐紮城西北離城二三十里之鄉村，振作軍威，且按兵勿戰，先令通事入城，與議退城條約。如戰則用東莞勇、新安勇、潮勇、林勇，共一萬人進擊，並伏死士於城內，約內外夾攻。〔註103〕」後面的問題眾紳認為「議將柏

〔註98〕 〔清〕華廷傑：《觸藩始末》，見齊思和主編：《中國近代史資料叢刊・第二次鴉片戰爭》第 1 冊，上海：上海人民出版社，1979 年，第 187～190 頁。

〔註99〕 〔清〕華廷傑：《觸藩始末》，見齊思和主編：《中國近代史資料叢刊・第二次鴉片戰爭》第 1 冊，上海：上海人民出版社，1979 年，第 187～190 頁。

〔註100〕 〔清〕華廷傑：《觸藩始末》，見齊思和主編：《中國近代史資料叢刊・第二次鴉片戰爭》第 1 冊，上海：上海人民出版社，1979 年，第 187～190 頁。

〔註101〕 〔清〕華廷傑：《觸藩始末》，見齊思和主編：《中國近代史資料叢刊・第二次鴉片戰爭》第 1 冊，上海：上海人民出版社，1979 年，第 187～190 頁。

〔註102〕 〔清〕華廷傑：《觸藩始末》，見齊思和主編：《中國近代史資料叢刊・第二次鴉片戰爭》第 1 冊，上海：上海人民出版社，1979 年，第 187～190 頁。

〔註103〕 〔清〕華廷傑：《觸藩始末》，見齊思和主編：《中國近代史資料叢刊・第二次

撫憲設法奪出，其時各城門及撫署以外，尚無敵兵巡防，撫署東是空園，臨衛邊街，擬於五更後，用死士數人，將撫憲背出，先入衛邊街民房，俟開城時，乘小肩輿而出。〔註104〕」

　　由於當時朝廷對於英法聯軍佔領廣州城的舉動沒有做出明確的表態，因此石井公局並未主動向英法聯軍發起進攻，所以對英法聯軍的行動保持時刻的警惕，固守廣州城北部，以防英法聯軍進一步北上〔註105〕。由於石井公局對於廣州省城北路有著重要的防禦作用，成為廣東團練中北路團練的主要力量，因此後來廣東團練總局選址上也將與石井公局的聯絡考慮在內，最終選擇距離石井公局不遠的花縣作為廣東團練總局的地址。此後在一系列團練活動中，石井公局與廣東團練總局展開密切的合作。

　　第二次鴉片戰爭後，龍元僖等人在花縣創設廣東團練總局，並號召附近各鄉辦理團練。佛山附近九十六鄉團練是當時主要團練之一。咸豐八年六月（1858.7），佛山團練與東莞團練在廣州城郊外榕樹頭（地名）伏擊英法侵略軍，斃敵 100 多人，英領事巴下禮墜落馬下，幾乎被俘。七月團練圍攻廣州城，登上了城牆西北角和衝入西門，斃傷侵略軍多人。佛山團防局還派員前往港澳地區動員港澳同胞「絕貿易、斷接濟、禁服役」，愛國的港澳同胞聞訊後紛紛返鄉，使港澳商業處於停頓狀態。廣州城也實施封港的辦法，使佔據廣州城的英法聯軍無從得到接濟〔註106〕。咸豐九年（1859），清政府與英法聯軍達成和議，佛山團防局被解散。

　　廣東團練總局為實現將英法侵略者趕出廣州城的戰略目的，部署了兩項計劃，一方面是在廣州北郊一帶聚集力量，以江村為中心，「一俟器械齊備，練勇雲集，即各路同時並舉，力圖克復。〔註107〕」另一方面是「督同各局紳民，各方布置，潛圖香港，以搗其巢穴〔註108〕」。通過切斷香港與廣州城內英

　　　　　　鴉片戰爭》第 1 冊，上海：上海人民出版社，1979 年，第 187～190 頁。
〔註104〕〔清〕華廷傑：《觸藩始末》，見齊思和主編：《中國近代史資料叢刊·第二次鴉片戰爭》第 1 冊，上海：上海人民出版社，1979 年，第 187～190 頁。
〔註105〕〔清〕華廷傑：《觸藩始末》，見齊思和主編：《中國近代史資料叢刊·第二次鴉片戰爭》第 1 冊，上海：上海人民出版社，1979 年，第 187～190 頁。
〔註106〕〔清〕華廷傑：《觸藩始末》，見齊思和主編：《中國近代史資料叢刊·第二次鴉片戰爭》第 1 冊，上海：上海人民出版社，1979 年，第 194～195 頁。
〔註107〕《羅惇衍等奏移扎花縣激勵紳團密籌布置摺》，見〔清〕賈楨等纂：《籌辦夷務始末（咸豐朝）》，第 3 冊，北京：中華書局，1979 年，第 812 頁。
〔註108〕《羅惇衍等奏移扎花縣激勵紳團密籌布置摺》，見〔清〕賈楨等纂：《籌辦夷務始末（咸豐朝）》，第 3 冊，北京：中華書局，1979 年，第 812 頁。

法聯軍之間的聯繫，斷其接濟，使困守城內的英法聯軍自覺退出廣州城。這種有組織的團練抵抗運動對佔據廣州城的英法聯軍造成了一定的威脅。咸豐八年（1858），廣州城郊的鄉村團練使廣州城內的英法侵略者感到恐慌，廣州城內到處出現反洋人的告示，「成隊的恐怖分子喬裝成苦力潛入城中」〔註109〕。廣州城郊外的團練對英法聯軍的連番打擊行動，以至在一段時間中英法聯軍不敢到踞城門一英里以外的地方巡邏，可見團練活動對抑制侵略軍下鄉搶劫是有效的。

圖 2-6　第二次鴉片戰爭期間廣東人民的反入城鬥爭〔註110〕

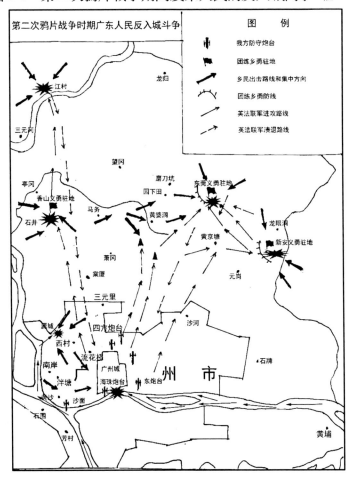

─────────────────────────

〔註109〕〔美〕魏斐德著，王小荷譯：《大門口的陌生人：1839～1861 年間華南的社會動亂》，北京：中國社會科學出版社，1988 年，第 199 頁。

〔註110〕廣東歷史地圖集編輯委員會：《廣東歷史地圖集》，廣州：廣東省地圖出版社，1995 年，第 30 頁。

　　六月，英法聯軍和團練又發生了一次較為激烈的戰鬥，聯軍 800 多人進攻部署在東莞榕樹頭等地的團練隊伍。事後對於此次戰鬥雙方各有說詞，羅惇衍向朝廷奏報時聲稱此次戰鬥擊斃夷人 100 多人，傷 50 多人，而英法聯軍則認為他們摧毀了抵抗軍隊的營地，取得了戰鬥的勝利〔註 111〕。六月十一日（7.21），廣東團練總局組織了一次 7000 多練勇圍攻廣州城的戰鬥，因抵擋不住英法聯軍架在觀音山上的大炮以及停泊在珠江上軍艦火炮的轟擊，所以攻城只進行了 4 個小時，圍城的練勇宣告撤退，練勇死傷 200 餘人〔註 112〕。也表明了英法侵略者無法消除團練紳民的抵抗，而團練卻也無力擊敗英法侵略者，實際上兩者進入一種對峙的僵持狀態。

　　但真正讓團練陷入尷尬處境的是朝廷對洋人態度的轉變——由剿夷變為撫夷。咸豐八年（1858），當廣州城附近的團練與英法聯軍的戰鬥進行得如火如荼之時，英法聯軍已經將炮艦開至天津，威脅清政府要進攻北京。清政府迫於無奈只能與英法聯軍簽訂了《天津條約》。而廣東當局尚未知曉《天津條約》的簽訂，此時的廣東團練與英法聯軍圍繞廣州城的爭奪還在進行當中。咸豐皇帝一方面告知兩廣總督黃宗漢「天津議撫，已有端倪」，另一方面對於廣東團練對英法聯軍的進攻行動不置可否，其態度模棱兩可。可以說清朝自《天津條約》簽訂之後對待洋人的態度基本是撫夷，利用團練對洋人的攻殺也只是撫夷的一種策略。清廷希望利用團練對洋人形成一種軍事壓力，從而有利於清廷作為中間人進行調和，以達到所謂的「蓄民團之威，以為局外調停之助」的目的〔註 113〕。

　　和談已成對於正與英法聯軍鬥爭的廣東團練活動是一個重大的打擊，除此之外，團練活動經費的難以為繼也迫使廣東團練活動不得不停止。廣東團練經費自有士紳捐借的一部分，再有就是官府會同士紳對商戶、居民的強行派捐，現在許多被強行派捐的鋪戶收到朝廷和議的消息，自然就對派捐進行抵

〔註 111〕〔清〕華廷傑：《觸藩始末》（清光緒十一年刊本），卷下，見齊思和主編：《中國近代史資料叢刊·第二次鴉片戰爭》第 1 冊，上海：上海人民出版社，1979 年，第 194 頁。

〔註 112〕《羅惇衍等奏粵省團練進攻廣州未下摺》，見〔清〕賈楨等纂：《籌辦夷務始末（咸豐朝）》，第 3 冊，北京：中華書局，1979 年，第 1092 頁。

〔註 113〕《軍機大臣寄署理欽差大臣黃宗漢為天津撫議已有端倪廣東必蓄民團之威以為局外調停之助上諭》（咸豐八年五月二十五日），見齊思和主編：《中國近代史資料叢刊·第二次鴉片戰爭》第 3 冊，上海：上海人民出版社，1979 年，第 459～460 頁。

制，使得本來艱難的團練經費更加難以為繼〔註114〕。另外，困守廣州城內的英法聯軍為了防止城內居民百姓與城外團練形成內外勾結，採取了一系列的燒街拆屋的報復性行為。「（該夷）含恨百姓愈甚，屢次焚燒房屋，捉殺無辜，竟敢將道光二十八年供奉宣宗成皇帝諭獎百姓翊戴錫榮石坊全行拆毀，民心愈憤，該夷之防備愈嚴。遂於城上密置大炮，於城下暗伏地雷，又廣儲食物以為久居之計。〔註115〕」「又將城內居民鋪戶嚴搜，不能行內應外攻之策。……敵人每於何處被殺，即將此處民房焚毀，又將無辜良民攫去凌虐，詐銀若干。〔註116〕」儘管城外一系列團練活動每日有所斬獲，但領導團練的士紳顧慮到城內的百姓居民，擔心團練的「孟浪進剿，損傷百姓太多」，終究「仍屬無濟於事」〔註117〕。

廣州城作為英軍與團練的主要戰場，這對於居住在城裏的百姓自然是苦不堪言的，所以城內百姓都希望早日停止這種動亂狀態，並不支持城外團練活動的繼續。「他們對龍、羅和蘇都毫無好感：現在人們稱這3個人為海龍王、閻羅王和蘇城隍，這是統馭魔鬼的3個神靈。〔註118〕」現在城內外紳民的厭戰情緒，連同朝廷的停戰意願都表露無遺，因此廣東團練活動的停止勢在必行，廣東團練總局面臨著被裁撤的命運。

第四節　中法戰爭期間的團練活動（1884~1885）

清代廣東由官方主導的第四次大規模團練活動，主要圍繞防範中法戰爭期間法國侵略者對廣東的進犯而展開的。此次團練活動以光緒十年六月十三

〔註114〕　《前戶部侍郎羅惇衍等奏約束壯勇毋許滋事及經費漸絀酌量裁留摺》（咸豐八年七月二十七日軍錄），見齊思和主編：《中國近代史資料叢刊・第二次鴉片戰爭》第3冊，上海：上海人民出版社，1979年，第490頁。

〔註115〕　《羅惇衍等奏粵省團練進攻廣州未下摺》，見〔清〕賈楨等纂：《籌辦夷務始末（咸豐朝）》，第3冊，北京：中華書局，1979年，第1092頁。

〔註116〕　〔清〕華廷傑：《觸藩始末》（清光緒十一年刊本），卷下，見齊思和主編：《中國近代史資料叢刊・第二次鴉片戰爭》第1冊，上海：上海人民出版社，1979年，第193~194頁。

〔註117〕　〔清〕華廷傑：《觸藩始末》（清光緒十一年刊本），卷下，見齊思和主編：《中國近代史資料叢刊・第二次鴉片戰爭》第1冊，上海：上海人民出版社，1979年，第193~194頁。

〔註118〕　〔美〕凱瑟琳・F・布魯納等編，傅曾仁等譯：《步入中國清廷仕途：赫德日記（1854~1863）》，北京：中國海關出版社，2003年，第255頁。

日（1884.8.3），兩廣總督張之洞發布的《就捐辦團告示》為開始標誌，以光緒十一年四月二十七日（1885.6.9）中法戰爭的結束為結束標誌，持續不到一年。由於此次團練活動對法國侵略者進行積極的防範，致使法國侵略者不敢對廣東地區實施進犯。

一、中法戰爭與廣東備戰

　　光緒八年（1882），法國入侵越南並佔領越南河內，進一步覬覦與越南接壤的中國的兩廣、雲南地區。光緒九年（1883），法軍攻陷越南南定，中法兩國在越南北部交戰。光緒十年（1884），法軍佔領越南紅河三角洲，進逼中國邊境，揚言要進攻廣東。

　　中法戰爭開戰之初，朝廷在對待法國侵略的問題上，有主和與主戰兩派之爭。主和派人數較少，但勢力龐大，其中以奕訢、李鴻章、翁同龢等為代表。光緒八年（1882），法國進兵越南進而威脅中國邊疆，正當此時，主和派李鴻章掌握外交大權，直至中法開戰，朝廷對法國侵略者的態度仍是以避戰求和為主。時任廣東巡撫兼任兩廣總督裕寬也是主和派，他對法越戰爭採取一種「不必豫聞」的態度〔註 119〕。

　　隨後曾國荃、張樹聲先後接任兩廣總督，他們屬於主戰派，因此對廣東防務有所部署，以應對法國可能的侵略。張樹聲儘管是李鴻章淮軍的嫡系，但在全國一致要求抗法的形勢下，他並沒有附和李鴻章的求和主張，卻是轉向主戰。中法戰爭迫在眉睫，清廷開始布置沿海、沿江防務〔註 120〕。光緒九年八月二十二日（1883.9.22），朝廷諭令力主抗戰的兵部尚書彭玉麟為欽差大臣，前往廣東妥置佈防。彭玉麟到任途中發給總督張樹聲的信件中包括了擬辦團練告示〔註 121〕。

　　然而，總督張樹聲圍繞欽差大臣彭玉麟所擬團練告示中有「準視法為仇，誅其黨類，食肉寢皮飲血」等語，攻擊彭玉麟有挑動民憤，輕啟戰端的意向，

〔註 119〕 《軍機處寄廣東巡撫裕寬上諭》，光緒十年五月十九日，見《中國近代史資料叢刊‧中法戰爭》第 5 冊，上海：上海人民出版社，1957 年，第 122 頁。

〔註 120〕 《諭彭玉麟左宗棠等法以兵船尋釁著實力籌辦》，光緒九年八月二十二日，見王彥威、王亮輯編，李育民、劉利民、李傳斌、伍成泉點校整理：《清季外交史料》第 2 冊，長沙：湖南師範大學出版社，2015 年，第 670 頁。

〔註 121〕 《奏報赴粵部署大略摺》，光緒九年九月十九日，見〔清〕彭玉麟著，梁紹輝等整理：《彭玉麟集》上冊，「奏稿‧電稿」，長沙：嶽麓書社，2003 年，第 349 頁。

故而不予以印刷、張貼〔註122〕。彭玉麟係湘系，與張樹聲本就有湘淮的門戶之見，張抓住彭所擬告示中的某些內容不符清廷「不可釁自我開」的方針大做文文章，乘機排擠彭玉麟。欽差大臣彭玉麟與總督張樹聲之間的互相擠兌，嚴重影響廣東防務〔註123〕。從光緒八年到十年（1882～1884）曾國荃、裕寬、張樹聲、張之洞先後接任兩廣總督，基本上每年一換。督撫的頻繁更換對廣東的防務產生嚴重的影響。光緒十年（1884），張之洞接任兩廣總督之時，法國侵略軍已經攻克越南的南定，法艦已經開進廣東洋面準備進攻瓊州和廣東，面對法國侵略者咄咄逼人的態勢，廣東的防務危如累卵。

　　張之洞原任山西巡撫，力主抗法，在還沒接任兩廣總督之前，他擔心朝廷對於法國侵略者採取避戰求和的態度，於是向朝廷上疏表明自己主戰態度和陳述自己的佈防計劃〔註124〕。張之洞在向皇帝的奏摺中提到了倡辦團練的計劃，認為應當鼓勵鄉民辦團，加強沿海防禦。「粵民素強，敢於洋人戰，近以沙面之案，積憤思鬥，不惟兵勇，即鄉團皆勁兵也，激而用之，咄嗟可辦〔註125〕。」光緒十年正月二十八日（1884.2.24），彭玉麟也向朝廷呈交了一份《會廣東團練捐輸事宜摺》，再次強調了廣東團練在廣東防務中的重要性。該折的中心主旨與張之洞的奏摺大致相同，且進一步推薦了龍元僖、黎兆棠、葉衍蘭、黃槐森、麥寶常和彭玉麟自己負責廣州府地區的團練，推薦馮子材、李起高、潘存等人負責西路高、廉、雷、瓊等府的團練〔註126〕。

　　張之洞提出的戰守計劃中諸多觀點與彭玉麟不謀而合，因此兩人一拍即合，共同巡閱各海口數日，商討海防諸務，制定防務方案。光緒十年六月十三

〔註122〕《致總署》，光緒十年十月三十日，見中國史學會主編：《中國近代史資料叢刊·中法戰爭》第 2 冊，上海：上海人民出版社，1957 年，第 542 頁。

〔註123〕〔清〕張之洞：《與張幼樵》（光緒九年十一月初六日），載王樹枏編：《張文襄公（之洞）全集·書札》，卷 214，書札一，頁四十，見沈雲龍主編：《近代中國史料叢刊》第 49 輯，臺北：文海出版社，1970 年，第 15440 頁。

〔註124〕《法患未已不可罷兵摺》（光緒九年十一月初一日），載王樹枏編：《張文襄公（之洞）全集·奏疏》，卷 7，奏議七，頁十九至二十一，見沈雲龍主編：《近代中國史料叢刊》第 46 輯，臺北：文海出版社，1970 年，第 740～745 頁。

〔註125〕《法釁已成敬陳戰守事宜摺》（光緒九年十一月初一日），載王樹枏編：《張文襄公（之洞）全集·奏疏》，卷 7，奏議七，頁十五，見沈雲龍主編：《近代中國史料叢刊》第 46 輯，臺北：文海出版社，1970 年，第 734 頁。

〔註126〕《會奏廣東團練捐輸事宜摺》，光緒十年正月二十八日，見〔清〕彭玉麟著，梁紹輝等整理：《彭玉麟集》上冊，「奏稿·電稿」，長沙：嶽麓書社，2003 年，第 376 頁。

日（1884.8.3），總督張之洞向民間發布了《就捐辦團告示》，宣告了廣東第四次團練活動的開始〔註 127〕。在張之洞的防務計劃中，將廣東全省省的防務大略分為省防、瓊防、廉防、潮防四處〔註 128〕。而各地州縣的團練是作為地方官軍的一個重要輔助武裝力量。由於在歷次對外戰爭中，廣州省城在兩次鴉片戰爭中皆落入敵手，因此在此次中法戰爭中，張之洞借鑒以往的經驗教訓，將廣州城的防守作為廣東防務的防禦重點，並加強對廣州城周圍州縣的軍事佈防。其防務方案的要點是：以廣東中路省防為重點，兼顧廉防、瓊防、潮防東西兩翼；其中省防以虎門為門戶，以虎門與黃埔為守禦重點，從珠江口到省城廣州，四層設防；同時構築炮臺，集結綠營兵勇，水陸相輔，官兵不足時輔之以民團。因此，在張之洞與彭玉麟商定的防守省城方案中，把民間團練作為儲備的軍事力量列入省城防守計劃中〔註 129〕。

二、全省團練活動的開展

在應對法國的侵略戰爭威脅，張之洞與彭玉麟不僅巡視了當時廣東的海防情況，而且共同擬定了詳細的防務方案。在張之洞防務計劃中，各地州縣的團練是作為地方官軍的一個重要輔助武裝力量。在張之洞的防務計劃中，將廣東全省的防務大略分為省防、瓊防、廉防、潮防四處〔註 130〕。

其中廣州府的省防方面的團練分為兩個部分，一是團練捐輸事宜，另一是廣州府各州縣團練的部署。由於咸豐第二次鴉片戰爭期間龍元僖在主持順德團練總局捐輸事項上有出色表現，於是張之洞將團練捐輸事宜交由前太常寺卿龍元僖、前光祿寺卿黎兆棠、禮部侍郎、侍讀學士李文田、前戶部郎中葉衍蘭、前直隸大順廣道黃槐森、吏部主事麥寶常、江西撫州曹守秉濬、前

〔註 127〕　《就捐辦團示》（光緒十年六月二十三日），見苑書義、孫華峰、李秉新主編：《張之洞全集》第 6 冊，卷 167，公牘八十二，石家莊：河北人民出版社，1998 年，第 4848～4850 頁。

〔註 128〕　〔清〕張之洞：《敬陳防海情形摺》（光緒十年九月初三日），載王樹枬編：《張文襄公（之洞）全集·奏疏》，卷 9，奏議九，頁十六，見沈雲龍主編：《近代中國史料叢刊》第 46 輯，臺北：文海出版社，1970 年，第 891 頁。

〔註 129〕　《力阻和議片》，光緒十年四月二十八日，見〔清〕彭玉麟著，梁紹輝等整理：《彭玉麟集》上冊，「奏稿·電稿」，長沙：嶽麓書社，2003 年，第 390 頁。

〔註 130〕　〔清〕張之洞：《敬陳防海情形摺》（光緒十年九月初三日），載王樹枬編：《張文襄公（之洞）全集·奏疏》，卷 9，奏議九，頁十六至二十二，見沈雲龍主編：《近代中國史料叢刊》第 46 輯，臺北：文海出版社，1970 年，第 891～907 頁。

甘肅蘭州道曹道秉哲等士紳負責〔註131〕。「剴諭紳民竭力輸將，此責在釐務捐輸、沙田各局者也。各有攸司一無可緩除。〔註132〕」當然，以上各紳也兼辦各自所在州縣的團練事宜。辦團期間以上負責團練各紳也有一定的人員變動，例如主持順德團防事務的龍元僖，此時已然高齡，並於光緒十年十月去世，因此順德團防總局由委員通判楊炳勳、候補都司羅惇材負責。在官府的極力推動下，「省城東北之三十六鄉，西北之三元里、江村、石鎮一帶，省西之九十六鄉，西南之沙菱公所，南海屬之佛山鎮、五斗司，省南沿海大角以西之南沙等處」皆辦理成團〔註133〕。

　　廣東防務以省防為重點，其中省防的防禦重點在於嚴守沿海五門防務（崖門、橫門、虎跳門、磨刀門、蕉門），因此諭令方耀辦理五門附近各州縣的防務〔註134〕。五門一旦有警，則飭令五門附近州縣的團練相互協防，如沙角、威遠有警則佐以濂溪、竹溪二社團練，沙路有警則佐以沙灣、菱塘二司團練，魚珠有警則佐以鹿步司及東莞、新安兩縣團練，白雲山各營有警則佐以慕德里等社團練，增步有警則佐以三元等裏、恩洲十四鄉、大瀝四堡團練，五斗口有警則佐以五斗司、佛山鎮等處團練〔註135〕。

　　另外，珠江口虎門的戰略位置亦極為重要，該處由總督張之洞、欽差大臣彭玉麟親自領軍設防〔註136〕。光緒十年七月十一日（1884.8.31），總督張之洞接到上海發來的關於法船已有來粵的電報，亟應迅速做好應戰準備。張

〔註131〕　《清實錄》第 54 冊，德宗景皇帝實錄（三），卷195，光緒十年十月己卯，北京：中華書局，1986 年，第 776～777 頁。

〔註132〕　《札司道各局速籌防務》（光緒十年六月二十七日），載王樹枏編：《張文襄公（之洞）全集・公牘》，卷90，公牘五，頁九，見沈雲龍主編：《近代中國史料叢刊》第 48 輯，臺北：文海出版社，1970 年，第 6235 頁。

〔註133〕　《札知縣張琮等催辦近省團練》（光緒十年七月十三日），載王樹枏編：《張文襄公（之洞）全集・公牘》，卷90，公牘五，頁十六，見沈雲龍主編：《近代中國史料叢刊》第 48 輯，臺北：文海出版社，1970 年，第 6249 頁。

〔註134〕　《諮水師提督催辦團練》（光緒十年六月初八日），載王樹枏編：《張文襄公（之洞）全集・公牘》，卷90，公牘五，頁一至二，見沈雲龍主編：《近代中國史料叢刊》第 48 輯，臺北：文海出版社，1970 年，第 6219～6221 頁。

〔註135〕　《諮水師提督催辦團練》（光緒十年六月初八日），載王樹枏編：《張文襄公（之洞）全集・公牘》，卷90，公牘五，頁一至二，見沈雲龍主編：《近代中國史料叢刊》第 48 輯，臺北：文海出版社，1970 年，第 6219～6221 頁。

〔註136〕　《札廣州府寒河築臺》（光緒十年七月二十四日），載王樹枏編：《張文襄公（之洞）全集・公牘》，卷90，公牘五，頁二十一，見沈雲龍主編：《近代中國史料叢刊》第 48 輯，臺北：文海出版社，1970 年，第 6259 頁。

之洞探查到虎門地區威遠、沙角派臺一帶地勢廣闊，應加強該地區的設防，以備敵人抄襲後路。此外，張之洞飭令水師提督方耀飛調濂溪、竹溪兩社團練予以策應，一旦虎門處威遠與沙角炮臺遇警，則立即予以接應，莫使侵略者登岸〔註137〕。

瓊防方面的防禦主要由雷瓊道王之春、瓊州鎮總兵吳全美負責〔註138〕。由於瓊州孤懸海外，因此由吳全美將分駐龍門一營飭調瓊州，以加強瓊州防禦。同時現署雷瓊道王之春率領毅字湘勇二營，並抽調署南韶連鎮總兵鄭紹忠所部安勇二營，並歸該道統帶赴瓊，力籌防堵〔註139〕。稟請添募紅單船水師兩營，分泊各港，嚴加備禦。在雷州府和瓊州府辦理團練方面，總督張之洞推薦了前戶部主事潘存辦理各屬團練，同時照會前福建汀延邵鎮總兵林宜華、戶部主事陳喬森幫同潘存籌辦〔註140〕。

廉防方面的防禦由高州鎮總兵張得祿等人負責，欽州方面的團練交由前廣西提督馮子材負責〔註141〕。馮子材在組建地方團練的基礎上建成萃軍，萃軍的組建方式是依靠調動團練與豎旗招募的方式相結合，即發動群眾投軍與自上而下委任相結合的方式組建萃軍。馮子材一邊調動地方團練，編練成軍，一邊四出告示，豎旗招兵，委任各營管帶分赴各地開展招兵工作。萃軍的組建過程實行了營官梢長制度，迅速建成 5 個營的地方部隊。馮子材萃軍的建成並迅速開赴中法戰爭的前線，投入到前線的戰鬥之中，可以說馮子材組建起的地方團練對於拱衛中國南部邊疆海防起到重要的作用。至於廉防中北海一口的防務工作則由高州鎮總兵張德祿和李起高負責。光緒十年九月

〔註137〕《諮水師提督調派團練》（光緒十年七月十一日），載王樹枏編：《張文襄公（之洞）全集·公牘》，卷90，公牘五，頁十四，見沈雲龍主編：《近代中國史料叢刊》第48輯，臺北：文海出版社，1970年，第6246頁。

〔註138〕饒宗頤：《潮州志》職官志，武職，七七，汕頭：潮州修志館，1949年。〔清〕張之洞：《敬陳防海情形摺》（光緒十年九月初三日），載王樹枏編：《張文襄公（之洞）全集·奏疏》，卷9，奏議九，頁十九，見沈雲龍主編：《近代中國史料叢刊》第46輯，臺北：文海出版社，1970年，第898頁。

〔註139〕《會奏籌防瓊州摺》，光緒十年三月十二日，見〔清〕彭玉麟著，梁紹輝等整理：《彭玉麟集》上冊，奏稿·電稿，長沙：嶽麓書社，2003年，第382頁。

〔註140〕《會奏籌防瓊州摺》，光緒十年三月十二日，見〔清〕彭玉麟著，梁紹輝等整理：《彭玉麟集》上冊，奏稿·電稿，長沙：嶽麓書社，2003年，第382頁。

〔註141〕〔清〕張之洞：《敬陳防海情形摺》（光緒十年九月初三日），載王樹枏編：《張文襄公（之洞）全集·奏疏》，卷9，奏議九，頁十九至二十一，見沈雲龍主編：《近代中國史料叢刊》第46輯，臺北：文海出版社，1970年，第898～901頁。

（1884.10），法艦行駛至竹山口一帶，企圖與當地的法國傳教士和教民裏應外合襲占北海。總督張之洞飭令張德祿、李起高帶領所部官軍，並聯絡地方民團，嚴密守禦，如遇襲擾則奮勇還擊〔註142〕。

圖2-7　珠江三角洲水道及「六門」分布圖〔註143〕

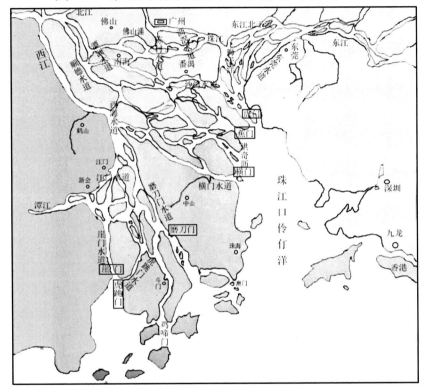

潮防方面的人員任命：光緒十年（1884）總督張之洞責成惠潮嘉道張聯桂、潮州鎮總兵王孝祺聯團集餉，就地籌防〔註144〕。「汕頭距省較遠，恐有鞭長莫及之虞。〔註145〕」在潮防的部署當中，相較於汕頭，潮州的戰略位置

〔註142〕　《批高州鎮稟法船窺探海口情形》（光緒十年八月二十五日），見中國史學會主編：《中國近代史資料叢刊・中法戰爭》第5冊，上海：上海人民出版社，1957年，第35頁。

〔註143〕　游琪主：《中國水利概論》，北京：中國水利水電出版社，1999年，圖4～16。

〔註144〕　〔清〕張之洞：《敬陳防海情形摺》（光緒十年九月初三日），載王樹枏編：《張文襄公（之洞）全集・奏疏》，卷9，奏議九，頁十九至二十一，見沈雲龍主編：《近代中國史料叢刊》第46輯，臺北：文海出版社，1970年，第898～901頁。

〔註145〕　饒宗頤：《潮州志》兵防志，海防，附錄，頁七十，汕頭：潮州修志館，1949年。

極為重要，辦潮州團練上可以兼顧漳州、泉州，下可以接援廣州、惠州兩地。處於要衝之地的潮州應當多募集一些水勇，加強該地的防守，亦可輔兵力之不足。因此朝廷諭令彭玉麟、張之洞、倪文蔚飭令該處地方官，會同紳士，認真籌辦，務期緩急足恃〔註146〕。並且「潮州素稱殷實，民情驍果善戰，見義勇為，當此中外多事之日，必有同仇敵愾之心。有力者量力捐資，無力者抽丁團練，就本地之財力，辦本地之海防。〔註147〕」

除了潮州本地辦團，惠潮嘉道張聯桂乃分飭海豐、陸豐、潮陽、揭陽、普寧、豐順、興寧等縣趕辦團練，衛援相資，不經官調〔註148〕。潮州團練具體的辦團原則官府已明令作出規定：「按照各鄉壯丁人數派出一成，每百人為一小團，以團長團副各一人管之，五百人為一大團，一團總一人率之。其畸零小村不及百人者令其歸併附近大村辦理。復以每都設團練公局一所，各就本都選派明白曉事之公正紳耆總理其事。無事則各安耕作，有事則共衛鄉閭。〔註149〕」潮州團練共計團丁9萬餘名，其中「海陽設局十處得團丁一萬二千零七十八名，潮陽設局十三處，得團丁二萬九千三百六十五名，揭陽設局八處，得團丁一萬六千七百三十九名，饒平設局八處，得團丁一萬三千一百四十五名，南澳設局三處，得團丁二千名，均繳有花押清冊，可以按籍而稽，隨時點檢。〔註150〕」另外要求「團練與保甲相輔而行，誠能杜內匪之勾結，斷奸民之接濟，使敵人不敢棄船深入，即內地不至遭其蹂躪，其效固不僅虛張聲勢，補兵力所不及也。〔註151〕」至於物資配給方面，「惟旗幟、號衣、槍炮、器械均須官為給發。現擬小團給與大旗一枝、小旗二十枝，大團給與大旗五枝、小旗一百枝。每人給與洋布背心一件，前後書明某縣某團以示區別，並擬酌給軍械，存儲各都團局以便隨時領出練習，用畢仍令繳存各局。其火

〔註146〕《清實錄》第54冊，德宗景皇帝實錄（三），卷194，光緒十年九月壬戌，北京：中華書局，1986年，第749頁。
〔註147〕饒宗頤：《潮州志》兵防志，海防，附錄，頁六十九至七十一，汕頭：潮州修志館，1949年。
〔註148〕饒宗頤：《潮州志》兵防志，海防，附錄，頁3。
〔註149〕《再與惠潮嘉道會稟張制府言潮州海防事》，見饒宗頤：《潮州志》兵防志，海防，附錄，頁69，汕頭：潮州修志館，1949年。
〔註150〕《再與惠潮嘉道會稟張制府言潮州海防事》，見饒宗頤：《潮州志》兵防志，海防，附錄，頁69，汕頭：潮州修志館，1949年。
〔註151〕《再與惠潮嘉道會稟張制府言潮州海防事》，見饒宗頤：《潮州志》兵防志，海防，附錄，頁69，汕頭：潮州修志館，1949年。

藥、鉛彈等件俟臨時酌發，以昭慎重。〔註152〕」

在官府的極力推動之下，潮州府海陽縣屬之庵埠、上莆、龍溪，澄海縣屬之汕頭、鷗江、外砂、蓬洲，揭陽縣屬之錢崗、北寨、楓口、漁湖、棉湖等鄉均已辦成團練，惟有汕頭、華洋等處的團練良莠不齊，僅有團丁500名，且是各行鋪雇工湊集而成。於是廣東當局飭令當地官員從鷗汀等三十八鄉內挑出團勇一千名。每月小口糧及團長團副薪水均照鷗汀局發給，以為南北港炮臺應援，並與崎碌炮臺首尾相顧，以上團勇一千五百名。遇警接仗即照營勇大口糧發給。每局由官給旗幟、號衣、洋槍、抬槍軍火〔註153〕。

中法戰爭期間，兩廣總督張之洞在廣東地區的佈防採取分區片、專人負責的形式，其各地官兵與團練皆有專門指定的負責人。也正由於張之洞的佈防得當，使得法國侵略者未敢進犯廣東，只是派遣軍艦在廣東洋面進行騷擾。與之前兩次鴉片戰爭不同，廣東地區在此次對外戰爭中作了嚴密的部署，並成功遏制住了外國侵略者對廣東地區的進犯，而且還有力地支持鄰省（福建、廣西）的對外鬥爭，改變了中法戰爭的形勢格局。朝廷針對中法戰爭的局勢，對於法國侵略者是戰是和，大臣的意見不一，因此朝廷的政策也是戰和不定，嚴重影響著中法戰爭整個戰局的發展。在鎮南關大捷之後，主和派李鴻章等軍機大臣「見好就收」，利用鎮南關大捷作為與法國談判的條件促成雙方議和。光緒十一年四月二十七日（1885.6.9）《中法會訂越南條約》（《中法新約》）的簽訂標誌著中法戰爭的結束。此時廣東各地團練亦陸續裁撤，如順德團防總局於六月「奉諭撤團」，其下「各局亦散矣」〔註154〕。

從光緒十年至十一年（1884～1885），中法戰爭對廣東地區形成的戰爭威脅不到一年。期間廣東當局為了防範法國的侵略，從廣州府、瓊州府、廉州府、潮州府等沿海地區各州縣相繼辦團，與官軍一起駐防當地，穩固了當地的社會秩序和加強當地的軍事防禦。由於廣東地區佈防嚴密，法國侵略軍沒有對廣東發動相應的進攻，從而確保了廣東社會秩序的穩定。

〔註152〕《再與惠潮嘉道會稟張制府言潮州海防事》，見饒宗頤：《潮州志》兵防志，海防，附錄，頁69，汕頭：潮州修志館，1949年。

〔註153〕《團練稟》，見饒宗頤：《潮州志》兵防志，海防，附錄，頁七十一，汕頭：潮州修志館，1949年。

〔註154〕《（民國）順德縣志》，卷3，建置二，「團局公約」，頁十一，見《中國方志叢書‧第4號》，臺北：成文出版社，1966年，第47頁。

第五節　清末廣東盜匪問題及其團練活動（1898～1911）

　　清代廣東由官方主導的第五次大規模團練活動，主要針對清末廣東盜匪問題的治理而展開。此次團練活動以光緒二十四年（1898），兩廣總督譚鍾麟舉辦全省團練活動為開始標誌，以宣統三年（1911）清王朝的覆亡為結束標誌。其活動的維持斷斷續續近 13 年，自光緒二十四年（1898）兩廣總督譚鍾麟辦團之後，光緒二十九年（1903）和光緒三十三年（1907），岑春煊與周馥兩位總督繼續辦團，但辦團治盜效果不佳。清代第五次團練活動無法對廣東盜匪問題形成有效治理，廣東盜匪問題持續惡化，漸至影響清王朝統治。

一、嚴重的盜匪問題

　　清末廣東盜匪問題已然十分嚴重，故有「粵東之盜甲天下」之稱〔註 155〕。另外如第一章所述，民間的保甲制緝盜無力，地方政府不得不對保甲制進行調整與改造，於是團練應運而生，興辦團練也成為民間緝捕盜匪的一種慣用手段。並且與保甲相比，團練在緝捕盜匪方面更取得實質性的成效。早在光緒初年，廣東盜匪問題已然十分突出，並且得到廣東一些官員的重視〔註 156〕。於是興辦團練成為清末廣東防範與緝拿盜匪的常用手段，這一手段為廣東官、紳努力貫徹並執行。從光緒六年到二十四年（1880～1898）為止，《申報》報導了廣東省城以及肇慶府等地辦理團練以剿滅盜匪的情況，表明在光緒二十四年以前廣東盜匪問題就已經非常嚴重〔註 157〕。

　　盜匪問題不止於廣東一省，而是成為清末全國的普遍社會現象。光緒二十四年（1898）全國盜案四起，來自全國各地督撫奏摺紛紛上呈朝廷，尋求治理

〔註 155〕 何文平：《被輿論化的歷史：「粵東盜甲天下」說與近代廣東匪患》，《中山大學學報（社會科學版）》，2005 年第 1 期，第 40 頁。

〔註 156〕 《飭辦團練告示》（光緒四年四月初八日），《申報》，1878 年 5 月 9 日。

〔註 157〕 《創設籌防》（光緒六年八月初四日），《申報》，1880 年 9 月 8 日。《粵東雜錄》（光緒十一年十月初七日），《申報》，1885 年 11 月 13 日。《光緒十三年六月初八日京報全錄》（光緒十三年六月初八日），《申報》，1887 年 8 月 5 日。《廣州近事》（光緒十五年九月廿七日），《申報》，1889 年 10 月 21 日。《告示照登》（光緒十六年三月初一日），《申報》，1890 年 4 月 19 日。《嶺南近事》（光緒十六年十一月十五日），《申報》，1890 年 12 月 26 日。《粵東客話》（光緒十八年十二月廿六日），《申報》，1893 年 2 月 12 日。《請剿土匪》（光緒二十三年八月二十三日），《申報》，1897 年 9 月 19 日。

盜匪問題的解決方案。同年，清政府主政人慈禧太后頒布懿旨，要求全國各地辦理積穀保甲團練等事，這是自太平天國運動之後清廷又一次在全國範圍內興辦團練〔註 158〕。清末廣東社會失序以及盜匪問題引起官方的重視，促使廣東當局第五次辦團行動的開展。

二、總督譚鍾麟辦團

　　廣西、廣東兩省的盜匪問題相較於其他各省更為突出，所以張蔭桓奏請仿西法辦團練的奏摺得到朝廷認可，因此，朝廷頒布詔諭要求兩廣地區速辦團練，限一個月之內完成〔註 159〕。朝廷的詔諭下發之後，時任兩廣總督譚鍾麟針對清末廣東的盜匪問題，在廣東全省範圍大辦團練，此舉成為清代廣東第五次團練活動開始的標誌〔註 160〕。譚鍾麟到任廣東之後在省城設立全省人團練總局，並招攬各地名紳加入，以鄧蓉鏡為總辦，以潘衍桐、何榮階、丁仁長、潘寶琳、易學清、陳如岳、勞肇光、梁鴻翥、郭乃心、黃葆熙、梁慶桂、俞守義、許應鏘為會辦，以梁志文、陳慶榮為坐辦〔註 161〕。

　　總督譚鍾麟在得到朝廷諭旨之後隨即分派高州鎮總兵潘瀛，記名提督孫國乾、總兵黃金福等分赴各屬「示以訓練之法、築營之式」〔註 162〕。「先清保甲，次辦聯團，於壯丁內挑選練丁。〔註 163〕」儘管朝廷與地方督撫積極熱情地呼籲地方興辦團練，但是此次各地的辦團情況不盡相同，有的地區積極響應，有的地區卻因為各種原因不得推行，這一情況在總督譚鍾麟提呈朝

〔註 158〕　《欽奉慈禧端佑康頤昭豫莊誠壽恭欽獻崇熙皇太后懿旨》（光緒二十四年九月），選錄於朱壽朋：《光緒東華錄》（四），北京：中華書局，1958 年，第 230 頁。

〔註 159〕　《清實錄》第 57 冊，德宗景皇帝實錄（六），卷 425，光緒二十四年七月辛未，北京：中華書局，1986 年，第 567～568 頁。

〔註 160〕　〔清〕譚鍾麟：《籌辦廣東保甲團練情形摺》，載《譚文勤公（鍾麟）奏稿》卷 19，頁二十八，見沈雲龍主編：《近代中國史料叢刊》第 33 輯，臺北：文海出版社，1973 年，第 1193 頁。

〔註 161〕　《諭辦民團》，《嶺海報》（光緒二十四年八月十九日），1898 年 10 月 4 日。《大紳辦團》，《嶺海報》（光緒二十四年十二月十一日），1899 年 1 月 22 日。

〔註 162〕　〔清〕譚鍾麟：《現辦團練情形摺》，載《譚文勤公（鍾麟）奏稿》卷 20，頁十九，見沈雲龍主編：《近代中國史料叢刊》第 33 輯，臺北：文海出版社，1973 年，第 1243～1244 頁。

〔註 163〕　〔清〕譚鍾麟：《籌辦廣東保甲團練情形摺》，載《譚文勤公（鍾麟）奏稿》卷 19，頁二十八，見沈雲龍主編：《近代中國史料叢刊》第 33 輯，臺北：文海出版社，1973 年，第 1193 頁。

廷的奏摺中得到反映。例如高州府茂名等縣的團練「向有規模、籌辦最為得法」，並在同年三月份陸豐土匪糾集千餘人進攻縣城之時，知縣蔣星熙率領團勇擊殺匪眾四十餘人，取得了實質性的成效。另外又有像三水等 20 餘縣由於辦團經費短缺致使辦團寸步難行。但是，朝廷和地方督撫的辦團指令必須執行，於是各州縣地方官重新定擬辦團辦法。各地方知縣將一個縣分成東西南北中五個區域分別設立團練局，每局先行訓練十名什長，大縣每局可以將訓練什長的數量擴大到三四十人，然後再由什長自行招募訓練九人，這樣分區分級逐層將團練計劃進行推廣〔註164〕。「有警一呼即至，按名給餉。什長各率九人往捕，可得百人之用。匪多則合二三局什長圖之。法簡費省，行之瘠苦州縣尤為相宜。已經通飭照辦，並令各該管道府親赴各屬查點校閱，庶得力與否一目了然，不致有名無實〔註165〕。」另外團練所用的軍火武器均由官方供給，器械不足則由官方洋商代購。「所需軍火已奏撥滬局來復槍五千枝均給應用。又電商德國使臣呂海寰代購毛瑟槍一萬枝運粵，分飭繳價，給頒仍由地方官烙號稽查〔註166〕。」

然而各地辦團情況並不樂觀，就連省城設立的團練總局也由於局紳意見不合而顯得困難重重。「既設團練總局而南海、番禺兩縣邑紳士意見參差，尚無頭緒。緣自好者不與聞，嗜利者趨之若鶩，又不足取信於人，故迄無成效。至濱海各屬漁團，亦據陸續稟覆遵行，其非漁船聚集之處，即令免辦，以省擾累〔註167〕。」

總督譚鍾麟決意先對廣州省城所在的南海、番禺兩縣的團練進行整頓，督促兩縣官員及士紳認真執行興辦團練計劃。「團練為當務之急，各屬皆虛應故事，並不實力奉行，以致盜賊橫行，毫無畏懼。〔註168〕」在各地大辦團練的形勢下，各地盜匪仍舊非常活躍，團練無法應對嚴重的盜匪問題，不得已只能

〔註164〕〔清〕譚鍾麟：《籌辦廣東保甲團練情形摺》，載《譚文勤公（鍾麟）奏稿》卷19，頁二十八，見沈雲龍主編：《近代中國史料叢刊》第33輯，臺北：文海出版社，1973年，第1193頁。

〔註165〕〔清〕譚鍾麟：《現辦團練情形摺》，載《譚文勤公（鍾麟）奏稿》卷20，第1243～1244頁。

〔註166〕〔清〕譚鍾麟：《現辦團練情形摺》，載《譚文勤公（鍾麟）奏稿》卷20，第1243～1244頁。

〔註167〕〔清〕譚鍾麟：《現辦團練情形摺》，載《譚文勤公（鍾麟）奏稿》卷20，第1244～1245頁。

〔註168〕《整頓團防》（光緒二十五年五月二十三日），《申報》，1899年6月30日。

請求官方派兵彈壓，可見團練對治理盜匪沒有取得實質性成效。另外官方接報後，又苦於無兵可派的窘境，只能讓地方自謀辦法。在這樣一種官與紳相互推諉、對無力治理盜匪問題的窘境當中，廣東盜匪問題更趨惡化〔註169〕。

光緒二十五年十一月十七日（1899.12.19），總督譚鍾麟離任告歸，兩廣總督繼任者德壽、李鴻章、鹿傳霖、陶模等人在廣東的任期不長，且互相調動頻繁，導致朝廷在各省推行的團練計劃得不到有力地推行〔註170〕。總督譚鍾麟離任後，由於廣東團練活動得不到有力的推行與監控，廣東各地辦團情況參差不齊，各地團練對盜匪的打擊起不到良好的效果。

三、總督岑春煊辦團

20世紀初，廣東團練的發展與盜匪問題的進一步嚴重化密切相關。世紀之交的廣東，盜風甚熾，盜匪活動日漸頻繁，當時的廣東湧現出許多著名大盜，例如東江一帶的戴梅香、陳馬王梅、徐大王志，西江一帶的區新、付贊開、陸蘭清，花縣的湯春，香山縣的林瓜四等。各巨盜匪幫堂口林立，劫案四起，廣東民眾人心惶惶。地方官更是調兵遣將，東奔西跑，疲於應付〔註171〕。光緒二十八年（1902）廣東番禺縣制定了詳細的團練章程，要求團練的「一切事宜概歸現設各局，會同各鄉紳耆妥善辦理」，並強調團練的主要職能就是防禦盜匪〔註172〕。

〔註169〕《請兵彈壓》（光緒二十五年五月二十三日），《申報》，1899年6月30日。
〔註170〕光緒二十四年七月十四日（1898年8月30日）上諭「惟湖北、廣東、雲南三省督撫同城，原未劃一。……所有督撫同城之湖北、廣東、雲南三省巡撫……著一併裁撤，其湖北、廣東、雲南三省均著總督監管巡撫事。」（《清實錄》第57冊，德宗景皇帝實錄（三），卷424，光緒二十四年七月乙丑，北京：中華書局，1986年，第556～557頁。）1898年廣東裁撤巡撫之後，由兩廣總督兼任廣東巡撫，成為廣東最高的行政長官。兩廣總督譚鍾麟自1895年4月16日至1899年12月19日，任期5年，此后德壽代任兩廣總督，自1899年12月19日至1900年5月24日，任期不到1年。李鴻章：自1900年5月24日至7月9日，任期不到3個月；德壽：1900年7月9日至9月16日；鹿傳霖：1900年9月16日至26日；陶模：1900年9月26日至1902年7月2日；德壽：1902年7月3日至1903年4月18日。譚鍾麟之後的這幾位兩廣總督任期最長不過2年，最短不過2月，1900年一年之內更換5任總督，體現當時國內政局極為動盪，清政府的統治已是風雨飄搖、岌岌可危。
〔註171〕《粵辦民團》（光緒二十六年六月二十二日），《申報》，1900年7月18日。
〔註172〕《廣東番禺縣錢明府所定團練章程》（光緒二十八年十一月二十四日），《申報》，1902年12月23日。

　　光緒二十九年（1903），剛剛上任兩廣總督岑春煊意識到清末廣東盜匪問題的嚴重性，下車伊始就發布了「除盜安良」告示〔註173〕。總督岑春煊發布「除盜安良」告示後，廣東各地地方官和士紳迅速行動起來組建團練，由此又形成了一波辦團高潮。光緒二十九年二月六日（1903.3.4），惠州府有匪人揭竿倡亂，海豐縣知縣鄒荔岑「由縣募勇丁二百名，紳商亦捐募鄉團」，對倡亂的盜匪進行打擊〔註174〕。光緒二十九年七月二日（1903.8.24），肇慶府屬團紳司徒思等以會匪騷亂等事稟呈總督岑春煊，岑督要求地方「嚴辦鄉團，先清內匪，並探明匪蹤，由地方文武會同兜捕」〔註175〕。光緒二十九年八月九日（1903.9.29），廣州府新會人某甲攜帶500兩銀道經白石地方被強盜搶劫，後幸被呂姓鄉團兜截並將原贓歸還。同日，杜阮鄉匪糾眾劫掠孫姓家，得贓逃逸。呂姓鄉團聞警後對逃逸盜匪進行伏擊，最終將孫家損失的錢款對象送還〔註176〕。這兩件事情反映了地方鄉團在打擊盜匪方面還有所成效，「可見團練之有益於地方不少矣」〔註177〕。

　　光緒三十年（1904）年底總督岑春煊號召全省舉辦團練，並在廣州省城設立團練總局，制定相關的團練章程〔註178〕。「派委前廣東臬司程儀洛為總辦，並先照會前廣東水師提督何長清、在籍翰林院侍講丁仁長、內閣侍讀梁慶桂為總理」，並將「各紳擬具的團練章程交由臬司呈核初議」〔註179〕。此次興辦全省團練中為了解決經費困難的問題，總督岑春煊等省城官員在捐款方面做出表率。「（總督岑春煊）首捐廉銀二千兩，續據廣東藩司胡湘林、兩廣鹽運司恩霖各捐一千元，廣東臬司沈瑜慶捐銀五百元，署廣州府知府陳豐曾捐銀一千兩，並另行籌撥間款一千元，共為開辦經費。〔註180〕」

　　但是，全省興辦團練過程中省城團練局的局紳與辦理團練的官員互有齟

〔註173〕《粵督岑雲帥除盜安良示》（光緒二十九年四月二十二日），《申報》，1903年5月28日。

〔註174〕《續紀粵垣逆跡》（光緒二十九年二月六日），《申報》，1903年3月4日。

〔註175〕《調勇剿匪》（光緒二十九年七月二日），《申報》，1903年8月24日。

〔註176〕《南海濤聲》（光緒二十九年八月九日），《申報》，1903年9月29日。

〔註177〕《南海濤聲》（光緒二十九年八月九日），《申報》，1903年9月29日。

〔註178〕《廣東設立團練》（光緒三十一年正月初七日），《申報》，1905年2月10日。

〔註179〕中國第一歷史檔案館：《光緒朝朱批奏摺》第26輯（內政・職官、保警、禮儀），北京：中華書局，1995年，第626頁。

〔註180〕中國第一歷史檔案館：《光緒朝朱批奏摺》第26輯（內政・職官、保警、禮儀），北京：中華書局，1995年，第626頁。

齟，官、紳意見互不融洽，辦團過程中雙方的矛盾日益凸顯。雙方矛盾鬥爭的
實質是省城諸紳管理的團練總局與官方控制的巡警局關於省城治安控制權。興
辦全省團練期間，省城團練總局局紳聯合伍廷芳等廣東籍京官上奏朝廷，要求
督撫給予總局局紳「專以事權、勿為掣肘」，並提出「請以團局節制營勇」，官
給團練經費等要求〔註181〕。對此，總督岑春煊不同意省城諸紳的請求。他認為
省城的治安管理可以交給巡警局，團練的重點區域在於盜匪雲集的鄉村地區
〔註182〕。另外廣東地區九十餘個州縣，成千上萬個鄉村，如若全部由官府提供
經費，官府自然不願意也無力承擔這筆巨額費用〔註183〕。岑春煊認為辦團經
費難籌的原因在於「每有不肖紳董侵蝕浮銷」，必須「飭令地方官徹底清查，務
令涓滴歸公，認真整頓，期於事有實效，款不虛糜」，並進一步指出「粵中紳士
公正者每避事若浼，不肖者或假以營私，往往構煽多端，朋爭聚訟有司，若有
所興革，則又出而阻撓以掣肘。良由圖謀公益之心少，專己徇欲多也」〔註184〕。
光緒三十年十二月（1905.1），省城諸紳聯繫粵籍京官戴鴻慈、御史陳慶桂，對
岑春煊再次提出參劾。在激烈的政治鬥爭中，光緒三十一年（1905），岑春煊被
迫裁撤西關巡警局，將省城治安控制權交歸團練總局〔註185〕。光緒三十三年
（1907），周馥來接任兩廣總督，重新著手團練活動。周馥來遭遇的情況如同前
任總督岑春煊遇到的情況相類似，結果由官方主導的團練活動卻因官、紳的矛
盾衝突與互不配合而不了了之。

　　在光緒二十九年（1903）和三十三年（1907）最後兩次由官方主導的團練
活動中，官府與士紳圍繞省城治安控制權出現嚴重的分歧與衝突，導致兩次團
練活動對盜匪問題沒有產生實際的治理效果。為了加強基層社會的控制和對
民間組織的進一步管控，官府意圖通過掌控團練機構的手段將地區的治安管
理權控制在手。而這一做法無疑侵奪了當地士紳已有的權力和利益，進而引起

〔註181〕《廣東同鄉京官奏請實行清鄉團練摺》（光緒三十年十月初三日），《申報》，
　　　　　1904 年 11 月 9 日。
〔註182〕中國第一歷史檔案館：《光緒朝朱批奏摺》第 26 輯（內政・職官、保警、禮
　　　　　儀），北京：中華書局，1995 年，第 626 頁。
〔註183〕中國第一歷史檔案館：《光緒朝朱批奏摺》第 26 輯（內政・職官、保警、禮
　　　　　儀），第 626 頁。
〔註184〕中國第一歷史檔案館：《光緒朝朱批奏摺》第 26 輯（內政・職官、保警、禮
　　　　　儀），第 626 頁。
〔註185〕中國第一歷史檔案館：《光緒朝朱批奏摺》第 26 輯（內政・職官、保警、禮
　　　　　儀），第 626 頁。

士紳的反感。官、紳雙方才圍繞團練機構的控制權以及地方治安管理權展開一系列的爭奪。在籌款方面，地方士紳在籌集團練經費方面都出現不同程度的抵制情緒，導致團練計劃遲遲無法順利推行。為獲使省城團練能夠順利運行，總督岑春煊和總督周馥來發動在省官員積極捐款，分別籌得六千五百兩和兩萬兩作為省城團練局的第一筆活動資金〔註 186〕。

儘管如此，官方將地方團練機構收歸官有的步伐並不停歇〔註 187〕。清末朝廷為掌控基層社會的治安管理權做出了不懈的努力，並進行一系列的改革。但是清政府的統治江河日下，儘管出臺許多改革方案，並做出許多挽救措施，最終卻無力回天。

清末廣東團練在維護社會治安方面做出了應有的貢獻，但卻只是一時之功，難以保障清政權的長治久安。清末廣東盜匪問題的難以治理，其根本原因在於中央政權的式微以及對地方控制力的衰退。清末廣東盜匪越治越多，加之革命黨人頻繁在廣東地區進行反清活動，導致清末廣東治安管理更為混亂。直至辛亥革命爆發，乃至民國時期，盜匪問題仍是廣東社會治理的一大頑疾。清末直至民國時期，廣東的一些劣紳利用團練為非作歹、魚肉鄉里，嚴重擾亂社會治安。

小　結

所謂的「大規模團練活動」是在動亂的社會環境中，由官方倡導並與民間團練組織相配合，聯合展開的大範圍的社會動員與軍事行動。從嘉慶九年到宣統三年（1804～1911），廣東當局主導的五次辦團行動突出了「大規模團練活動」的「由下而上、自上而下、上下聯動」的活動特點。無論是海盜還是西方殖民者，清代廣東團練活動打擊的主要對象居多是「海上而來的敵對勢力」，這無疑與廣東地區所處的地理位置密切相關（廣東有中國「南大門」之稱）。

清中期以後廣東地區的六次大型動亂，與其相對應的五次官方大型的辦

〔註 186〕 中國第一歷史檔案館：《光緒朝朱批奏摺》第 26 輯（內政・職官、保警、禮儀），北京：中華書局，1995 年，第 626 頁。《周玉帥委員會紳開辦團練》（光緒三十三年三月二十七日），《申報》，1907 年 5 月 9 日。

〔註 187〕 《順德鄉團統歸順德協節制》（宣統三年三月二十三日），《申報》，1911 年 4 月 21 日。

團行動所囊括的信息比較豐富。下文筆者採取表格方式對嘉慶以後廣東地區六次大型動亂和五次辦團行動的基本信息進行總結。

表 2-4　清代嘉慶以後廣東地區六次大型社會動亂基本信息表

名　稱	持續時間	歷時	波及範圍（全國）	性質	結束的標誌
華南海盜擾亂	嘉慶九年至十五年（1804～1810）	7 年	廣東（包括海南）、福建（包括臺灣）、江蘇、浙江等中國南部沿海省份〔註 188〕	內亂	廣東海盜旗幫向官府投誠〔註 189〕
鴉片戰爭	道光二十年至二十二年（1840～1842）	3 年	廣東、福建、臺灣、浙江、江蘇等省份〔註 190〕	外患	《南京條約》的簽訂
洪兵起義	咸豐四年至同治三年（1854～1864）	11 年	廣東、廣西、湖南、江西、貴州等省份〔註 191〕	內亂	大成國的覆亡
第二次鴉片戰爭	咸豐六年至十年（1856～1860）	5 年	廣西、廣東、天津、北京、浙江、遼寧、山東省份〔註 192〕	外患	《北京條約》的簽訂
中法戰爭	光緒九年至十一年（1883～1885）	3 年	廣西、廣東、雲南、臺灣、福建、浙江等省份〔註 193〕	外患	《中法會訂越南條約》《中法新約》）的簽訂
廣東盜匪橫行	光緒二十四年（1898）持續至民國時期	超過13 年	廣東省內各州縣，同時全國其他各省皆有嚴重的盜匪問題	內亂	盜匪問題未能得到有效解決

〔註 188〕〔美〕安樂博，王紹詳譯：《中國海盜的黃金時代：1520～1810》，《東南學術》，2002 年第 1 期，第 37～40 頁。
〔註 189〕〔美〕穆黛安著，劉平譯：《華南海盜：1790～1810》，北京：中國社會科學出版社，1997 年，第 153 頁。
〔註 190〕廣東歷史地圖集編輯委員會：《廣東歷史地圖集》，廣州：廣東省地圖出版社，1995 年，第 29 頁。
〔註 191〕廣東省文史研究館，中山大學歷史系編：《廣東洪兵起義史料》上冊，廣州：廣東人民出版社，1992 年，前言。
〔註 192〕廣東歷史地圖集編輯委員會：《廣東歷史地圖集》，廣州：廣東省地圖出版社，1995 年，第 29 頁。
〔註 193〕雷遠高主編：《中國近代反侵略戰爭史》，北京：解放軍出版社，1988 年，第 155 頁。

表2-5　清代廣東地區官方主導五次團練活動的基本信息

階段	時間	歷時	辦團行動開始的標誌	辦團規模	團練代表	團練的職能	廣東團練鬥爭結果
第一次團練活動	嘉慶十年至十五年（1805～1810）	6年	嘉慶十年（1805）總督那彥成發布勸諭沿海州縣組建團練告示。〔註194〕	8府（廣州府、肇慶府、惠州府、潮州府、高州府、廉州府、雷州府、瓊州府）20個州縣	廣州府順德縣的容桂公約；番禺縣的仁讓公局；香山縣的固圍公所	輔助官軍平定海盜擾亂	平定粵洋大規模海盜活動
第二次團練活動	道光十九年至二十九年（1839～1849）	11年	道光十九年（1839）欽差大臣林則徐發布團練告示。〔註195〕	廣州府番禺縣、南海縣	番禺、南海縣合辦的升平社學；番禺縣的東平社學；廣州城內街約團練	與官方一道積極佈防，對抗英國殖民者入侵，並與英國殖民者發生正面衝突，發生「三元里抗英」、反租地、反入城鬥爭等著名事件。	廣東團練取得反租地、反入城等系列鬥爭的勝利。
第三次團練活動	咸豐四年至同治元年（1854～1862）	9年	咸豐四年（1854）總督葉名琛發布勸諭地方團練告示。〔註196〕				

〔註194〕〔清〕章佳容安輯：《那文毅公兩廣總督奏議》卷11，頁四十五至四十一，見沈雲龍主編《近代中國史料叢刊》第21輯，臺北：文海出版社，1973年，第1452～1453頁。

〔註195〕《諭沿海民人團練自衛告示》（道光十九年七月二十三日），見《林則徐全集·文錄卷》第5冊，福州：海峽文藝出版社，2002年，第2529頁。〔美〕魏斐德著，王小荷譯：《大門口的陌生人：1839～1861年間華南的社會動亂》，北京：中國社會科學出版社，1988年第15頁。《欽差大臣林則徐等又奏英人非不可制清嚴諭查禁鴉片》（道光十九年八月十七日），見〔清〕文慶等纂：《籌辦夷務始末（道光朝）》，第1冊，北京：中華書局，1964年，第219頁。

〔註196〕《（宣統）南海縣志》，卷14，列傳一，頁十六，見廣東省地方史志辦公室輯：《廣東歷代方志集成·廣州府部》第14冊，廣州：嶺南美術出版社，2007

	洪兵起義期間			5府（廣州府、韶州府、肇慶府、惠州府、潮州府）4直隸州（連州、南雄直隸州、羅定州、嘉應州）1廳（佛岡廳）共49個州縣	南海縣大瀝四堡九十六鄉團練、廣州城街約團練、順德團練總局、佛山團防局	官府在洪兵起義中一敗塗地，許多州縣被洪兵起義軍佔領，廣州省城一度被圍。團練在鬥爭中起主導作用，為許多州縣的收復貢獻巨大力量。	收復許多州縣，協助官府將洪兵起義軍驅趕出廣東。
	第二次鴉片戰爭期間			廣州府	廣東團練總局、順德團練總局	英法聯軍佔領廣州城，督撫被俘。廣東團練成為抵禦外患的中堅力量。	《天津條約》的簽訂，廣東團練活動不了了之。
第四次團練活動	光緒十年至十一年（1884～1885）	不到1年	光緒十年（1884）總督張之洞發布就捐辦團告示。〔註197〕	6府（廣州府、惠州府、高州府、廉州府、雷州府、瓊州府）	順德團防總局、佛山團防局	組建沿海州縣的團練成為總督張之洞防務計劃的一部分。	法國未對廣東實施侵擾，團練未與外國侵略者發生正面衝突。
第五次團練活動	光緒二十四年至宣統三年（1898～1911）	13年	總督譚鍾麟得到朝廷指令之後，發布興辦全省團練告示，要求全省各地官員及士紳會商籌辦團練。〔註198〕	全省各地	廣州省城團練總局、順德縣團練	組建團練成為官府治理地方盜匪的主要手段。	治理無果，清末廣東盜匪問題愈發嚴重。

年，第357頁。《清實錄》第42冊，文宗顯皇帝實錄（三），卷142，咸豐四年八月癸丑，北京：中華書局，1986年，第500～504頁。

〔註197〕《就捐辦團示》，光緒十年六月二十三日，見苑書義、孫華峰、李秉新：《張之洞全集》第6冊，石家莊：河北人民出版社，1998年，第4848～4850頁。

〔註198〕〔清〕譚鍾麟：《籌辦廣東保甲團練情形摺》，載《譚文勤公（鍾麟）奏稿》卷19，頁二十八，見沈雲龍主編：《近代中國史料叢刊》第33輯，臺北：文海出版社，1973年，第1193頁。

　　那麼，清代廣東團練活動與社會動亂形成怎樣的對應關係？

　　清代廣東地區的六次大型社會動亂相繼引發了廣東當局的五次大規模的辦團行動，從而又再次證明了動亂的社會環境是清代團練興起的重要前提。

　　從六次大型動亂與之相對應的五次大型辦團行動產生、結束的時間來看，嘉慶時期華南海盜擾亂與廣東第一次辦團行動、中法戰爭與第四次辦團行動皆呈現高度吻合。

　　道光二十二年（1842）《南京條約》的簽訂標誌著鴉片戰爭的結束，但是廣東地區抗英鬥爭仍舊進行著，直至道光二十九年（1849）反入城鬥爭的勝利才宣告廣東第二次團練活動的結束。廣東第二次的辦團行動較為特殊，在時間點上以鴉片戰爭的結束（1842）劃分成兩個階段，前一階段（1839～1842）4年屬於官府與地方民眾組成團練共同抗擊英軍侵略，後一階段（1842～1849）的7年屬於民眾自發性抗英鬥爭。在廣東第三次辦團行動中，洪兵起義雖然一直到同治三年（1864）才結束，但同治元年（1862）以後洪兵起義軍大部分已經轉移到廣東鄰省，廣東省內的起義軍餘黨基本清除乾淨，因此同治元年廣東團練總局得以裁撤，第三次辦團行動結束。清末朝廷與廣東當局對於盜匪問題的治理算是虎頭蛇尾，斷斷續續由三位總督（譚鍾麟、岑春煊、周馥）分別主持進行，最終也沒能有效地解決盜匪問題，因此清代廣東當局的第五次辦團行動與盜匪問題引發的社會動亂在時間線上沒有高度吻合。整體上來說，在每次大規模的辦團行動中，廣東團練也歷經了興起—發展—裁撤的發展過程，每次辦團行動的開始與結束與每次動亂的產生、終止的時間順序基本一致。

　　從這六次大型的社會動亂波及的範圍可知，這六次大型的社會動亂並非只侷限於廣東一域，而是牽連中國其他的眾多省份，屬於全國性的大型動亂。廣東當局的五次辦團行動儘管只是侷限於廣東省內，如若能夠將動亂順利平息，未嘗不是客觀上為他省平息動亂緩解壓力和提供支持。

　　從動亂與辦團行動的持續時間來看，清末廣東盜匪問題造成的社會動亂持續的時間最久。針對清末盜匪問題形成的第五次團練活動持續的時間亦是最長的，直至清朝覆滅還未能得以有效治理，還對民國時期廣東社會秩序穩定產生嚴重的影響。清末廣東盜匪問題的難以治理，與之相對應的是清末官方辦團行動持續的長久。而兩次鴉片戰爭雖然都持續了4年，但卻對廣東形成嚴重的擾亂。兩次戰役中侵略者皆成功佔領了廣州城，並逼迫清政府與廣東當局簽訂不平等條約，為西方列強掠奪中國資源、割占中國領土大開方便

之門。在第二次鴉片戰爭中為了挽救廣東地區的統治危局，朝廷與廣東當局授意羅、龍、蘇三大紳設立統領全省團練的廣東團練總局，與佔據廣州城的英法聯軍展開周旋。廣東團練總局為廣東地區有史以來等級最高的團練組織，可見其朝廷與廣東當局對於由外患引發社會秩序失控問題的重視。應當明確一點的是，在官方辦團的背後存在著數量更多、規模更為龐大的民間團練組織。這些數量龐大的民團組織，有些或因為參與到官方團練活動而被記錄在史料當中，更多的並不載史料，它們的建立只是出於抵制動亂、捍衛身家的目的。其中也不乏存在許多由愛國紳民領導組建的團練，它們在反侵略鬥爭中表現非凡，彰顯了近代中國民眾抗擊外來侵略的愛國情懷。例如光緒二十四年（1898），英法兩國逼迫清政府割讓香港新界和廣州灣，並簽訂不平等條約以後，遂溪縣民眾組建抗法團練，新界民眾組建抗英團練，分別與外來侵略者發生激烈的戰鬥。

　　嘉慶以後廣東社會發生的六次大型動亂中，內亂與外患各居一半，這賦予了清代廣東團練平定內擾、抵抗外患的歷史使命。在官方的主導之下廣東團練，對於諸如華南海盜肆虐和洪兵起義這類大型的社會內部動亂皆能夠成功將之平息。至於清末的盜匪問題，由於清政府中央政權對地方控制的減弱以及盜匪問題的積重難返等客觀因素導致未能順利解決。不可否認的是，在治理清末廣東盜匪問題上，廣東團練在協助官府加強社會控制方面發揮出應有之功效。在中國近代史上，外國列強發動過五次大規模的侵華戰爭（兩次鴉片戰爭、甲午戰爭、中法戰爭、八國聯軍侵華），其中有三次與廣東密切相關。與官方在反侵略鬥爭的妥協態度相比，廣東地區以團練為代表的民間組織抗擊外來侵略的民族主義情緒十分高漲，並展開了一系列的反侵略鬥爭。相較於清代其他省區，廣東團練反抗外來侵略規模之大、次數之多，遂使反侵略鬥爭成為清代廣東團練的特色。

　　清代廣東團練活動具備以下兩種特點：

　　第一，對外鬥爭主題突出。

　　發生在近代中國五次大型的外來侵略（鴉片戰爭、第二次鴉片戰爭、中法戰爭、甲午中日戰爭、清末八國聯軍侵華戰爭）就有三次（兩次鴉片戰爭和中法戰爭）與廣東產生緊密聯繫，其中兩次鴉片戰爭率先在廣東地區爆發。對於抗擊外來侵略，無論是官府發動還是廣東民眾的自覺行為，晚清時代的廣東地區是抗擊外來侵略的前沿陣地，例如鴉片戰爭期間林則徐的禁煙運

動、廣州民眾的「三元里抗英」、反租地鬥爭、反入城鬥爭等。這些對外的反侵略鬥爭其中不乏由廣東團練組織所倡導發動，例如鴉片戰爭期間的社學團練，第二次鴉片戰爭期間的廣東團練總局等。由於晚清政府軍事上的退縮與外交上的對外妥協，遂使廣東團練成為當時抗擊外來侵略的主要力量。除了兩次鴉片戰爭和中法戰爭，清代廣東團練的對外鬥爭亦包括光緒二十四年（1898），英法兩國逼迫清政府割讓香港新界和廣州灣時，遂溪縣和新界民眾的團練鬥爭。

此外，宣統元年二月（1909.3），葡萄牙迫使清政府重新勘察澳門地界。葡澳當局此舉企圖借助社會動亂、清政府自顧不暇之際，通過擴大澳門租界面積，對中國領土實施進一步的侵佔。葡澳當局此舉激起了香山縣民眾的強烈抗議。宣統元年三月（1909.4），香山縣紳商、學界代表 300 餘人，在拱北鄉舉行會議，成立「香山縣勘界維持會」。八月，香山縣勘界維持會通過《聯辦 98 鄉民團章程》，發動地方民眾，宣布成立團練組織，拿起武器，隨時準備抗擊葡萄牙殖民者的入侵〔註199〕。最終，在官方與地方民眾的強烈抗議與抵制下，宣統元年十一月（1909.12），中葡勘界談判未達成協議，葡方的無理要求未能得逞〔註200〕。

然而以團練對抗外來侵略卻並非廣東獨有。例如鴉片戰爭時期，臺灣兵備道姚瑩為防英艦擾臺，命令紳耆組織團練壯勇。在姚瑩的努力下，總數約有一萬三千餘人的團練壯勇被組織起來。道光二十一年八月（1841.9），臺灣團練人數已激增至四萬七千餘名，其中淡水廳竹塹城貢生林占梅，出錢出力表現突出〔註201〕。同樣，在浙江沿海地區，英軍對浙江定海的侵略亦激起當地民眾的抗爭。他們以各種方式與侵略者展開鬥爭，如實行堅壁清野，搜捕懲辦為侵略者採辦食物供給的漢奸與買辦，斷絕英軍的食物。同時，浙江沿海地區組建團練，各鄉村之間自以為守，互相支持，防範侵略者〔註202〕。然而鴉片戰爭時期臺灣和浙江等地團練的組建規模遠沒有廣東地區那樣龐大，

〔註199〕《外部收旅港維持會電》（宣統二年七月初一日，1910 年 8 月 5 日），載《澳門專檔》第 2 冊，見臺灣「中央」研究院近代史研究所編：《澳門專檔》，「中央」研究院近代史研究所，1996 年，第 534 頁。

〔註200〕元邦建、袁桂秀：《澳門史略》，香港：中流出版有限公司，1988 年，第 302 頁。

〔註201〕〔清〕達洪阿、姚瑩：《防夷奏疏》，載丁曰健編：《治臺必告錄》卷 3，見沈雲龍主編：《近代中國史料叢刊續編》，第 76 輯，臺北：文海出版社，1980 年，第 191 頁。

〔註202〕張海鵬主編，姜濤、卞修躍著：《中國近代通史·第 2 卷·近代中國的開端（1840～1864）》，南京：江蘇人民出版社，2009 年，第 117 頁。

與英軍的鬥爭亦沒有廣東團練那樣激烈。鴉片戰爭時期，英國侵略者圍攻廣州城，廣州省城危在旦夕。此時，廣州城郊紛紛組建社學團練，廣州城內成立了街約團練，僅城內的街約團練人數就已達近 10 萬人。因此，相比於其他省區團練，廣東地區團練組織的對外鬥爭更為激烈，其反侵略鬥爭色彩更為鮮明。

第二次鴉片戰爭時期的另一個戰場天津，當時也奉旨辦團。天津道府縣均興辦團練，其中費蔭樟練勇千人，曾協助守大沽炮臺，但隨即在英法聯軍的堅船利炮下迅速崩潰〔註203〕。至於天津城內由長蘆鹽商張錦文為首舉辦團練，雖然聯合商街鋪戶募勇 2400 人，但完全沒有廣東團練反侵略鬥爭的氣勢，對攻佔大沽的英法聯軍非但沒有採取對抗的姿態，團練局反而變成為英法軍艦採辦伙食的「支應局」。相較之下，同時期廣東紳民抵抗外來侵略的堅決態度，成為清代廣東團練活動的特色。說起清代團練，更多人關注的是其平叛治亂的軍事征剿功能與社會控制的行政職能，對近代中國沿海省區的團練組織的對外反侵略鬥爭向來關注甚少，而清代廣東團練的對外鬥爭的種種事蹟凸顯出反抗外來侵略的時代主題。

第二，發展形態較為連貫。

清代廣東團練的發展劃分為五大階段，即嘉慶十年至十五年（1805～1810）、道光十九年至二十九年（1839～1849）、咸豐四年至同治十一年（1854～1862）、光緒十年至十五年（1884～1885）、光緒二十四年至宣統三年（1898～1911）。這五大階段的劃分是以清代中後期廣東地區的大型戰亂的興起與平息為參照，以朝廷或地方督撫發布勸諭民間團練告示的時間為團練活動開始的標誌。雖然各個階段之間在時間順序上存在著一定的斷裂，但是從整體上仍是可以看出清代廣東團練發展的連貫性。

清代他省團練活動情況則不如廣東團練那樣具有連貫性。以清代團練最為典型的湖南團練為例，其發展情況就呈現斷斷續續的狀態〔註204〕。

〔註203〕《天津夷務實記》（又名《津門夷務記（稿本）》），天津南開大學圖書館藏，見中國史學會主編：《第二次鴉片戰爭（一）》（中國近代史資料叢刊），上海：上海人民出版社，1978 年，第 477、481～482 頁。

〔註204〕「湖南團練本為天下之最，湘鄉團練又為湖南之最」。（《（同治）湘鄉縣志》，卷 5，兵防二，團練，頁二十五，見《中國地方志集成·湖南府縣志輯》第 19 冊，上海：上海書店出版社，2003 年，第 366 頁。）雖然研究清代湖南團練的論著頗多，但正如學術史回顧部分所述，大部分研究基本上只集中於太平天國運動時期，且與湘軍緊密聯繫。因此涉及清代湖南團練發展情況的整

　　道光二十七年（1847），湖南新寧縣爆發了雷再浩領導的天地會起義。新寧縣首辦團練，隨後湘鄉等縣繼之而起。迨至咸豐年間太平天國運動，太平軍進軍湖南，當時湖南有 9 個府州 25 個縣相繼舉辦團練。咸豐二年九月（1853.10），太平軍圍攻長沙，巡撫張亮基檄調湘鄉團練千餘人至長沙備戰。後來太平軍兩次轉戰湖南，各地團練均配合官兵，對太平軍進行「圍剿」、「追剿」。曾國藩創建湘軍以後，許多地方團練被召募組成湘軍，其餘的團練則漸次演變成地方團防武裝。同治三年（1864）太平天國運動結束以後，湘軍陸續解散。同治四年（1865），湘軍曾國藩所部被裁至 9 千餘人。同治、光緒年間，湘軍的其他所部除極少數改為防軍以外，大部分就地解散，遣送回鄉。太平天國運動過後，隨著湘軍的大良被裁減，湖南地區的團練也只留下極小的一部分用於地區防衛，可見湖南團練在太平天國運動結束以後事實上已經「名存實亡」〔註 205〕。

　　湖南團練一直到清末光緒年間有過一段短暫的恢復。雖然在光緒十四年（1888）、光緒二十六年（1900）、光緒三十年（1904）、宣統二年（1910）四個年份中湖南官員曾提議重建團練，但這些號召也僅僅只是「重建」，而非在原有存在的基礎上的進一步發展。由於存在著經費短缺，官、紳互相推諉，甚至還未籌備舉辦而危機已然解除等種種原因，這些號召也僅僅只是官府單方面的「呼籲」，並未真正落實到行動上。

　　反觀清末光緒、宣統年間湖南團防的設立與之前咸豐年間的團練設立，其目的與意義完全不同，清末湖南團防的設立其主要目的在於維持地方治安，防範地方動亂，而咸豐的湖南團練則是以太平天國為主要打擊對象，並以建立湘軍為發展目的，所以光緒時期的湖南團防並不是咸豐年間湖南團練的延續，在設立目的和意義上也有著本質的不同。清末湖南團防最終被巡警制所取代，在其存在的方式上可以說是為了朝廷清末改革措施中巡警制的推行而做的準備。

體概述的論著，目前只有傅角今、劉嵐蓀編的《湖南之團防》和《湖南省志·軍事志》中「團練」一節的相關記載。關於清代湖南團練的發展情況，主要參考該兩本書的相關記載。（傅角今、劉嵐蓀：《湖南之團防》，1934 年，見《近代中國史料叢刊三編》（第 75 輯），臺北：文海出版社，1995 年，第 1～12 頁。湖南省地方志編纂委員會編：《湖南省志·第五卷·軍事志》，北京：中國文史出版社，1994 年，第 625～629 頁。）

〔註 205〕〔美〕愛德華·麥科德：《清末湖南的團練和地方軍事化》，《湖南師範大學學報（社會科學版）》，1989 年第 3 期，第 97 頁。

　　總而言之，清代湖南團練的發展過程大致分為前後兩大部分，咸同年間的湖南團練由於面臨著太平軍進犯的巨大威脅，在最初湖南團練的建立，繼而出現練勇、勇營的建置，最後發展為湘軍，整體形態上呈現地方軍事化的發展走向。光宣年間的湖南團防主要是為了抑制地方動亂、穩定社會秩序而出現，雖經過官、紳多次呼籲，但事實上湖南團防等具體工作並未真正落實，收效甚微。清代湖南團練在整體發展形態上只有太平天國運動時期相對較為連貫，其他時期則是斷斷續續，旋起旋散。

　　又如廣東的鄰省——廣西，早在清初順治年間民間就設立有團練組織。據《北流縣志》記載，順治十七年到康熙九年（1660～1670），清軍出入中原，時局動盪，北流地方土寇竊發，地方官倡議民間組建團練，實施聯鄉互保〔註206〕。康熙五年（1665），瑤民作亂，廣西靈川縣組建團練防禦，並協同官兵進剿〔註207〕。清初，廣西北流、靈川、博白等地區已有零星的團練活動，但並未形成大規模團練活動〔註208〕。清代廣西真正形成大規模團練活動是：在道光末年，廣西的天地會與拜上帝教相聯結發動起義，清廷與地方官府極力勸諭地方組建團練。該次團練活動自道光三十年九月（1850.10）清廷飭令廣西文武大臣發動紳民興辦團練為開始標誌，到同治五年（1866）洪兵起義軍陳開、李文茂所部大成軍的失敗為標誌，共持續 17 年之久〔註209〕。其間，廣西團練戰鬥的對象包括廣西天地會起義軍、太平軍、亦包括脫離太平政權轉戰至廣西的石達開所部。清代廣西第二次團練高潮是：清末兩廣地區盜匪問題日趨嚴重，自光緒二十一年（1895）以後，廣西各地均設立團防局以治理盜匪〔註210〕。該次團練運動一直持續至清朝滅亡，亦有 17 年之久。

〔註206〕　《（乾隆）重修北流縣志》，卷 6，兵防，團練，頁七十四至七十五，見《故宮珍本叢刊》第 203 冊，廣西府州縣志，第 9 冊，海口：海南出版社，2001年，第 77～78 頁。

〔註207〕　《（民國）靈川縣志》，卷 14，紀事，頁二十，見《中國方志叢書・第 212 號》，臺北：成文出版社，1975 年，第 1116 頁。

〔註208〕　《（道光）博白縣志》，卷 7，經政略，兵防，頁九至十，見中國國家圖書館特色資源（方志叢書），廣西，第 6 冊。

〔註209〕　劉曉琳：《太平天國革命時期的廣西團練》，《大同高等專科學校學報（綜合版）》，1995 年第 1 期。

〔註210〕　盧天然：《社會動亂與清代廣西基層社會研究（1796～1911）》，華中師範大學碩士論文，2008 年，第 120 頁。

　　由此可見，清代廣西真正形成大規模團練活動只有兩次，並且其中間間隔時間較長，未如清代廣東團練活動那樣持久連貫。不僅是清代湖南、廣西團練，其他省區如貴州、江西、山東、四川等地方團練的發展形態皆不如廣東團練具有連貫性〔註211〕。

　　清代廣東團練活動除了具有獨特的發展特徵之外，其團練組織本身的職能，亦隨著團練活動的發展而有所變化。清代廣東團練自身職能在洪兵起義前後有著明顯的變化。廣東團練在嘉慶華南海盜活動時期和兩次鴉片戰爭期間，呈現更多的是軍事打擊功能。而在洪兵起義之後，為了應對混亂的社會秩序，各地團練組織更側重對社會管理功能的強化。特別是在清末廣東盜匪問題治理過程中，官方則更加注重利用團練的社會管理功能，以期加強官權在基層社會管理中的滲透。

〔註211〕目前，只有貴州、江西、山東、四川等省份的地方省志，有將「團練」作為一種民兵武裝列為一節。查閱這些省志的「團練」情況的相關記錄，整體上仍是對成同時期的記載相對詳細，其他時期的記錄略顯簡略，從而導致筆者對以上省區團練發展形態做出不連貫的判斷。另外，這些省區團練整體性研究的不足也是其中一個重要原因。（貴州省地方志編纂委員會編：《貴州省志・軍事志》，貴陽：貴州人民出版社，1995年，第176～179頁。《江西省軍事志》編纂委員會編：《江西省軍事志》，江西省軍事志編纂委員會，1997年，第615～618頁。山東省地方史志編纂委員會編：《山東省志・軍事志》下冊，濟南：山東人民出版社，1996年，第1012～1016頁。四川省地方志編纂委員會編纂：《四川省志・軍事志》，成都：四川人民出版社，1999年，第485～493頁。）

圖 2-8　光緒年間東莞、新安人民的抗英鬥爭〔註212〕

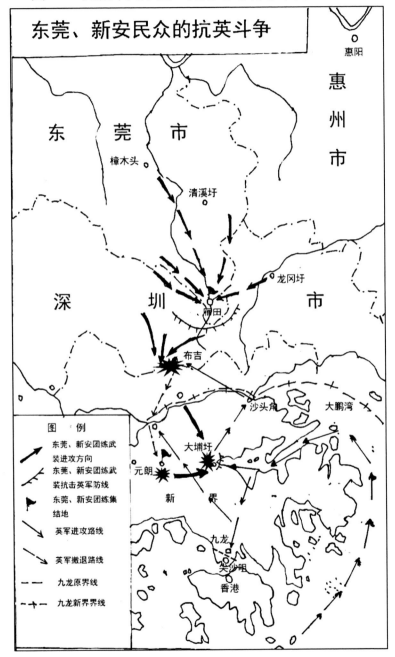

〔註212〕廣東歷史地圖集編輯委員會：《廣東歷史地圖集》，廣州：廣東省地圖出版社，1995 年，第 32 頁。

圖 2-9　光緒年間遂溪人民抗法鬥爭〔註213〕

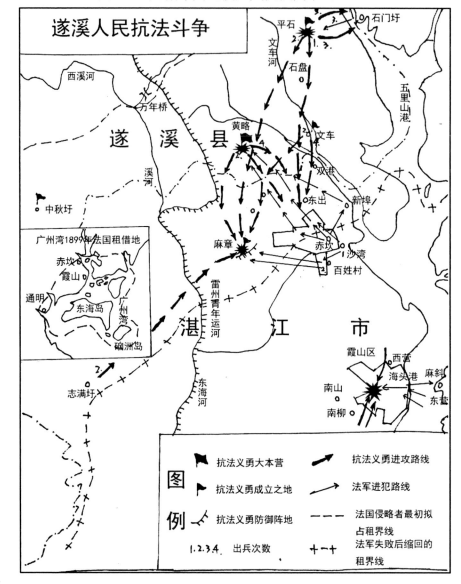

〔註213〕廣東歷史地圖集編輯委員會：《廣東歷史地圖集》，廣州：廣東省地圖出版社，1995 年，第 32 頁。

第三章　清代廣東地區的團練組織

　　本章將對清代廣東團練組織的歷史流變、類型、規模、形式、辦理模式、人員、經費、職能等方面展開深入探究，以進一步明晰清代廣東團練作為地方民間組織的具體情況。

第一節　歷史流變

　　清代廣東團練最初是一種民間鄉兵組織，受官方的引導，與地方管理制度發生緊密結合，漸趨成為基層社會的管理機構，呈現「地方行政化」的發展趨向。清代廣東團練組織的「地方行政化」發展趨向，與湖南、安徽、江西等省份團練的「地方軍事化」相區別。

一、民間鄉兵組織

　　清代團練早在官方倡論形成大規模團練活動之前，已廣布於社會民間，或遇動亂而載史冊，更多的團練組織或因地方寧謐而未被史冊所載。團練組織作為中國古代的一種鄉兵形式，其設立的最初目的是通過武裝自衛實現自我防禦。就某種意義而言，團練是一種自衛性的、非正規的鄉土武力。承平之時用於家族或鄉村地區的治安緝盜，動亂之時則用於抵禦外來侵擾，以維護所在地區社會秩序的穩定。

　　一些學者將清代團練溯源至唐代〔註1〕。但唐之「團練」與清之「團練」，

〔註1〕　夏林根：《近代團練問題研究》，《江西社會科學》，1982年第7期，第112頁。

　　　　朱淑君：《晚清咸同時期士紳政治文化考察——以「團練」議論為中心》，《蘭

前者為唐代正規的國家經制兵，後者則為清代地方鄉兵的一種形式〔註2〕。兩者雖都使用「團練」一詞，但其含義有著本質上的區別，不可混為一談。

清代廣東團練是鄉兵的一種形式，屬於一種非正規的地方自衛武力，具有維護地方治安功能〔註3〕。清代團練組織既作為一種地方自衛武力，絕非僅存在於清代中晚期，早在清前期就已存在，且其淵源可追溯至明代〔註4〕。清代團練與社會動亂息息相關，社會動亂是團練組織得以存在的一種重要前提，「應亂而起」是清代團練的一大特點。

清代廣東團練作為一種鄉兵組織形式，並不是直到嘉慶九年（1804）才出現，而是早已存在於廣東民間社會。每逢有社會動亂產生鬥爭，才會有相關的團練活動記錄。眾多廣東地方志的記錄中，可窺見其零星的活動痕跡。例如明末清初粵東的吳六奇集團。明末清初，時局動盪，吳六奇以保護村寨為名，募集鄉勇，逐漸形成一大地方勢力〔註5〕。又如順治十七年（1660），海寇「臭紅肉」丘輝有船百餘艘，游弈海上，由甲子們沿劫覽表、新僚等鄉。憲檄團練鄉勇。（潮州府惠來縣）知縣張秉政選擇精壯八百名，調習操演，捐資造三眼槍一百五十門，分發鄉勇，棋布要衝等處，賊知有備引去〔註6〕。直至康熙年間，清王朝的國家統一戰爭仍未結束，臺灣的鄭氏集團不斷襲擾南部沿海地區，以及「三藩之亂」等導致廣東地區戰亂不斷，此時廣東民間的團練組織不僅有護衛桑梓的作用，而且在必要時亦會配合官軍完成一些征剿活動。「（康熙十一年）九月，臺灣巨逆李奇等率寇船流劫新安地方，游移濠湧，登岸屠掠。知縣李可成，游擊蔡昶統集鄉勇官兵協力擒捕〔註7〕。」

州學刊》，2011 年第 6 期，第 180 頁。許楓葉：《清末地方軍事化中的國家與社會——以「團練」言說為中心的考察》，《西南民族大學學報》（人文社會科學版），2017 年第 3 期，第 235 頁。

〔註2〕 關於唐代「團練」的相關考證，詳見張國剛《唐代團結兵問題探析》（《歷史研究》，1996 年第 4 期）和《唐代兵制的演變與中古社會變遷》（《中國社會科學》，2006 年第 4 期。）二文的闡析。

〔註3〕 〔韓〕都重萬：《清代廣東鄉治組織與團練之淵源》，見閔純德主編：《漢學研究》第 2 集，北京：中國和平出版社，1997 年，第 356 頁。

〔註4〕 陳寶良：《明代的民兵與鄉兵》，《中國史研究》，1994 年第 1 期。陳駿：《清前期團練問題研究》，《清史研究》，2021 年第 5 期。

〔註5〕 《（民國）饒平縣志補訂》卷 9，名宦，吳六奇傳，香港大學馮平山圖書館藏稿本，第 44 頁。

〔註6〕 《（雍正）惠來縣志》，卷 11，兵事，頁九，見《中國方志叢書‧第 116 號》，臺北：成文出版社，1967 年影印本。第 398 頁。

〔註7〕 《（光緒）廣州府志》，卷 80，前事略六，頁三十，見《中國地方志集成‧廣東

「（三藩之亂時）偽城守游擊芮夢龍亦以新會降賊。時有天台村民以大義相鼓勵，築堡禦賊，相持者十日，殺賊數百〔註8〕。」清初，廣東地區只存在零星的團練組織及其相關的團練活動。康乾盛世時期，清王朝的統一戰爭基本完成，大規模的戰亂減少，廣東地區進入一個相對安靖的時期，這時廣東團練活動較少。

嘉慶五年（1800），肇慶府陽江縣紳民曾招募鄉勇、組建團練與當地天地會起義軍展開鬥爭，並且由於「剿匪得力」，團練的組織者方世型等紳衿也因此受到官府的表彰和獎賞〔註9〕。清中期的廣東團練作為民間鄉兵不僅具有護衛桑梓之職能，而且還適時地參與到官府的一些征剿活動，以協助官府穩定社會秩序。

嘉慶時期，華南海盜頻繁對廣東沿海地區發動襲擾，嚴重擾亂廣東地區沿海州縣的社會秩序。嘉慶十年（1805），兩廣總督那彥成發布告示勸諭沿海鄉村的紳耆辦團守禦，協助官府對海盜展開封鎖與打擊。其中順德縣的士紳、鄉勇響應官府號召組建團練，配合官府打擊海盜，成為廣東其他州縣的典範〔註10〕。嘉慶十五年（1810），海盜在官府與地方團練的聯合打擊之下趨於沈寂，以後廣東沿海沒有再形成大規模的海盜劫掠活動。咸豐四年（1854），廣東各地爆發了大規模的洪兵起義，並且洪兵亂黨形成龐大的陣勢對各地縣城乃至廣州城進行圍攻。當時廣州附近地區和各地州縣為了抵禦洪兵亂黨的侵擾，皆各自組建團練應對動亂。例如廣州府南海縣的敦化社學、同人社學、公浦五堡公所等團練組織；番禺縣沙灣、茭塘兩司設立的沙茭團練總局；香山縣的防禦公局；東莞縣的東莞團練公局、祥和社、平康社等團練組織；新會縣的岡州公局、西南團練公局、東北公局等團練組織；順德縣的順德團練總局〔註11〕。

府縣志輯》第2冊，上海：上海書店出版社，2003年，第388頁。

〔註8〕《（光緒）廣州府志》，卷80，前事略六，頁三十二，見《中國地方志集成‧廣東府縣志輯》第2冊，上海：上海書店出版社，2003年，第389頁。

〔註9〕中國人民大學清史研究所、中國第一歷史檔案館編：《天地會》第6冊，北京：中國人民大學出版社，1987年，第419頁。

〔註10〕何圳泳：《「一時之功」與「長久之計」：「堅壁清野」治盜方略的解析——以嘉慶十年（1805）兩廣總督那彥成的海盜治理為例》，《汕頭大學學報（人文社會科學版）》，2019年第8期，第138～139頁。

〔註11〕王一娜：《晚清珠三角地區公約、公局的緣起及初期演變》，《廣東社會科學》，2011年第6期，第48頁。鄭海麟：《鴉片戰爭時期廣東以社學為中心的抗英

二、社會管理機構

　　清代團練與地方管理制度發生緊密結合，開始具備社會管理職能。清代團練作為一種鄉兵組織形式，與作為行政管理制度中的地方保甲發生緊密聯繫，成為由士紳領導的基層社會管理機構〔註12〕。

> 　　保甲、團練事雖相因，而難易不同。保甲弊少，團練弊多。保甲編戶口、清窩頓、詰奸禁暴，自為守望，費省而民不憂。團練則需費甚巨，並不能不籌給軍火，派捐於民，難免苛擾之類；黔制無術，更滋尾大之虞。〔註13〕

　　太平天國運動時期，全國各地團練取得飛速發展，各地士紳權勢隨之壯大。「權操自下」成為清代團練的最大問題，而「黔制無術」則成為清政府管制各地團練的最大顧慮。因此，將團練組織納入到官府的全面監控之下，通過保甲對團練組織實施直接掌控，是自太平天國運動之後清政府加強社會控制的一個重要手段。其中最為典型的是「寓團練於保甲之中」的提議。

　　「寓團練於保甲之中」的提議，最初出現在直隸永定河道按察使方濬師奏呈《酌擬保甲團練章程》中〔註14〕。「寓團練於保甲之中」的提議得到清廷的肯定，並在光緒年間逐步在國內各地推行〔註15〕。如浙江湖州府屬烏程、歸安等縣「稟請選募丁壯，編練成團，官督紳辦，就地集費，酌給槍械，遴弁管帶約束」；金華府屬之金華縣「請分鄉練團」；溫州向有團防局，今力加整理；處州等府亦間有保甲民團協同兵役捕匪等等〔註16〕。時任安徽巡撫鄧華熙奏稱：「安徽通省遵行歷由臣督同司道訪查辦理，尚稱得力。……慮其與匪為伍，滋生事端留存，兵力極單，恃民自謀，詳為通飭，力行團練，嚴辦保

　　　　鬥爭》，《深圳大學學報（人文社會科學版）》，1990 年第 3 期，第 91 頁。楊念
　　　　群：《論十九世紀嶺南鄉約的軍事化——中英衝突的一個區域性結果》，《清史
　　　　研究》，1993 年第 3 期，第 120 頁。

〔註12〕〔日〕西川喜久子著，蘇林崗譯：《順德團練總局成立始末》，《國外中國近代
　　　　史研究》第 23 輯，北京：中國社會科學出版社，1994 年，第 162 頁。

〔註13〕中國第一歷史檔案館編：《光緒朝朱批奏摺》第 26 輯，內政，保警，光緒二十
　　　　四年十二月，北京：中華書局，1995 年，第 481 頁。

〔註14〕〔清〕方濬師：《嶺西公牘匯存》卷 2，頁六十三，見沈雲龍主編：《近代中國
　　　　史料叢刊》第 27 輯，臺北：文海出版社，1973 年，第 333 頁。

〔註15〕《欽奉慈禧端佑康頤昭豫莊誠壽恭欽獻崇熙皇太后懿旨》（光緒二十四年九
　　　　月），見朱壽朋：《光緒東華錄》第 4 冊，北京：中華書局，1958 年，第 230 頁。

〔註16〕中國第一歷史檔案館編：《光緒朝朱批奏摺》第 26 輯，內政，保警，光緒二十
　　　　四年十二月，北京：中華書局，1995 年，第 481 頁。

甲。由司議章，寓團練於保甲。〔註17〕」廣東糧道李蕊在稟呈兩廣總督張之
洞的奏稿中也提出團練應當以保甲為本的宗旨。「團練以保甲為本。治流寇以
堅壁清野之法，以團練佐官兵，則團練重。然團練必寓於保甲，無保甲而矜
言團練，往往滋弊。〔註18〕」

　　至清末，團練與保甲漸臻至成為一種綜合性的社會管理機構，例如清末廣
東地區的「公局」。「公局」是「團練公局」的簡稱，既擁有武裝，有權處理地
方公共事務，又具有稽查權、緝捕權，且可以通過訂立鄉約或發布告示等形式
具有一定的立法權〔註19〕。公局的主要職責仍在於地方治安管理。清末四川公
局的局紳群體兼管了團練、保甲等諸多事務〔註20〕。

　　同時，清代團練組織借籌集團練經費之名控制地方的部分稅源，例如清代
各地團練組織普遍實行按土地面積估算，也按收成估算的特種稅，來供給團練
組織的必要支出。並且這種靠向地方強行性徵稅形式，成為維持團練組織正常
運轉的主要資金來源。派捐的稅額視各地實際情況而定，多寡不一。如安徽是
按畝捐捐錢四百文〔註21〕。江蘇「城則按丁，鄉則按田」徵收，湖南的標準是
8 至 20 畝之田每畝抽 2 升，30 畝田抽 3 升，40 畝田抽 4 升，依此類推，百畝
以上以一斗為止〔註22〕。廣西鬱林是每畝抽 200 文，廣西容縣團練總局則每
租萬斤抽收 5000 文〔註23〕。

　　清代廣東團練實現了從鄉兵組織向具有軍事武裝的社會管理機構的形式

〔註17〕　〔清〕鄧華熙：《寓團練於保甲謹陳大概辦法疏》（光緒二十四年九月十二日），
　　　　　載〔清〕王延熙、王樹敏輯：《皇朝道咸同光奏議》，卷 56，兵政類，保甲，
　　　　　頁六，見沈雲龍主編：《近代中國史料叢刊》第 34 輯，臺北：文海出版社，
　　　　　1973 年，第 2839～2840 頁。

〔註18〕　〔清〕李蕊著，李維琦等校點：《兵鏡類編》附錄二，奏稿，長沙：嶽麓書社，
　　　　　2007 年，第 807 頁。

〔註19〕　邱捷：《晚清廣東的「公局」——士紳控制鄉村基層社會的權力機構》，《中山
　　　　　大學學報（社會科學版）》，2005 年第 4 期，第 48 頁。

〔註20〕　孫明：《局紳的生涯與人生意態——以清末四川團練局神為重點》，《北京大學
　　　　　學報（哲學社會科學版）》，2018 年第 1 期，第 77 頁。

〔註21〕　《報銷皖省抵徵摺》（同治三年九月二十七日），載《曾文正公奏稿》卷 26，
　　　　　頁三十，見《清代詩文集彙編》，第 642 冊，上海：上海古籍出版社，2010 年，
　　　　　第 454 頁。

〔註22〕　海塘捐，一府中每畝捐 206 文。《蠡湖樂府》，築海塘，《近代史資料》總 34
　　　　　號，北京：知識產權出版社，2006 年，第 172 頁。

〔註23〕　《寶慶積穀章程》，載〔清〕朱孫詒：《團練事宜》，頁四十四，見沈雲龍主編：
　　　　　《近代中國史料叢刊三編》第 55 輯，臺北：文海出版社，1990 年，第 103 頁。

轉變，其職能由原來單一的軍事功能拓展為兼具軍事武裝、社會管理的雙重功能到了嘉慶華南海盜活躍時期，廣東部分地區的團練組織開始由鄉兵組織向社會管理機構轉變，其中最為典型的代表是順德縣「護沙」組織到容桂公約的建立。華南地區宗族勢力的擴大，為了進一步維護與保有族產，防範外來勢力侵犯本族利益，一般會設立大大小小的武裝隊伍。清代廣東地區珠江三角洲地區的沙田大部分為宗族所佔有〔註24〕。並且沙田區域的一切管理活動皆由宗族組織主持進行〔註25〕。因此，沙田區域關乎宗族利益，控制沙田區域的宗族組織一般會設立「護沙」武力組織以維護沙田區域的管理。為了抵禦豪右世家的「占沙」、「搶割」，同時防禦盜匪侵擾等需要，一般擁有沙田產業的沙田業主皆有「護沙」組織所庇護。他們或自行組建，或聯合其他沙田業主組建，或加入其他勢力龐大的「護沙」組織。珠江三角洲地區沙田區域的「護沙」組織林立。嘉慶九年（1804），海盜張保仔突入順德縣「東海十六沙」實施劫掠〔註26〕。為了應對海盜的進犯，順德縣士紳胡鳴鸞在各鄉「護沙」組織的基礎上建立起一個規模更為龐大的「護沙」組織——容桂公約。嘉慶十四年（1809），海盜張保仔再次深入內河劫掠村莊，洗劫鄉鎮，東莞、新會、南海、番禺、順德、香山等沿海州縣備受侵擾，其中順德縣諸村被焚劫甚慘〔註27〕。順德縣大良士紳龍廷槐主持民間聯防，組建團練，親赴四鄉募勇，促使容桂公約的武裝力量有了進一步的發展〔註28〕。

而此時的容桂公約絕不再只是一個民間的武裝組織，它不僅得到當地官

〔註24〕 譚棣華：《清代珠江三角洲的沙田》，廣州：廣東人民出版社，1993 年，第 232 頁。

〔註25〕 〔日〕夏井春喜著，李少軍譯，許秀靈校：《鴉片戰爭廣東的抗英鬥爭》，見武漢大學歷史系鴉片戰爭研究組編：《外國學者論鴉片戰爭與林則徐》上冊，福州：福建人民出版社，1989 年，第 213 頁。

〔註26〕 《（咸豐）順德縣志》卷 21，列傳，文傳，頁二十七至二十八，卷 26，列傳六，國朝二，頁二十九，卷 27，列傳七，國朝三，頁十六至十七，卷 31，前事略，頁十八至二十，見廣東省地方史志辦公室輯：《廣東歷代方志集成·廣州府部》第 17 冊，廣州：嶺南美術出版社，2007 年，第 499、641、652～653、709～710 頁。

〔註27〕 《（咸豐）順德縣志》卷 21，列傳，文傳，頁二十九，見廣東省地方史志辦公室輯：《廣東歷代方志集成·廣州府部》第 17 冊，廣州：嶺南美術出版社，2007 年，第 500 頁。

〔註28〕 《（咸豐）順德縣志》，卷 26，列傳六，國朝二，頁二十九，見廣東省地方史志辦公室輯：《廣東歷代方志集成·廣州府部》第 17 冊，廣州：嶺南美術出版社，2007 年，第 641 頁。

府的認可，且兼備處理民間訴訟的司法機構。公約組織是由嘉慶五年（1800），順德知縣沈權衡大力推廣的一種基層社會管理組織〔註29〕。自知縣沈權衡頒布政令之後，順德縣各地方設立公約成為一種制度。沈權衡還對公約的辦事地點約紳遴選任命做出規定。他授予公約「保良攻匪」的權責。實施「保良攻匪」是知縣沈權衡設立並推行公約的一個主要目的。嘉慶年間盜匪橫行、保甲廢弛，知縣沈權衡為了規避匪類混入鄉村為非作歹，設立公約組織，實施巡邏監督。如發現匪類，村民則應當及時官告，謂之「攻匪」；如若發現良善被誣陷為盜匪，則可以通過士紳出名領還，謂之「保良」〔註30〕。除此之外，公約有權處理小額錢債糾紛或鄉民爭吵鬥毆事件，如果已成訴訟卻長時間沒結案，且非「命盜奸拐」等大案，則可由公約召集涉案雙方協商處理銷案。

　　為了方便緝捕地方盜匪，官府賦予了容桂公約緝捕、查拿盜匪的權力。「故辦匪以大鄉大族之巨匪為要，邇年節次攻辦。文武衙門皆責成該鄉紳秉公攻首緝拿解送。〔註31〕」為了緝捕盜匪的需要，容桂公約還設立了一定武裝組織。「桂洲進士胡鳴鸞約同城鄉業紳稟準邑候，在容奇圩頭設容桂公約，召募沙勇二百餘名，購置炮械，分配大小船艇十餘號赴沙巡防，每畝抽銀八分，以資辦公〔註32〕。」為了維持公約的運營，容桂公約還擁有一定的徵稅權，不僅擁有徵收沙田的捕費，而且還攬辦了牌規銀的徵收。此外，容桂公約還要向官府領取沙牌，向官府繳納一定的銀兩，並接受官府的管控〔註33〕。

　　到了光緒年間，處於廣東社會基層的類似順德公約的團練組織都訂立了相關的團練章程。光緒三十二年（1906）江尾五堡聯防公約訂立了詳細的團練

〔註29〕《（咸豐）順德縣誌》卷21，列傳，文傳，見廣東省地方史志辦公室輯：《廣東歷代方志集成·廣州府部》第17冊，廣州：嶺南美術出版社，2007年，第498頁。

〔註30〕《（咸豐）順德縣志》卷21，列傳，文傳，頁二十五至二十六，見廣東省地方史志辦公室輯：《廣東歷代方志集成·廣州府部》第17冊，廣州：嶺南美術出版社，2007年，第498頁。

〔註31〕《擬照舊雇募守沙議》，載〔清〕龍廷槐：《敬學軒文集》卷12，見國家清史編纂委員會：《清代詩文集彙編》，第452冊，上海：上海古籍出版社，2010年，第524頁。

〔註32〕《（民國）順德縣誌》，卷3，建置略二，團局公約，頁四，見《中國方志叢書·第4號》，臺北：成文出版社，1966年，第43頁。

〔註33〕《擬照舊雇募守沙議》，載〔清〕龍廷槐：《敬學軒文集》卷12，頁一至六，見國家清史編纂委員會：《清代詩文集彙編》，第452冊，上海：上海古籍出版社，2010年，第523頁。

章程，成為順德縣各區團練的樣板。

　　　　守禦之法，其目四：曰齊應號、嚴堵截、斷歸路、搜窟匪。

　　　　靖內之法，其目六：曰絕窩藏、嚴驅逐、懲勾引、防截搶、辦
打單、禁銷贓。

　　　　緝捕之法，其目四：曰懲拘捕、報匪蹤、防暗渡、懸賞格。

　　　　賞齎之法，其目四：曰賞獲匪、賞獲贓、賞起擄、賞眼線。

　　　　醫恤之法，其目四：曰恤斃命、理受傷、恤廢疾、恤焚毀。

　　　　懲罰之法，其目三：曰懲坐視、懲故縱、懲包庇。

　　　　聯保之法，其目二：曰保良民、保防械。

　　　　撥款之法，其目二：曰協款、抽各鄉稅歛私款，責匪鄉花紅。

　　　　綱舉目張，各堡切實奉行，地方賴安。陳邑候申輔善之，擬頒
各區仿傚焉〔註34〕。

　　江尾五堡聯防公約訂立的團練章程其內容共有八大項目，從其大綱條目的分類看，其職責不至於稽查捕盜一項，包括了賞恤、保民、籌款等眾多其他社會管理功能。而且江尾五堡聯防公約還負有一定的徵稅權限，其經費經由圩市商稅、田畝賦稅等強制性攤派手段進行徵集，以及通過對殷紳富戶的勸捐和鄉族蒸嘗進行籌集。江尾五堡聯防公約早在咸豐五年（1855）由堡紳歐陽炳、歐陽信、胡廷鏞等創立。光緒十年（1884）中法戰爭爆發，廣東防務緊張，江尾五堡聯防公約再次成立。光緒三十二年（1906）賊氛益熾，堡紳歐陽鼎訂立團練章程，聯防互保。

　　由上可見，公約組織已然是由士紳階層主導深入地方社會基層的管理組織，從嘉慶到光緒經過長時間的發展，清末順德公約組織已然遍布全縣，且已非嘉慶時期專責捕匪的軍事管理組織，而此時廣東的團練組織，不僅保留了鄉兵組織形式時期的軍事武裝功能，還兼具負責社會治安、受理地方詞訟、籌款徵稅等多項社會管理職能，儼然是一個兼具多種職能的綜合性地方權力管理機構〔註35〕。

〔註34〕《（民國）順德縣志》，卷3，建置二，「團局公約」，頁十一，見《中國方志叢書‧第4號》，臺北：成文出版社，1966年，第47頁。

〔註35〕類似的觀點有：張研在其《清代中後期中國基層社會組織的縱橫依賴與相互聯繫》（《清史研究》，2000年第2期，第80頁）一文中提出「清中期以後，官方建立的基層行政組織以保甲為主，向綜合性職能發展──既負責治安防衛，又督催錢糧賦役，還參與地方司法，負責鄉約月講，辦理賑濟事宜。」

清代廣東團練實現了從鄉兵組織向具有軍事武裝的社會管理機構的形式轉變，其職能由原來單一的軍事功能拓展為兼具軍事武裝、社會管理的雙重功能。這樣的轉變是前代團練所不具備的，是為團練發展史上的新形態、新特徵。

三、團練發展走向

清代廣東團練體現出從民間鄉兵組織到社會管理機構呈現的是一種「地方行政化」的發展趨向，但並非所有清代團練組織都呈現出這樣一種演變過程。例如湖南、安徽、江西等其他省份的部分團練則呈現「地方軍事化」的發展走向。咸同時期起於湖南的湘軍，其最初狀態是由湘鄉縣團練發展而來〔註36〕。孔飛力亦以咸同時期湖南的軍事化過程為例，指出了地方軍事化大致有三個發展等級，第一等級是（湖南）團練、第二等級是（湘）勇、第三等級是地方軍（湘軍）。而這三個等級的關係是：地方團練通過各自聯合組成擴大團，建立團練局；「勇」是通過團練局雇傭而來，地方軍則是由勇軍合併而訓練成的〔註37〕。從湘鄉縣團練到湘勇，再到湘軍，呈現出湖南團練軍事化的發展趨向。太平天國運動時期，為了應對太平軍的進犯，安徽地區李鴻章在廬州團練的基礎上創建淮軍，江西地區劉於潯在聯合南昌縣中洲局及附近地區團練基礎上創建江軍〔註38〕。因此，不僅是湖南地區的團練組織

〔註36〕湘軍起源於湘鄉縣團練，成為學界共識。〔清〕王闓運著：《湘軍志》，見《清末民初文獻叢刊》，北京：朝華出版社，2018年。汪林茂：《論湘軍與團練的關係》，《杭州大學學報》，1986年第2期。楊奕青：《咸豐初年的湘鄉縣團練及其對湘軍崛起的影響》，《求索》，1987年第1期。鄭大華：《太平天國時期的湖南團練》，《湖南師大社會科學學報》，1986年第4期。鄭大華：《試論湘軍崛起於湖南的社會原因》，《學術論壇》，1988年第4期。王繼平：《論湘軍興起的社會土壤》，《史學月刊》，1992年第3期。劉鐵銘的《湘軍與湘鄉》一書的第四篇《湘軍崛起——湘勇從戎成新軍》第一節「以團練始」（長沙：嶽麓書社，2006年，第59～61頁）。劉鐵銘：《湘軍發祥的社會土壤》，《廣西社會科學》，2006年第1期。
〔註37〕〔美〕孔飛力著，謝亮生等譯：《中華帝國晚期的叛亂及其敵人：1796～1864年的軍事化與社會結構》，北京：中國社會科學出版社，1990年，第171～172頁。
〔註38〕淮軍起源於廬州及周圍地區的團練，成為學界的共識，並在一系列關於淮軍發展史的論著中皆沿用該種說法。朱來常：《淮軍始末》，合肥：黃山書社，1984年，第25頁。董蔡時：《試論李鴻章創建淮軍及其初步發展》，《安徽史學》，1986年第1期，第52頁。翁飛：《試論淮軍的創建》，《安徽史學》，1988

走向軍事化的發展道路，其他省區如安徽、江西等亦發展出淮軍、江軍等用於跨省區作戰的地方軍隊。

　　當然，團練組織地方行政化並非廣東地區所獨有，例如清代四川團練亦呈現地方行政化的特點。咸豐九年（1859），清廷任命在籍前任詹事府右春坊右贊善李惺為四川督辦團練大臣〔註39〕。但僅 3 個月後，清廷隨即免去李惺督辦團練大臣的職務，改令四川總督藩、臬兩司督辦全省團練。正因為四川全省團練大權緊緊掌握在官府手中，因此該省的士紳權勢並未得到肆無忌憚的擴張，也未形成類似湘軍、淮軍這樣的地方武裝軍隊。清代四川團練直接受制於官府，其官辦性質更為濃厚，地方行政化特點更為突出。全國各地團練組織的地方行政化在清末表現得更為明顯。例如四川團練在太平天國運動之後非但沒有裁撤，相反還進一步與保甲制度相結合。光緒十二年（1886），四川省制定了「辦理團保簡明條約冊」，規定：「各州縣平日辦理保甲以清竊劫之源，有事則聯絡聲氣，遠近相應，即為團練，名曰團保〔註40〕。」又如光緒年間，雲南省團練與保甲結合，分派壯丁，輪調訓練，由團紳主其事。光緒二十五年（1899），雲貴總督崧藩酌訂章程十二條，請由省設立團營，又由省防團保總局議擬八條，自後各團營漸次擴充〔註41〕。又如光緒二十四年（1898），兩廣總督譚鍾麟督辦全省團練，並提出了「寓團練於保甲」。最後，「清末新政」的推行，廣東部分團練組織被改換成巡警局。而其他不受官府約束的團練組織則得以保留，並秉承自辦原則，成為不受官府控制的地方的武裝集團。

　　清代團練是由民間鄉兵組織發展而來，並與清代保甲制度相結合。清代團練既係出於保甲，亦是保甲制的進一步武力化。此後為了應對太平軍的進

年第 1 期，第 39～41 頁。〔美〕孔飛力著，謝亮生譯：《中華帝國晚期的叛亂及其敵人──1796～1864 年的軍事化與社會結構》，北京：中國社會科學出版社，1990 年，第 143～166 頁。應宗華：《鎮壓太平天國運動的地方武裝──南昌士紳劉於潯及其江軍研究》，南昌大學碩士論文，2007 年。李平亮：《晚清地方軍事化與基層社會的重組──以南昌地區為中心的考察》，《中國社會經濟史研究》，2004 年第 3 期。

〔註39〕四川省地方志編纂委員會編纂：《四川省志·軍事志》，成都：四川人民出版社，1999 年，第 486 頁。

〔註40〕《重慶府札發辦理團保簡明條約並飭巴縣遵照辦理卷》（光緒十二年十二月初九日），四川省檔案館藏，巴縣檔案，清 6／31／00904。

〔註41〕《鄉團事宜》，見方國瑜：《雲南史料目錄概說》（第二冊），北京：中華書局，1984 年，第 740 頁。

犯，部分省份的團練進一步軍事化，進而形成勇營，甚至發展成如湘軍、淮軍一類的地方武裝軍隊。到了光緒年間，團練組織與保甲緊密結合，發展成負責地方治安的團保局。或是在清末新政時期，部分團練組織被改造成巡警局。而其他不受官府約束的團練則得以保留。由此，我們大致可以勾勒出清代團練的發展軌跡。

圖3-1　清代團練組織發展軌跡〔註42〕

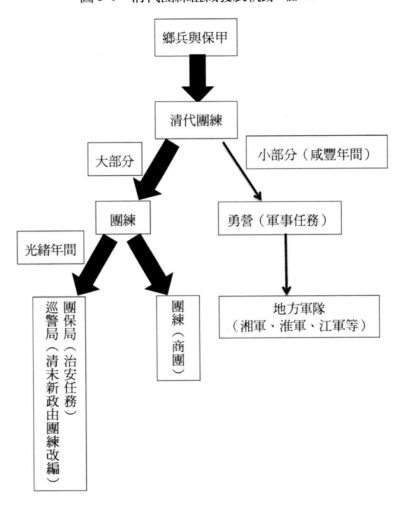

〔註42〕該圖是在鄭亦芳論文中「團練演化過程圖」的基礎上作進一步補充與完善。（鄭亦芳：《清代團練的組織與功能——湖南、兩江、兩廣地區之比較研究》，《臺灣師大歷史學報》，1977年第5期，第322頁。）

第二節　組織類型

前人論著有將清代團練類型進行劃分，例如鄭亦芳將其分為三種基本形式，即「鄉團」、「練局」和「民團」〔註43〕。但「鄉團」與「民團」在概念上容易混淆，所以此劃分並不科學。茅家琦對於清代蘇浙地區團練的劃分方式，主要分為「官團」、「民團」以及「紳團」三種〔註44〕。彭澤益亦將清代團練類型劃分為「官團」與「紳團」，而「紳團」又叫「民團」〔註45〕。劉晨將太平天國統治區下（主要指蘇南、浙江兩地）的團練組織劃分為「官團」與「民團」〔註46〕。這三位學者的劃分方式實際上是互為矛盾，至於「紳團」等不等同「民團」？這個問題始終沒能闡述清楚。因此，這種按照團練組織者身份進行劃分的方法不可取。

按照清代團練辦理地方劃分團練類型，倒是具有一定的可操作性和合理之處。例如團練辦理之地為鄉村，則為鄉村團練（鄉團），如若辦理之地為城市，則為城市團練（城團）。一個團練組織辦理的地點一般只有一處，並不存在既為鄉村團練，又為城市團練的這樣地點重疊的可能性。本文將以清代廣東地區為例，結合清代廣東地區的實際情況，按照清代廣東團練辦理的地點，如鄉村或城市，或為沿海的「水團練」，對清代廣東團練類型進行劃分。

按照地域進行劃分，清代廣東團練可以劃分成三種類型，第一是位於鄉村的鄉村團練，這一類型數量眾多，分布廣泛，存在於廣大鄉村地區，清代廣東團練主要以此類型為主。第二是位於城市之中的街約團練，主要指的是兩次鴉片戰爭期間廣州省城臨時組建的街約團練。第三是位於沿海地區的「水團練」，主要指道光十二年（1832）廉州知府張堉春為剿滅海盜楊就富臨時設立的水勇團練，亦稱「水團練」。鴉片戰爭前夕，欽差大臣林則徐為加強廣東海防，亦招募組建水勇團練。水勇團練在清代沿海地區較為常見。

〔註43〕鄭亦芳：《清代團練的組織與功能——湖南、兩江、兩廣地區之比較研究》，《臺灣師大歷史學報》，1977 年第 5 期，第 294 頁。

〔註44〕劉晨：《太平天國社會史》，北京：中國社會科學出版社，2019 年，序一，第 5 頁。

〔註45〕彭澤益：《十九世紀後半期的中國財政與經濟》，北京：中國人民大學出版社，2009 年，第 102 頁。

〔註46〕劉晨：《太平天國社會史》，北京：中國國社會科學出版社，2019 年，第 337 頁。

一、鄉村團練

　　鄉村團練，簡稱「鄉團」，向來所指的是「團練」。在一些史料記載和大臣奏章中，「鄉團」與「團練」二詞基本可以等同互用〔註47〕。為何「團練」在概念上可以與「鄉團」混用呢？原因在於大多數團練與廣大的中國鄉村產生密不可分的聯繫。鄉村團練（鄉團）以鄉村為團練單位，由鄉紳組成領導核心，招募當地村民為團勇，與鄉村宗族產生密切聯繫，因此數量眾多的鄉村團練（鄉團）一定程度上成為團練的一般形制的代表。當然，例如街約團練、「水團練」這樣有別於鄉團的其他團練形制的團練，則需要另當別論了。

　　關於鄉團的形制問題，這裡以道光鴉片戰爭期間的廣東升平社學為例分析團練與鄉村之間的聯繫。首先，團練的領導機構設立在鄉村的社學中。升平社學是鴉片戰爭期間番禺、南海兩縣 80 餘個鄉村聯合共建的大型團練組織，因團練機構設在升平社學，故稱其為「升平社學」。社學設立於鄉村地區，最初社學的職能是鄉村地區「學人課藝」、「紳耆講睦」之所〔註48〕。後來社學職能逐漸發生轉變，由原來的「興學育才」變成鄉村紳耆組織鄉勇、建立團練的領導機構。其次，團練是由鄉紳耆老領導組建形成的。「南海、番禺之紳士耆老，傳遞義民公檄。議令富者助餉，貧者出力，舉行團練。〔註49〕」當時領導升平社學的有李芳、何有書、梁源昌等鄉紳。在戰爭發生之時士紳主持並指揮著地方團練投入戰鬥，並由士紳向當地官府彙報鬥爭情況〔註50〕。再次，團勇是以按戶抽丁的形式由當地村民組成的。而且護理兩廣總督兼任廣東巡撫程矞採在上呈道光皇帝的奏摺中提到升平社學「其壯勇亦皆土著百姓」〔註51〕。最後，團練的建立還與鄉村宗族有著密切的聯繫。鄉村宗族與團練的聯繫不僅

〔註47〕趙爾巽：《清史稿》第 14 冊，卷 133，兵志四，鄉兵，北京：中華書局，1977年，第 3951～3957 頁。

〔註48〕《（同治）番禺縣志》卷 16，建置略三，頁五十二，見廣東省地方史志辦公室輯：《廣東歷代方志集成·廣州府部》第 20 冊，廣州：嶺南美術出版社，2007年，第 188 頁。

〔註49〕〔清〕夏燮著，高鴻志點校：《中西紀事》，長沙：嶽麓書社，1988 年，第 166頁。

〔註50〕《升平社學防守城北條例》，見廣東省文史研究館：《三元里人民抗英鬥爭史料》，北京：中華書局，1978 年，第 277 頁。

〔註51〕《吏部奏遵議廣東捐建升平社學出力紳士議敘由》（道光二十四年七月初五日），見中國史學會主編：《中國近代史資料叢刊·鴉片戰爭》第四冊，上海：上海書店出版社，2000 年，第 202 頁。

體現在宗族鄉紳成為團練的高級管理階層，為團練提供充足的人力資源，而且宗族對其鄉人、族人具有較強的約束力，從而保證了由村民擔任的鄉勇對團練組織的忠誠。例如道光廣東抗英鬥爭中，九圖社學對不應召回鄉參加對英戰鬥、保衛桑梓的在外鄉民，採取燒毀家產的方式進行懲罰〔註52〕。升平社學是廣東鄉團的典型代表。

二、城市團練

清代廣東的城市團練主要指的是中心城市，即省城、縣城這一類城市設立的街約團練，其中以廣州省城的街約團練最具代表性，其他州縣如順德、佛山等縣也有該類型團練。廣州城內約有 600 多個街區，每條街巷的稱呼各不相同，有「街」、「坊」、「鋪」、「約」等稱呼〔註53〕。城市內部街區的形制較為規整，其數量從數百戶到十數戶不等。官府對於城市街區的管理如同鄉村的管理一樣通過設立保甲進行。每逢動亂時，官府更是加強對城市街區的管理，核實人口、清查嫌疑人員。事實上，為了便於街坊管理的進行，各鋪戶間往往會通過聯合成立官府默許的一定數量的自治組織。每個街區都有設置一定數額鋪兵，作為城市街坊治安的一支重要武裝力量。「自省城至各府州縣皆有額設鋪兵，每月支工食銀五錢，閏月照給，番禺額設鋪兵七十七名〔註54〕。」由官府倡導建立的城市團練就是建立在此街坊自治組織的基礎之上。

為了應對大型的動亂，清代廣東地區曾有以下幾次組建過街約團練。第一次是道光二十九年（1849）鴉片戰爭期間，廣州省城居民為抵制英軍入城，粵秀書院院長何文綺、監院順德教授羅家政、南海訓導譚瑩等廣州城士紳以粵秀書院為領導機構，組建由廣州城居民、鋪戶組成的街約團練。第二次是咸豐四年（1854）洪兵起義軍圍困廣州城時，總督葉名琛號召城內居民組建街約團練。為此總督葉名琛還在四大城區各組織一個監督委員會，輪流掌管全城的街約團練。第三次是中法戰爭期間，廣東當局要求省城士紳辦理團練，

〔註52〕 《九圖社學公啟》，見〔日〕佐佐木正哉編：《鴉片戰爭後的中英抗爭資料篇》，近代中國研究委員會，1964 年，第 311 頁。

〔註53〕 曾昭璿：《廣州歷史地理》，廣州：廣東人民出版社，1991 年，第 360、383 頁。

〔註54〕 《（同治）番禺縣志》卷 18，建置略五，頁十一，見廣東省地方史志辦公室輯：《廣東歷代方志集成·廣州府部》第 20 冊，廣州：嶺南美術出版社，2007 年，第 211 頁。

廣州城廂內外的各街坊組成街團，負責本地段的治安保衛工作〔註55〕。清末廣東省城官府為了治理盜匪問題屢次要求城內街巷鋪戶組建團練〔註56〕。

> 適日粵省崇正關善堂紳董會同各關善堂勸辦省城鋪團，凡鋪內有夥六七人，認出團丁一名，十人以外者認出團丁二名，備款自置槍械，並延聘教習數人，每月定期教以軍法，無事不須餉費，有事則足以自衛身家，俟議定後即行舉辦矣。〔註57〕

除了廣州省城，其他州縣也在縣城中組建街約團練應對動亂。例如咸豐洪兵起義期間，洪兵起義軍分股圍攻韶州府英德縣城。時任韶州知府吳馳會同紳士士許炳章、張邦俊、許炳華、鄧掄英、邱陪璜、李文昭、朱克諧等設五街團練局，聯絡民團，造街柵百餘度，以勇守之〔註58〕。同時知府吳馳採取「堅壁清野」的策略，傳諭城外商民，所有穀米油豆各貨，及兩河船貨，盡運入城。同一時期肇慶府陽江縣知縣春霖為應對洪兵匪亂，在縣城文昌宮設立籌防局，並捐募練勇千名。同時城外十二街商眾亦奉諭團防，設太傅祠〔註59〕。同一時期面對洪匪蘇程襲踞四會縣城的情況，知縣牟考祥利用城中各鋪戶組成的街約團練，率領鄉勇裏應外合收復縣城〔註60〕。此外洪兵起義期間佛山團防局也屬於典型的街約團練，順德團練總局管轄下的羊額水口鋪局、西社鋪局、南華鋪局等皆屬於街約團練〔註61〕。

清末廣東商人群體發展壯大，由於社會動亂進一步加劇，因此居於城市

〔註55〕 《條陳批辭》（光緒十年九月十二日），《述報》，1884年10月29日，見吳相湘主編：《中國史學叢刊・述報》，臺北：臺灣學生書局，1965年，第112頁。《防盜說》（光緒十年九月十四日），《述報》，1884年10月31日，見吳相湘主編：《中國史學叢刊・述報》，臺北：臺灣學生書局，1965年，第131頁。

〔註56〕 《粵東雜錄》（光緒十一年十月初七日），《申報》，1885年11月13日。《廣州近事》（光緒十五年九月廿七日），《申報》，1889年10月21日。

〔註57〕 《羊石留題》（光緒三十年十一月初八日），《申報》，1904年12月14日。

〔註58〕 《（同治）韶州府志》，卷24，武備略，兵事，《韶州府守城紀略》，頁四十六至四十九，見《中國方志叢書・第2號》，臺北：成文出版社，1966年，第486～488頁。

〔註59〕 《（民國）陽江縣志》，卷20，「兵防志二・兵事」，頁九十四，見《中國地方志集成・廣東府縣志輯》第40冊，上海：上海書店出版社，2003年，第377頁。

〔註60〕 《（光緒）四會縣志》，編十，雜事志，「前事」，《三鋪復城記》，頁十九至二十一，見《中國方志叢書・第58號》，臺北：成文出版社，1974年，第522～523頁。

〔註61〕 《（民國）順德縣志》，卷3，建置二，「團局公約」，頁六，見《中國方志叢書・第4號》，臺北：成文出版社，1966年，第44頁。

的商人群體聯合組建自己的自衛武裝團體，即粵省商團（廣州商團）。廣州商團緣於清末的城市團防，但其組織形式與街約團練略有不同，它是由商人群體及其所在的商會發起組建，可以跨街區形成行業聯合，是以行業為組織單位組建的武裝團體。清末以來，省城廣州的治安一直不好，尤其是商人店鋪集中的西關一帶，更是盜匪經常光顧的地方。所在地的商人群體為保護自身生命財產安全，一直保持著較高的辦團自衛熱情。期間出現的「鋪團」、「商團」等組織只不過是武力自衛的傳統在城鎮商人自衛中的實踐。1909 年粵商自治會向廣東諮議局會議提交的《獎勵商團民團議案》中明確說，設立商團公所的目的是「寓團練於商家」，由商家自行組織團練，發揮「守望相助」的功能共同防範盜匪〔註 62〕。直到宣統三年十一月十日（1911.12.29），廣東商團才正式宣告成立〔註 63〕。

三、「水團練」

　　鄉村團練與城市團練募集的都是陸勇，清代廣東團練還存在一種水勇團練，以沿海疍戶漁民為徵集對象，亦稱「水團練」。其典型的代表就是道光十二年（1832）廉州府合浦縣「水團練」協助知府張堉春剿滅海盜楊就富事件，還有就是鴉片戰爭前夕，欽差大臣林則徐在廣東禁煙時也曾組織水勇團練以加強廣東海防。

　　嘉慶十五年（1810），大規模的廣東海盜被平息，但小規模的海盜活動仍未停止。道光十二年（1832），越南國九頭山盜起，越南奸民阮保，偽名陳加海，嘯聚作亂，有內地人楊就富、林致雲等往年適風漂泊外洋，流落越南為盜。同年秋天，安南人陳加海與新安人楊就富倡為盜，這夥盜匪據九頭山、青藍山等處為巢穴，出動船艇四出行劫廣東沿海地區。陳加海（阮保）因熟知海道，被推為首領，以林致雲為主謀，設立總頭目、頭目、分支頭目各數十人〔註 64〕。

〔註 62〕《獎勵商團民團議案》，載《廣東諮議局第一次會議報告書》，頁六十九，見廣東省立中山圖書館、中山大學圖書館編：《清代稿鈔本》第 49 冊，廣州：廣東人民出版社，2007 年，第 168 頁。

〔註 63〕《商團舉行成立一週年紀念》，《民生報》，1912 年 12 月 30 日。

〔註 64〕《（民國）合浦縣志》，卷 6，事紀，頁十六，見《廣東歷代方志集成·廉州府部》第 6 冊，廣州：嶺南美術出版社，2007 年，第 557 頁。《（道光）廉州府志》，卷 21，事紀，國朝，頁六十一至六十二，見《廣東歷代方志集成·廉州府部》第 3 冊，廣州：嶺南美術出版社，2007 年，第 533 頁。

　　兩廣總督盧坤瞭解情況之後，檄令廉州知府張堉春、欽州知州朱椿年、陽江游擊林鳳儀、龍門協都司佘清並知照安南國王協助剿捕。廉州知府張堉春率領委員出貓尾港等處對海盜踞居巢穴的地形進行偵查，得知陳加海、楊就富、林致雲等海盜的巢穴靠近廣東內洋，情形叵測。於是廉州知府張堉春命令副將高宜勇和都司佘清駐紮西蜆沙、小白龍一帶進行防守，同時檄令合浦學訓導葉軒、府經歷廳侯昕等在沿海村落辦團〔註65〕。

　　廣東廉州府在嘉慶年間海盜烏石二作亂之時就設立了「水團練」。嘉慶年間海盜五十二侵入廉州境內，但被村民所阻，不得入。所以烏石二等海盜先引誘漁船入夥，進而愈聚愈多，至於千餘艘，然後利用這些漁船踞潿洲四處剽掠，為患十餘年之久，造成海疆未靖，沿海居民人心惶惶。這些被海盜誘惑的疍民本就在失業疑懼之時，如果海盜乘機起事，必至蔓延，難圖海洋，所以當時廉州地方官府提出辦理「水團練」作為治理海盜的措施。嘉慶年間廉州設立的「水團練」在形式上與之前乾隆年間兩廣總督楊應琚制定編立船甲（澳甲）極為相似，都是需要對沿海漁船聯絡成幫，編號管理〔註66〕。

　　　　總督楊應琚禁約：一、嚴保甲澳長，凡大中小商漁船，並令各
　　　　該縣照煙戶式，或編排十船為一甲，一甲互相為保，彼此聯絡。一
　　　　船有犯，一甲無人舉首，即幹練坐。每船百號為十甲，設立澳長一
　　　　名，責令稽查匪類及一切事宜。〔註67〕

　　但是從楊應琚編定船甲條例可知編定船甲的目的在於互為監察，稽查潛藏其中的匪類。而嘉慶年間設立的「水團練」則在於聯合沿海民間武裝力量為官府所用，使其不為海盜所利用。所以，「水團練」與船甲其設立之目的截然不同。

　　廉州府設立的「水團練」在緝捕海盜的實際作戰中發揮出應有的作用。道光十二年閏九月（1832.11），合浦縣知縣翁忠瀚利用「水團練」在潿洲外洋成功緝捕多名海盜〔註68〕。同年冬十月官府在「水團練」的幫助下成功在

〔註65〕《（道光）欽州志》，卷10，紀事，頁三十八至三十九，見《廣東歷代方志集成·廉州府部》第5冊，廣州：嶺南美術出版社，2007年，第194～195頁。

〔註66〕船甲或澳甲是明清統治者對漁船採取的一種戶籍管理制度，不僅羊額將漁民進行編籍，而且對漁船也進行編號，使得漁民、疍民的居住、生產等活動都納入到官府的嚴密管控之中。

〔註67〕〔清〕盧坤、鄧廷楨編，王宏斌等校點：《廣東海防匯覽》，石家莊：河北人民出版社，2009年，第860～861頁。

〔註68〕《（民國）合浦縣志》，卷6，事紀，頁十六，見《廣東歷代方志集成·廉州府

白龍尾外洋誘捕楊就富，十二月，在漁湧港成功擒獲陳加海。當時，為了斷絕盜糧，切斷海盜的供給，官府組織鄉民行堅壁清野法。道光十三年（1833），官兵聯合地方團練對陳加海等海盜巢穴進行圍剿並獲得最終的勝利，夏五月海寇平。

　　鴉片戰爭前夕，林則徐為了防範英軍的騷擾，保證禁煙運動的順利進行，他曾雇募沿海漁疍各戶，組成水勇團練，教以駕駛火船和點炮火炮之法。林則徐在廣東主持禁煙中，一直關注民心的向背和民力的動員。他因「群情頗為警動」而大受鼓舞，相信對英國侵略者「銜仇刺骨」的粵民可用〔註69〕。臨戰時，每船領以一二兵弁，餘皆雇用民人為水勇，還令地方官動員漁民自造木筏，出海偷襲，焚燒英船，並公布了有關捕獲敵艦和殺、俘敵軍的獎賞辦法〔註70〕。

　　鴉片戰爭期間，沿海地區不止廣東一省辦理水勇團練，其他如福建、浙江、江蘇、山東、奉天等省份也飭令組建團練抵禦英夷進犯。清代中國沿海地區組建團練不獨為了打擊英夷，同時也是為了斷絕英夷的接濟〔註71〕。可見，水勇團練在捍禦海疆安全中發揮的重要作用。

第三節　組織規模與建置形式

　　清代廣東組織形制應包括組織類型、組織規模、建置形式、辦理模式等幾個部分。組織類型分別有鄉村團練、城市團練和「水團練」。組織規模則有「小團」、「大團」和「擴大團」。建置形式既有標準型也有簡化型。辦理模式有「官督紳辦」，還有官辦與紳辦。

　　　　部》第6冊，廣州：嶺南美術出版社，2007年，第557頁。《（道光）廉州府志》，卷21，事紀，國朝，頁六十一至六十二，見《廣東歷代方志集成・廉州府部》第3冊，廣州：嶺南美術出版社，2007年，第533頁。

〔註69〕《林則徐等又奏英人非不可制請嚴諭查禁鴉片》，見〔清〕文慶等纂：《籌辦夷務始末（道光朝）》，第1冊，北京：中華書局，1964年，第219頁。

〔註70〕《懸賞緝拿英夷和船隻》，見廣東省文史研究館譯：《鴉片戰爭史料選譯》，北京：中華書局，1983年，第215頁。《諭香山縣加強戒備及獎勵民眾殲敵》，見陳錫祺：《林則徐奏稿・公牘・日記補編》，廣州：中山大學出版社，1985年，第90頁。

〔註71〕《曾望顏奏請封關禁海以清鴉片弊源摺》，見〔清〕文慶等纂：《籌辦夷務始末（道光朝）》，第1冊，北京：中華書局，1964年，第250～251頁。

一、組織規模

（一）小　團

團練的組織規模有大有小，按照從小到大排列有「小團」、「大團」和「擴大團」三種等級的劃分〔註72〕。「小團」的規模最小，多由單一村莊組建而成，是團練的基本單位〔註73〕。就清代廣東團練而言，其基本單位是單一鄉村設立的公約或城市某一街坊（鋪）設立的某局。至於每一「小團」人數規模則取決於其所在鄉村或社區規模的大小，以順德縣為例，以下是順德團練總局所轄各分局團勇人數的不完全統計。

表 3-1　順德團練總局下轄各團練分局團勇人數的不完全統計〔註74〕

分　局	團　勇　人　數
大良公局	南關公約 60 名，東關公約與北關公約各 40 名，城內公約局勇 8 名，總人數為 148 名。
羊額六鄉均安局（倫教公約）	團勇倫教 62 名，羊額 44 名，仕版 20 名，北海 16 名。黎村 34 名，熹湧 10 名，共 186 名。
霞石公約	團勇 15 名。
紺村公約	團勇 40 名。
勒流公約	初設水勇 30 名，光緒末年改水勇為陸勇，額設 40 名。
大晚公約	勇額 20 名，各坊另設更練共 36 名。

〔註72〕「小團、大團、擴大團」的說法是由鄭亦芳在其《清代團練的組織與功能——湖南、兩江、兩廣地區之比較研究》一文中提出的（《臺灣師大歷史學報》，1977 年第 5 期，第 304 頁）。〔美〕孔飛力在其《中華帝國晚期的叛亂及其敵人——1796～1864 年的軍事化與社會結構》（北京：中國社會科學出版社，1990 年，第 67～72 頁）一書的第三章內容中將團練組織規模概括為「單一團、複合團、擴大的複合團」三種類型，在命名上雖與鄭亦芳不同，其意思一樣。

〔註73〕「地區與地區之間組合方式有很大的不同，依人口密度、交通情況、親屬關係類型而定，但單一的團的基本形式一般應當理解為限於單個的村莊。」「擴大的複合體一級的組織成為『大團』，其下的複合單位稱為『小團』。但是『小團』的指揮者仍然保持『團總』的老頭銜。單一的團——數百個設圍村莊的防禦部隊——的名稱沒有記載。」（〔美〕孔飛力著，謝亮生譯：《中華帝國晚期的叛亂及其敵人——1796～1864 年的軍事化與社會結構》，北京：中國社會科學出版社，1990 年，第 69、77 頁。）

〔註74〕《（民國）順德縣志》，卷 3，建置二，「團局公約」，頁五至十一，見《中國方志叢書·第 4 號》，臺北：成文出版社，1966 年，第 44～47 頁。

黃連公約	團勇 30 名。
黃麻湧公約	團勇 20 名。
龍眼公約	團勇 30 名。
稔海公約	團勇 16 名。
譚義公約	分東西兩約，團勇由子弟充當（阮姓 9 名，劉姓 10 名），共 19 名。
上湧公約	團勇 20 名。
塘利公約	分南北兩約，團勇以各姓子弟充當（南約 7 名，北約 6 名），共 13 名。
江村公約	分南北兩約，團勇以各姓子弟充當（南約 12 名，北約 12 名），共 24 名。
眾湧公約	團勇 20 名。
沖鶴公約	團勇 30 名。
番村公約	團勇 8 名。
石龍岡公約	分東西兩約，團勇各 5 名，共 10 名。
龍江公約	團勇 100 名。
龍山公約	鄉勇原為 36 名，光緒中改為 40 名。
馬齊公約	約勇常備 40 名，預備 200 名。
昌教公約	團勇常備 40 名，預備 100 名。
江尾五堡聯防公約	各鄉選丁壯大鄉 50、60 人，次 30、40 人，又次 10、20 人。

　　根據以上的數據統計，「小團」的人數規模大約在十數人到數十人之間。由多個「小團」組成的「大團」，例如大良公局或羊額六鄉均安局，其人數規模達到上百人。「小團」的人數規模已經存在如此的差異，何況是由「小團」組合而成的「大團」和「擴大團」，其人數規模很難做出準確的判斷。這是由於中國村莊在大小和密度上顯示出很大的不同，不僅在不同地域之間存在巨大的差異，即使是同一區域之內的鄉村也會存在許多的不同。這些不同取決於支配鄉村生活運行的社會環境和經濟因素而定，還與耕地面積、地方宗族組織、交通運輸等因素息息相關。

（二）大　團

　　大團的規模是由十數個或數十個鄉村組建而成的，由於是由許多小團集合而成的，所以亦稱為「複合團」。團練素有以「守望相助」為原則，所以以一村之力時常難以應付大股盜匪，所以相鄰的鄉村產生聯防聯守的需要，因此

才產生數村乃至數十村聯團的情況〔註75〕。王應孚在《團練論》中也指出了「數村聯團」的必要性。

> 夫人少則不足應敵，人多則苦於供億，唯結之以團，則小敵至，以一團抵之，而眾團自有掎角之勢，大敵至，以眾團輔之，而一團無支應之煩。……惟固以團，則大團之兵力，庇及小團，而庇人即自庇也，小團之輕重，附於大團，而財附即身附，豈復生二心。〔註76〕

小團各地均普遍存在，大團可以廣東南海縣佛山鎮為例。「咸豐甲寅紅巾起佛山，翔與社內各鄉紳議防守，倡為團練之說。……；由是合十鄉紳士為一小團，再合五十三鄉紳士為一大團，力遏北路官窯之賊。〔註77〕」

組建團練的士紳為了便於對團練實施管理，開展一系列如加強士紳之間的聯絡、討論團練事宜、籌措經費和訓練團勇等事務，由此在縣城設立了團練總局，成為「大團」的領導機構，縣團練總局下轄各區的團練分局（或稱團練公局、團練局、公所等）〔註78〕。

同治十三年（1874），潮州籌辦海防，廣東提督方耀在沿海督辦團練時，擬設團練公局六處。方耀對當時鄉村團練的設置及其抽丁做出如下規定：

> 總理公局者稱局紳。鄉設團，按各鄉壯丁總數 10% 組成，每 100人為 1 小團，500 人為一大團。小村人丁不足則歸附大鄉。無事則要耕作，有事共衛鄉間。澄海團丁計有 13145 人，最先成立的有縣內之汕頭、鷗汀、外砂、蓬洲 4 處。汕頭 500 名，均由各行鋪雇工湊成各團。〔註79〕

〔註75〕團練自古代鄉兵發展而來，素有「守望相助」的功能，關於這一點牛貫傑在《從「守望相助」到「吏治應以團練為先」——由團練組織的發展演變看國家政權與基層社會的互動關係》（《中國農史》，2004 年第 1 期）一文中有過相關敘述。

〔註76〕〔清〕王應孚《團練論》，見〔清〕盛康輯：《皇朝經世文續編》，卷 81，兵政七，團練上，頁七至八，見沈雲龍主編《近代中國史料叢刊》第 85 輯，臺北：文海出版社，1966 年，第 2276～2277 頁。

〔註77〕《（同治）南海縣志》，卷 19，列傳，頁二十一，見《廣東歷代方志集成·廣州府部》第 11 冊，廣州：嶺南美術出版社，2007 年，第 680 頁。

〔註78〕〔清〕王鑫：《剿匪竹坑興寧連次獲勝並上弭亂四策懇准添勇湘勇赴援江西稟》（咸豐三年八月），載《王壯武公遺集》卷 1，稟牘一，頁五，見沈雲龍主編：《近代中國史料叢刊》第 25 輯，臺灣：文海出版社，1966 年，第 197～198頁。

〔註79〕方梓喬：《方耀年譜》，汕頭：汕頭大學出版社，2019 年，第 157 頁。

（三）擴大團

「擴大團」是一種大型的團練組織聯盟，鴉片戰爭期間的升平社學和第二次鴉片戰爭期間成立的廣東團練總局就是其中的典型代表。「擴大團」的辦團規模超越一個縣區的範圍，是跨越州縣的團練聯合。升平社學統轄番禺、南海兩縣 13 社 92 鄉的團練，擁有團勇約 8 萬餘人〔註80〕。其中升平社學統轄的石井社學，就擁有 13 個鄉村的「小團」〔註81〕。第二次鴉片戰爭期間成立的廣東團練總局的團練規模比升平社學更大，它將番禺、南海、東莞、順德、花縣、香山等廣府 14 各州縣的團練納入其麾下，除此之外還控制著一些地區的練勇，例如香山縣士紳林福盛的練勇（有些文獻簡稱「香勇」）、東莞縣孝廉何仁山領導的練勇（「東莞勇」）、新安縣主事陳桂籍領導的團練（「新勇」）、千總鄧安邦率領的「鄧勇」，以及花縣等地的練勇。廣東團練總局擁有團勇的具體人數不可勝計，創辦初期已有 4、5 萬團勇外加 1 萬餘人的練勇〔註82〕。

「擴大團」在形式上似乎只是「大團」的擴大版，但它所起到的作用和影響是「大團」無法相比的。最為明顯的就是「擴大團」能夠從更廣的範圍內調用更多的人力、物力、資金等資源，從而能夠在更高的軍事化水平上去徵集和維持一支強大的武裝力量。同時，由於這樣一支強大的武裝力量是產生於民間，所以必然會引起官方的時刻注意和強力干涉，因此「擴大團」維持的時間並不長久，在動亂之後，官方便會下令停止相關的團練活動並勒令裁撤。

另外，「擴大團」維持時間之所以短暫，亦可以從自身的發展條件進行解釋。從「擴大團」本身的建置來講，要維持「擴大團」這樣如此大規模的團練機構的正常運行，其條件也是十分苛刻。正如孔飛力所講的「一個擴大的複合

〔註80〕升平社學共有多少團勇，史料沒有明確記載。根據「以百人為一甲，八甲為一總，八總為一社，八社為一大總」的團練組建原則，一個社學團練有 100×8×8＝6400 名團勇，升平社學有 13 各社學團練，則有 13×6400＝83200 名團勇。

〔註81〕《（同治）番禺縣志》卷 16，建置略三，頁五十一，見廣東省地方史志辦公室輯：《廣東歷代方志集成‧廣州府部》第 20 冊，廣州：嶺南美術出版社，2007年，第 187 頁。

〔註82〕「議事定後，各縣紳衿各帶鄉勇，或數千或數百。分別旗幟，申明號令，約集四五萬人，駐紮城西北離城二三十里之鄉村，振作軍威，且按兵勿戰，先令通事入城，與議退城條約。如戰則用東莞勇、新安勇、潮勇、林勇，共一萬人進擊，並伏死士於城內，約內外夾攻。」（〔清〕華廷傑：《觸藩始末》，見齊思和主編：《中國近代史資料叢刊‧第二次鴉片戰爭》第 1 冊，上海：上海人民出版社，1978 年，第 187～188 頁。）

聯盟（擴大團）在地域上不能太大，以致使它的領導與它的組成部分保持接觸過於困難。同時它的規模也不能太小，以致使它不能集中有效數量的錢財和人力。〔註83〕」基於人力、物力與財力的限制，應大動亂而起的「擴大團」，其維持時間不能且不會長久。

圖 3-2　升平社學團練組織規模的等級結構圖

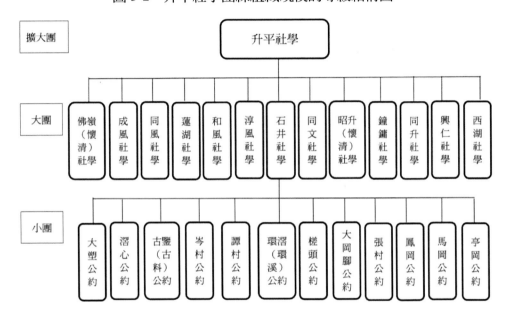

二、建置形式

（一）標準型

在清代廣東團練組織的建置形式中，除了嘉慶時期團練建置尚未完善，一般一個縣級的行政區劃會設立一個團練總局，作為統領全縣團練的領導機構。至於團練總局之下是否設置有分局，則視該縣的實際情況而定。如果該縣管轄的地域較小，則會省略分局的設置，出現團練總局直接統轄眾多「小團」，即簡化型。一般情況下，團練總局之下設置多個分局管轄眾多「小團」的情況較為普遍。該種普遍團練組織的建置形式，我們稱之為「標準型」〔註84〕。為此，

〔註83〕〔美〕孔飛力著，謝亮生譯：《中華帝國晚期的叛亂及其敵人——1796～1864年的軍事化與社會結構》，北京：中國社會科學出版社，1990 年，第 78 頁。
〔註84〕「標準型」與「簡化型」等幾種團練建置是由賀躍夫先生提出的，詳見其專著《晚清士紳與近代社會變遷——兼與日本士族比較》，廣州：廣東人民出版社，1994 年，第 30～40 頁。

我們可以勾勒出一個縣級團練組織建置形式的標準形態。

圖 3-3　縣級團練組織建置形式的標準型〔註85〕

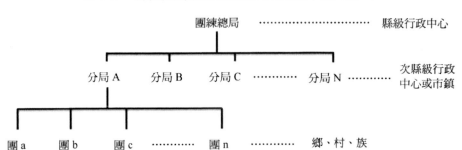

上圖是縣級團練組織標準類型的建置形式，從圖中可以明確得知該類型分為團練總局、分局、小團的三級建置形式。其中作為團練組織領導機構的團練總局一般設置在縣城，統籌調配下轄團練組織的一切團練行動，並籌措、掌握該縣團練的經費，與州縣一級的官府產生密切聯繫，在團練活動中起領導作用。在次一級的市鎮或行政中心，諸如都、堡一級行政區劃，一般是分散在各鄉的辦團士紳集議辦公之所，主要起到連接通縣總局或州縣官與鄉村基層承上啟下的溝通作用。下一級則是由單一村落組建的團練，即所謂的「小團」。

以光緒年間順德團防總局為例，光緒十年（1884），順德團防總局成立，省憲委邑紳龍葆誠、羅彤緝兩孝廉為順德團防總辦，頒發關防「順德團防總局」。順德團防總局暫借大良雲麓祠設局（次年改設在呂姓中隱園），並將順德城鄉劃分成 10 區，各設分局進行管理。此次興辦順德團練將順德城鄉劃分 10 區，並分設團練分局。龍葆誠和羅彤緝作為順德團防總局的總辦局紳，10 個分局則由羅家勸、何序鏞、區兆書、甘霖雨、岑芳蘭、張常吉、馮卓英、陳松、歐陽蘭、胡慧融等 10 位會辦局紳分別辦理。會辦局紳之下還設置有百長、什長等職位〔註86〕。

此次應對中法戰爭團防區域的劃分基本奠定了此後順德縣的行政區劃，可見團練組織作為實際的社會管理組織已被官府所認可，並作了明確的界域劃分。順德縣團練組織作為當地社會管理組織不僅在區域上進行了劃分，而且

〔註85〕 賀躍夫：《晚清士紳與近代社會變遷——兼與日本士族比較》，廣州：廣東人民出版社，1994 年，第 30 頁。

〔註86〕〔清〕龍葆誠：《鳳城識小錄》卷下，「順德團防總局始末」，見廣東省立中山圖書館、佛山市順德區清暉園博物館：《順德歷代文獻選篇文叢（第一輯）》，廣州：世界圖書出版廣東有限公司，2020 年，第 45 頁。

以公約作為其子機構深入到當地基層的社會管理當中。10 區分局統轄著一些
公約等鄉村一級團練機構。

圖 3-4　清末廣東順德縣分區圖〔註87〕

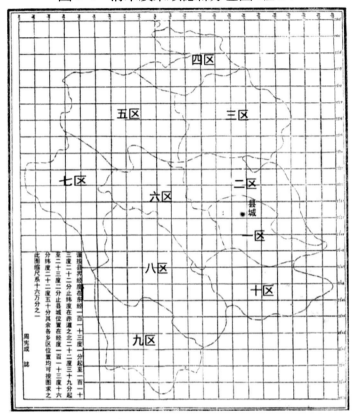

表 3-2　順德團防總局所屬 10 區分局統轄的機構分布情況表〔註88〕

分　區	機構名稱	分支機搆	地　點
第一區	大良公局		
		大良南關公約	城南丁字橋前
		大良東關公約	東門城根天后廟前
		大良北關公約	錦岩山麓陳岩野先生祠
		大良城內公約	西山武帝廟下

〔註87〕順德市地方志辦公室點校：《順德縣志》（清咸豐民國合訂本），廣州：中山大
　　　學出版社，1993 年，第 1343 頁。

〔註88〕《（民國）順德縣志》，卷3，建置二，「團局公約」，頁六至十一，見《中國方
　　　志叢書·第 4 號》，臺北：成文出版社，1966 年，第 44～47 頁。

	古樓公約		附設仙洞鄉金峰書院內
	靖安公約		小灣堡南湧鄉
	舊寨公約		附設鑒旁書院內
小計：第一區分局管理4所公局、公約			
第二區	羊額水口鋪局、西社鋪局、南華鋪局（後又增設東寧局）		
	倫教公約		
	羊額六鄉均安局		附設倫教公約內
	烏洲公約		
	大洲五鄉和濟局		附設烏洲公約內
	仕版公約		
	大洲鄉約	東西兩約	
	鰲山公約		雞洲鄉
	霞石公約		
小計：第二區分局管理9所鋪局、公約。			
第三區	季華公約		陳村長塘街
	達德公約		碧江鄉
	鳳鳴公約		同上
	彭義公約		同上
	南平公約		同上
	林頭公約	南北二公約	
	北滘公約	南北二公約	
	槎湧公約		
	黃湧公約		
	玕滘公約		
小計：第三區分局管理10所公約			
第四區	仙湧九鄉公約		
	紺村五鄉公約		
	西滘三鄉公約		
	石石肯公約		
	石洲公約		
小計：第四區分局管理5所公約			
第五區	水藤公約		

	水藤五鄉公約		
	平葛兩堡聯安局		
	大羅村公約		
	沙滘公約		
	新良十四鄉聯防公約		
	鷺洲公約		
	新隆公約		
小計：第五區分局管理 8 所公約。			
第六區	勒樓公約		
	大晚公約		
	黃連公約		
	黃麻湧公約		
	龍眼公約		
	稔海公約		
	譚義公約	東西兩約	
	上湧公約		
	塘利公約	南北兩約	
	江村公約	南北兩約	
	眾湧公約		
	沖鶴公約		
	番村公約		
	石龍岡公約	東西兩約	
	漕岡公約（即扶閭）		
	裕湧公約		
	西華公約		
小計：第六區分局管理 17 所公約			
第七區	龍江公約		儒林書院（駐紮地址一在七街，一在南畔界）
	龍山公約		岡頭埠
	龍山五埠聯防局（大小陳湧、蘇埠、沙洲、排湧）		
	甘竹堡公約	左右灘各設一局，裏海分設東西南北四局	觀瀾書院
小計：第七區分局管理 4 所公約			

第八區	東馬寧公約	南北兩約	鼇峰書院
	逢簡公約	南鄉北鄉二公約	
	馬齊公約		敦和書院
	昌教公約	南北兩約	
	吉祐公約		
	杏壇公約		
	同安局		麥村
小計：第八區分局管理 7 所公約。			
第九區	江尾五堡聯防公約		上村鄉鶴峰書院
第十區	容奇公約	鄉內五約，即東西南北中各約。	上街市
	馬岡四社團保局	附設神步社學	
	桂州公約	分兩約	里村
小計：第十區分局管理 3 所公約			
總計：包括分區下各分局、分約在內共有 68 所公約			

　　從上表可見，順德縣 10 個區的團防分局所管轄的公約組織有多有少，有像第九區由江尾五堡聯防公約獨立的一個較大型公約組織構成，也有像第六區管轄的公約組織多達 17 個。但必須說明的是，各區管轄公約數量並不固定，且各項公約也遠不止於此，上表所列舉出的各區公約「僅據採訪冊開載，餘付闕如」〔註 89〕。由此，清末順德縣團練形成了總局—分局—公約的三級標準的團練組織建置形態。

　　據史料記載，咸豐洪兵起義期間廣州府增城縣團練，亦符合三級標準類型建置形式的團練組織。

　　　　於是改六都團練局為合邑十二都團練總局，並分設各都分局，
　　　　使之各自捍衛，亦互相應援。無論某都有警，俱由總局派紳勇馳赴
　　　　該都，協同該都紳勇堵剿，倘力不足，再調鄰都壯勇到助。其經費，
　　　　除復行勸捐六萬八千餘兩外，按各都田賦科派銀九千餘兩。〔註 90〕

　　此外還有同時期成立的佛山團防局，其團練組織亦形成總局—分局—小

〔註 89〕《（民國）順德縣志》，卷 3，建置二，「團局公約」，頁十一，見《中國方志叢書・第 4 號》，臺北：成文出版社，1966 年，第 46 頁。
〔註 90〕《增城團練節略》（咸豐五年春），見廣東省文史研究館、中山大學歷史系編《廣東洪兵起義史料》上冊，廣州：廣東人民出版社，1992 年，第 216～222 頁。

團的三級建置的標準型組織形式。咸豐五年（1855）佛山鎮設立的佛山團防局，總局設立在縣城大魁堂，下轄 16 分局，各分局管轄數個鋪不等，共有團勇 300 多號人〔註91〕。

表3-3　咸豐年間佛山團防局建置表〔註92〕

佛山團防總局	設置地點位於祖廟大魁堂		
分局名稱	設置地點	分局名稱	設置地點
綏字局	汾水鋪	靖字局	大基頭鋪
安字局	福德鋪	戢字局	社亭、嶽廟、真明鋪
聯字局	富文鋪	合字局	沙洛浦
守字局	觀音堂鋪	御字局	潘湧、鶴園湧
果字局	彩陽、仙湧、醫靈湧	力字局	突岐、明心、耆老鋪
稽字局	紀崗、石路頭、黃傘、豐寧鋪	巡字局	柵下、東頭鋪
永字局	祖廟、山紫鋪	遠字局	橋亭、照明、錦瀾鋪
平字局	鷹嘴沙	定字局	文昌沙

洪兵起義迅速席捲廣東全省，同時期佛山士紳冼鳳詔在佛山建立團防局。當時團防局的職能是協助佛山同知、巡檢清剿洪兵起義軍餘黨，同時加強佛山城市的安全防範。佛山團防局總局設立在大魁堂，下設 16 局分駐各地。佛山團防局及下屬 16 分局都由士紳主持。團防局總局局紳為莫以枋、王福康、吳乃煌、常川等人。下屬分局也是如此，如工部主事黎思劭等主持錦瀾鋪公局，鄧龍驤主持潘湧鋪公局，紳耆黎上進、黎裕成主持大基頭鋪公局。其他參與佛山團防局事務的士紳還有任本皐、羅熊光、霍潛等〔註93〕。

廣東其他地區在動亂時期也建立了許多類似順德團防總局，具有三級標準類型建置形式的團練組織，但在組織形式建構上皆不如順德團防總局那樣典型，具有代表性。

〔註91〕　《（民國）佛山忠義鄉志》，卷 3，建置，內政，頁四至五，見《中國地方志集成‧鄉鎮志輯》第 30 冊，上海：上海書店出版社，1992 年，第 350～351 頁。

〔註92〕　《（民國）佛山忠義鄉志》，卷 3，建置，內政，頁四至五，見《中國地方志集成‧鄉鎮志輯》第 30 冊，上海：上海書店出版社，1992 年，第 350～351 頁。

〔註93〕　《（民國）佛山忠義鄉志》，卷 14，人物六，官跡，頁二至四，人物七，孝友，頁七，見《中國地方志集成‧鄉鎮志輯》第 30 冊，上海：上海書店出版社，1992 年，第 577～578、602 頁。

（二）簡化型

除了標準型之外，團練組織建置還有三種簡化型。

圖 3-5　團練組織模式的簡化型〔註94〕

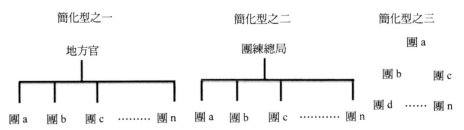

其中「簡化型之二」省略了團練分局的建置，由團練總局直接統轄眾多「小團」，在組織模式的建置上就是標準型的簡化版，實質上與標準型無多大的差異。士紳掌控著團練組織，且擁有一定的自主權。

要形成「簡化型之二」的團練建置，條件相對較為苛刻，第一，組建團練總局士紳的名望要達到全縣各地區團練領導者的高度認同。這樣辦理團練總局的領導者在調派人力物力、徵收團練經費等重大問題的決策上，才能得到各地團練的領導者充分的支持和信任。第二，在團練建置上要達到縣一級的規模，才有必要設立一個團練總局作為全縣團練的領導機構。但是，團練總局所在的縣域又不應太過廣闊，只有管轄的地域相對狹小，總局之下各小團之間才能夠互為支持。這樣才無需在管理小團的架構上再設置一個團練分局。第三，統領全縣團練的士紳要具備足夠的才能與名望，並且地方官肯做出適當的讓權，讓地方士紳發揮出管理全縣團練的作用。基於上述條件，該種「簡化型之二」的團練建置較為罕見，據筆者掌握的材料，在清代廣東團練中僅存一例，即洪兵起義期間羅定州西寧縣團練。

咸豐四年七月（1854.8），羅定州各鄉匪黨豎旗拜會，羅定州西寧縣士紳樂羽階、蘇榮登、李文階、莫貞柄、鍾耀珍等人聯絡各村決意成立團練公局，將 7 堡 86 村的區域劃為 37 卡，每卡設立練丁 20 名，共得練丁 740 名。其中「劃定羅同堡要隘分四卡，興良堡要隘分五卡，平臺堡要隘分七卡，萬洞堡要隘分七卡，石堡要隘分四卡，練社堡要隘分四卡，橋亭堡要隘分六卡。〔註95〕」「均每名給發口糧米一升，費用錢四十文。酌議每殷戶收穀一

〔註94〕賀躍夫：《晚清士紳與近代社會變遷——兼與日本士族比較》，廣州：廣東人民出版社，1994 年，第 39 頁。

〔註95〕《（民國）西寧縣志》，卷 26，藝文志一，《七堡團防與賊對仗節略一卷》（七

百穀，應出穀三十穀，另加菜送錢三千文，均由各堡各村就近支發，以有餘補不足〔註96〕。」

「簡化型之一」與「簡化型之二」的區別在於團練領導者的不同。「簡化型之一」的團練領導者是地方官，「簡化型之二」的是士紳。由於前後兩者團練組織的領導者的不同，因此前者團練性質屬於官辦，後者屬於官督紳辦。出現「簡化型之一」團練建置類型一般有以下兩種情況，第一種是縣城安全面臨重大的動亂危機，負有守土之責的地方官在沒有充分時間委任士紳組織團練的情況下，自發組建全縣團練，成為全縣團練組織的領導者。第二種是地方官為抑制紳權擴張，意圖將團練領導權控制在手。

地方官在組建全縣團練過程中，可能會設置團練局作為領導機構，也可能面臨的形勢非常危急，來不及組建團練局，直接招募團勇參與戰鬥。咸豐四年七月（1854.8），紅巾賊林六年、陳金缸、晁潤章及練四苦等人作亂，攻陷清遠縣城。知縣程兆桂避走濱江，居於士紳鄭鑠生家中。為克服縣城之計，在知縣程兆桂的領導下，清遠全縣紳民為收復縣城組建了 57 個小團，並於咸豐五年三月（1855.4）克復縣城。

表 3-4　洪兵起義期間清遠縣知縣程兆桂領導組建的團練〔註97〕

團練名稱	領導者
恒泰社	鄭鑠生
聯安約	向陽等紳
聯和約	黃昌祚、麥縉光等紳
樂善約	雷斯煥等紳
雲從三十六約	陳書元、鍾顯華、陳嵩年、陳蓉鏡等紳
安全北約	陳先吉、莫廷鑾等紳
同人約	陳傑文、吳榮等紳
咸泰約	捕屬郭鍾熙等紳

堡公局刻本存），頁二十四至二十六，見《中國地方志集成‧廣東府縣志輯》第 51 冊，上海：上海書店出版社，2003 年，第 243～244 頁。

〔註96〕《（民國）西寧縣志》，卷 26，藝文志一，《七堡團防與賊對仗節略一卷》（七堡公局刻本存），頁二十四至二十六，見《中國地方志集成‧廣東府縣志輯》第 51 冊，上海：上海書店出版社，2003 年，第 243～244 頁。

〔註97〕《（光緒）清遠縣志》卷 12，前事，頁二十三，見《中國方志叢書‧第 54 號》，臺北：成文出版社，1974 年，第 169～170 頁。

鎮安、聯益、同昇三約	謝炳然、潘交泰、謝兆蓉等紳
同安約	楊懷仁等紳
安全南約	郭見鸞等紳
永安、德和、平安各約	潘泉等紳
均和約	林汝槐等紳
聯安、聯平、聯昇、高昇、同泰五約	港江朱德贊、徐佐光、徐湛泉、陳鳳雲、馮儒參、黃孟章、羅象來、孫熾昌、曹貞元等紳

　　同樣的情況也發生在肇慶府四會縣。咸豐四年七月（1854.8），蘇程率領所部的洪兵起義軍襲踞四會縣城，知縣车考祥諭令各鋪團練，各率鄉勇收復。「縣役薛開奉縣主车考祥避居邑西南大坑中之第三凹，與各紳潛圖收復。維時岡南書院大起團練，高懸賞格，而仁聚、庶富、永安三鋪即整頓團防。〔註98〕」

　　光緒二十四年（1898），法國侵略者強佔廣州灣，遂溪縣知縣李鍾珏組建抗法團練，將1500名鄉勇編練成六個營（黃略、麻章、文車、平石、仲秋、志滿），每營團勇250人，與侵略者展開激烈的鬥爭〔註99〕。

　　以上提到的地方官直接領導全縣團練情況，是出現在縣城安全面臨重大危機中。當然，出現「簡化型之二」的團練組織建置，即地方官直接領導全縣團練，其原因可能在於官方對於地方紳權擴張的警惕與防範，將原本屬於士紳的團練領導權改由地方官親自掌控。清末廣東團練的組建過程中經常出現由地方官擔任團練的實際領導者。例如光緒十二年（1886）清鄉剿匪期間由南韶連總兵鄭紹忠創設的英德縣三屬總局，統轄其下的團練分局則多達48個。

　　　　光緒十二年南韶連總兵鄭紹忠駐縣清鄉時創設三屬總局，於城
　　各屬舉紳駐局辦理保良攻匪事宜。更於捕屬之附城洋高、麻寨、廊
　　岩、小江、赤硃、望埠、沙口、上隅、中隅、下隅、大小樟、上砿、
　　下砿、側黃設十五分局。象屬之黃塘、溪頭、輔治、板鋪、青塘、
　　潭坑、鉗石、五石、文光、門崗、太平、洪象、石園設十三分局。浛
　　屬之司前、堯山、觀塘、美村、石灰、沙坪、鯉魚、三山、杉樹、石
　　蓮、古道、蕉岡、鶴子、黃花、黃寨、塔岡、高道、流陳、懷厚、黎

〔註98〕《（光緒）四會縣志》，編十，雜事志，「前事」，《三鋪復城記》，頁十九至二十一，見《中國方志叢書‧第58號》，臺北：成文出版社，1974年，第522～523頁。

〔註99〕〔清〕李鍾珏：《密稟團練情形（八月十四日具稟）》，見《湛江人民抗法史料選編（1898～1899）》，北京：中國科學文化出版社，2004年，第54頁。

溪設二十分局。各於其鄉舉紳駐局，商承總局辦理。鄉內事務迄今
猶沿舊制。〔註100〕

　　光緒二十四年三月（1898.4），陸豐土匪糾集千餘人進攻縣城之時，知縣
蔣星熙率領團勇擊殺匪眾四十餘人，取得了實質性的成效〔註101〕。陸豐縣知
縣蔣星熙由於率領本縣團練剿匪有功得到朝廷的表彰。

　　「簡化型之三」的團練建置呈現的是缺乏核心領導，團練分布較為散亂，
且各團之間互不統屬的團練組織形態。這種類型的團練大多數屬於私團，即
多由地方士紳私自組建。這種團練組織類型在團練建置尚未發展完善的嘉慶
年間較為常見，例如嘉慶十年至十五年（1805～1810）華南海盜活躍期間的
廣東團練。嘉慶年間海盜肆虐之時，廣東當局發起第一次辦團行動，當時的
廣東各州縣團練在應對海盜擾亂方面基本呈現各自為戰的局面，各州縣團練
互不統屬。從附表 5 中我們可以看到嘉慶年間廣東各州縣皆有組建團練抵禦
海盜侵擾，這些團練領導者既有地方官也有士紳。其團練規模較小，多屬海
盜侵擾之時臨時組建而成的。這一時期的團練除順德縣的容桂公約、番禺縣
的仁讓公局和香山縣的固圍公所之外，其他地區的團練沒有設立團練局，沒
有統一的領導機構，多由團練領導者臨時招募團勇組建團練，並迅速參與到
對海盜的鬥爭中。各團之間對海盜的打擊沒有形成密切的配合。臨時組建的
團練在海盜退卻之後旋即解散。另外，咸豐四年（1854）洪兵起義剛開始的
時候，官府與各地州縣措手不及，所以雖然當時許多州縣紛紛組建團練，當
從整體上看各州縣團練之間互不統屬，缺乏統一領導，因此這一時期的團練
狀態也屬於「簡化型之三」。

第四節　組織人員與經費

一、組織人員

　　清代廣東團練的組織人員按照領導與被領導性質分為團練領袖與團勇、
練勇兩種。在標準型的組織建置中，團練領袖只有士紳，官府只負責監管，而

〔註100〕《（民國）英德縣續志》，卷 15，前事略，頁二十三，見《中國地方志集成・
　　　　廣東府縣志輯》第 12 冊，上海：上海書店出版社，2003 年，第 705 頁。
〔註101〕〔清〕譚鍾麟：《現辦團練情形摺》，載《譚文勤公（鍾麟）奏稿》卷 20，頁
　　　　十九，見沈雲龍主編：《近代中國史料叢刊》第 33 輯，臺北：文海出版社，
　　　　1973 年，第 1243 頁。

在非標準型的組織建置中，團練領袖除了士紳以外還包括了官員和其他職業人員在內。團練成員按照徵集或招募兩種形式分為團勇和練勇兩種。

（一）團練的領袖

　　古之團練作為一種鄉兵組織，一般會設立首領作為組織領袖。而團練組織領袖稱謂不一，有「勇頭」、「屯長」、「團總」之稱。「鄉為一團，里為一隊，建其長，立其社副、勇頭〔註102〕。」「團鄉兵青山，為屯長〔註103〕。」「十甲為一團，設團總副團總牌一人〔註104〕」。自明代始，團練組織之領袖一般為鄉族的紳衿、耆老所擔任。例如明人田藝蘅言，團練鄉兵在沿海之所以能取得成效，究其原因，是由於「大族之功，既能率人，而久亂之鄉又皆固志，加以守巡之協助，府縣之專督，是以其勢易行，其民易集〔註105〕。」而要充分發揮出團練的戰力，他認為「望重一邑，才攝萬夫、恩威兼著之家，信義素孚之人」才能充任團練的組織者〔註106〕。動亂之際，地方負有名望的士紳自然成為團練組織的領導者。例如明末鄞縣管江一帶，一些不逞之徒乘間造反，秀才杜懋俊對此深感憂慮，「乃謀於其叔兆茹，請頒土團之法於有司，遂以兵法部勒族人，分隊瞭望，擊柝行夜，閭黨為之安堵，而沿海諸村無不仿而行之〔註107〕。」直至清代團練組織仍以士紳為其領袖。「（咸豐四年六月）人益惶惑，紳士邱步瓊、林恒亨、朱以鑑、饒應春、劉於山等乃白官，請集眾團練，分立五杜巡防，助官軍擊禦，人心稍安。〔註108〕」清代咸豐年間朝廷委派「團練大臣」為一省團練之領袖〔註109〕。而所謂的「團練大臣」則為「在

〔註102〕　《宋史》，第 35 冊，卷 401，列傳第一百六十，劉爚傳，北京：中華書局，1985 年，第 12172 頁。

〔註103〕　〔清〕查繼佐：《罪惟錄》，列傳卷之六，衡運諸國列傳，夏明玉真，杭州：浙江古籍出版社，1986 年，第 1332 頁。

〔註104〕　周源：《試論義和團運動時期的直、魯民團》，見中國義和團運動史研究會編：《義和團運動與近代中國社會》，成都：四川省社會科學院，1987 年，第 161～164 頁。

〔註105〕　〔明〕田藝蘅：《留青日箚》，上海：上海古籍出版社，1985 年，第 1184 頁。

〔註106〕　〔明〕田藝蘅：《留青日箚》，第 1184 頁。

〔註107〕　《明管江杜秀才窆石志》，見〔清〕全祖望：《鮚埼亭集》，卷 8，上海：商務印書館，1942 年，第 107 頁。

〔註108〕　饒宗頤：《潮州志》，大事志，清，頁三十五，民國潮州修志館鉛印仿宋聚珍本。

〔註109〕　崔岷：《咸豐初年清廷委任「團練大臣」考》，《歷史研究》，2014 年第 6 期。張研、牛貫傑：《19 世紀中國雙重統治格局的演變》，北京：中國人民大學出

籍紳士」。

　　至於清代廣東團練組織，在標準型的團練組織設置中，由於採取的是「官督紳辦」的辦理模式，因此團練機構領導階層大部分是由士紳構成。在清代士紳階層中存在一定的等級劃分，那麼領導清代廣東團練的士紳身份等級究竟何如？在分析清代廣東團練領袖的士紳等級前，有必要先對清代士紳等級劃分做一番說明。

表 3-5　19 世紀中國士紳上下層集團劃分簡表〔註 110〕

上層士紳	正途		異途
	官吏、庶吉士、進士、舉人、貢生（包括各類貢生）		官吏
下層士紳	生員（包括各類生員）		監生、例貢生

　　19 世紀中國士紳的來源主要有兩種途徑，一種是通過科舉考試獲得功名的「正途」；另一種則是通過捐納等其他途徑獲取的功名，稱為「異途」。一般來說通過正途而成的士紳比異途而成的士紳更受尊崇。士紳集團分為上下兩層，上層士紳為擁有高級學銜的庶吉士、進士、舉人、貢生以及已經進入仕途的官吏為代表的上級士紳階層。下層士紳則是擁有較低功名的學子，如生員，還有一些通過異途獲取功名的士紳，如監生、例貢生等。在整個士紳階層中，上級士紳階層比下級士紳擁有更多的優越條件，如任官方面，朝廷選任官職更多傾向對上級士紳階層進行選拔。下級士紳如要進入仕途，則需要通過更高級的科舉考試或者捐納、軍功等特殊形式。同樣在形式各種社會職責方面自然也要多於下層士紳。以團練組織為例，一般團練組織的領導者皆為上層士紳。相較於下層士紳，上層士紳對團練組織的控制權也更大。

版社，2002 年，第 219～259 頁。鄭亦芳：《清代團練的組織與功能——湖南、兩江、兩廣地區之比較研究》，《臺灣師大歷史學報》，1977 年第 5 期，第 328～329 頁。

〔註 110〕張仲禮著，李榮昌譯：《中國紳士：關於其在 19 世紀中國社會作用的研究》，上海：上海社會科學院出版社，1991 年，第 6 頁。

圖 3-6　19 世紀中國士紳身份的獲得以及士紳集團的形成〔註 111〕

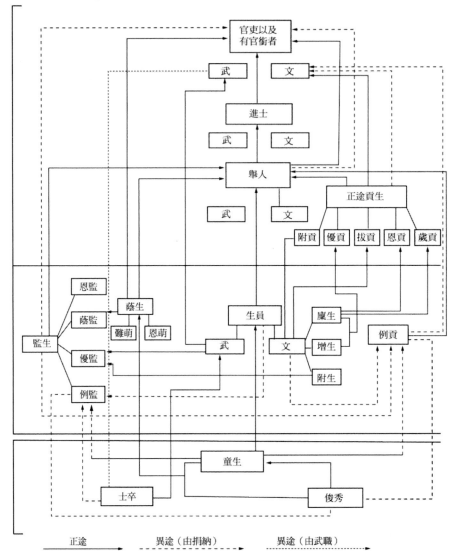

〔註 111〕張仲禮著，李榮昌譯：《中國紳士：關於其在 19 世紀中國社會作用的研究》，
　　　　上海：上海社會科學院出版社，1991 年，第 10 頁。

表 3-6 標準型團練組織建置下清代廣東團練領袖出身情況表〔註112〕

士紳身份等級	咸豐五年（1855）順德團練總局的團練領袖	光緒十年（1884）順德團防總局的團練領袖	光緒二十四年（1898）廣東省團練總局的團練領袖
庶吉士	（龍元僖）1 人	0 人	（鄧蓉鏡、何榮階、丁仁長、梁鴻翥）4 人
進士	（林澤芳、賴子猷、羅家劭）3 人	（胡慧融）1 人	（潘衍桐、潘寶琳、易學清、陳如岳、勞肇光、郭乃心、梁志文）7 人
舉人	（何大璋、麥奮揚、黎超民、吳梯、潘恂、馮冠賢、吳昭良、楊康、龍葆誠、袁秉彝、陳松、黎熾遠、何鍔）13 人	（龍葆誠、羅彤繡、羅家勸、岑芳蘭、馮卓英、陳松、何序鏞、區兆書、張常吉）9 人	（梁慶桂、俞守義、許應鎔、陳慶榮）4 人
貢士	（羅惇鵬）1 人	（歐陽蘭）1 人	（黃葆熙）1 人
不明身份	0 人	（甘霖雨）1 人	0 人
合計	18 人	12 人	16 人

在標準團練組織建置形態下，縣級以上的團練機構的團練領袖沒有下層士紳，全部都由貢士以上的上層士紳組成。從咸豐五年的順德團練總局到光緒十年的順德團防總局，其團練領袖總人數從 18 人降至 12 人，並且團練士紳的身份等級呈現降低的趨勢。光緒二十四年（1898）創辦的廣東省團練總局，由於其規制是省級的團練機構，總督譚鍾麟創辦該局時邀請廣東省各地一些著名士紳入局辦團，因此該局顯得人才濟濟。擔任該局的團練領袖總共

〔註112〕咸豐五年（1855）順德團練總局與光緒十年（1884）順德團防總局的團練領袖出身信息來源：〔日〕西川喜久子著，蘇林崗譯：《順德團練總局成立始末》，《國外中國近代史研究》第 23 輯，北京：中國社會科學出版社，1994 年，第 127～128 頁。《（咸豐）順德縣志》卷 10，選舉表 1，頁七十七至七十八、卷 11，選舉表 2，頁七十至七十九，見廣東省地方史志辦公室輯：《廣東歷代方志集成·廣州府部》第 17 冊，廣州：嶺南美術出版社，2007 年，第 239～240、276～281 頁。《（民國）順德縣志》，卷 8，選舉，頁七至十四，卷 17，頁七至十六，卷 18，頁二至二十一，見《中國方志叢書·第 4 號》，臺北：成文出版社，1966 年，第 114～117、214～218、223～233 頁。中國第一歷史檔案館藏：《清代官員履歷檔案全編》第 28 冊，上海：華東師範大學出版社，1997 年，第 629 頁。光緒二十四年（1898）廣東省團練總局的團練領袖出身信息來源：《諭辦民團》，《嶺海報》（光緒二十四年八月十九日），1898 年 10 月 4 日。《大紳辦團》，《嶺海報》（光緒二十四年十二月十一日），1899 年 1 月 22 日。

16人，其中擁有庶吉士身份的士紳就有4人，進士7人，這一身份人數最多，擔任團練主要領導工作。由以上的數據統計，大致反映出屬於「大團」或「擴大團」規模的廣東團練領袖基本上由上層士紳擔任，「大團」團練領袖以舉人為主，「擴大團」的以進士為主。

表3-7　非標準型團練組織建置下清代廣東團練領袖出身情況表 [註113]

團練領袖出身份類			嘉慶天地會起義期間的團練領袖	嘉慶華南海盜活躍期間的團練領袖	咸豐洪兵起義期間的團練領袖	合　計
官員	知府		1	1	0	2
	知縣、知州		2	5	18	25
	職員		2	24	23	49
	捐職		2	1	8	11
官員人數合計			7	31	49	87
士紳	上層士紳	庶吉士	0	0	2	2
		進士	0	6	7	13
		舉人　文舉	2	10	29	41
		舉人　武舉	1	3	1	5
		貢生	1	8	26	35
	下層士紳	監生	2	6	7	15
		其他身份的生員	1	8	26	35
	不明身份的士紳		0	6	0	6
士紳人數合計			7	47	98	152
其他職業人員			0	2	0	2
不明身份的人員			1	9	38	48
團練領袖人數合計			15	89	185	289

　　嘉慶華南海盜活躍期間的廣東團練狀態與咸豐年間洪兵起義時期廣東團練狀態是一致的，皆屬於各團互不統屬的「簡化型之三」的團練組織建置模

〔註113〕這裡關於非標準型團練組織建置下清代廣東團練的團練領袖出身情況統計，主要針對的是「簡化型之三」的團練狀態而言，即嘉慶華南海盜活動期間和咸豐洪兵起義初期的廣東團練狀態。因此本表的數據由附表2和附表4的團練領導者情況信息進行統計。（團練領袖人數合計＝官員人數合計＋士紳人數合計＋其他職業人員人數＋不明身份人員人數）

式。由於在這種模式之下的團練組織缺乏統一的核心領導，因此創辦團練的領導者身份較為複雜，既有官員，也有士紳，同時還存在其他職業人員。

從上表，在嘉慶天地會起義期間的廣東團練領袖數據統計中，團練領袖總人數為 15 人，官員作為團練領袖占比約 46.7%，士紳占比約 46.7%，其中上層士紳占比約 26.7%，下層士紳占比約 20%。嘉慶華南海盜活躍期間的廣東團練領袖數據統計中，團練領袖總人數為 89 人，官員作為團練領袖占比約 34.8%，士紳作為團練領袖占比約 58%，其中上層士紳占比約 33.3%，下層士紳占比約 17.3%。咸豐洪兵起義期間的廣東團練領袖數據統計中，團練領袖總人數為 185 人，官員作為團練領袖占比約 26.5%，士紳占比約 53%，其中上層士紳占比約 35.1%，下層士紳占比約 17.8%。

由以上數據統計分析可知，兩個時期的廣東團練領袖中官員佔據了一定部分的比例，但士紳仍是團練領袖的主要組成人員。在上層士紳與下層士紳的人數比例對比中，上層士紳是團練領袖的主要組成人員。在上層士紳的人數統計中，文舉與貢生兩種身份的人員分別佔據總人數比例的 14.2%和 12.1%〔註 114〕。

因此可以得知，在「小團」規模的廣東團練領袖由上層士紳擔任居多，並且以舉人和貢生居多。再結合前面標準型團練組織建置下清代廣東團練領袖出身情況統計，我們可以得出無論是「小團」、「大團」、「擴大團」的辦團規模，還是標準抑或非標準的團練組織建置建置，清代廣東團練基本上是由上層士紳所把控，其中舉人身份的士紳為團練領袖的數量最多。

辦團的士紳群體中既有維護社會秩序的「正紳」，亦有擾亂社會秩序的「劣紳」。在筆者所能獲得關於清代廣東團練的資料中，大部分辦團士紳屬於「正紳」。他們在鞏固清王朝政權統治、維護社會秩序方面作出應有貢獻。但也有極小部分劣紳利用自己的個人權勢組建團練為非作歹，殘害鄉里的事件。例如「署連州知州張崇恪密稟查訪前任連陽游擊之子車德麟、車德熊，以團練為由，在連肆行焚掠、逼勒抄搶情形〔註 115〕」。

〔註114〕該兩個結果是由嘉慶和咸豐兩個時期文舉和貢生的總人數，即 41 人和 35 人，分別除以兩個時期的總人數 289 人得出，41／289≈14.2%，34／274≈12.1%。
〔註115〕劉志偉、陳玉環主編：《葉名琛檔案——清代兩廣總督衙門殘牘》第 7 冊，廣州：廣東人民出版社，2013 年，第 87 頁，檔案號 FO 931／1482。

（二）團勇與練勇

1. 團　勇

團練成員按照徵集和招募兩種方式分為團勇和練勇。採用按戶徵集的方式，一般採取「三丁抽一丁」的原則。徵集的團勇年齡範圍在 15 歲至 50 歲之間。按戶徵集、「三丁抽一」成為清代廣東團練募集團勇的標準原則，嘉慶兩廣總督那彥成治理海盜期間辦團和道光鴉片戰爭期間升平社學徵集團勇皆如此〔註116〕。光緒廣東剿匪清鄉期間番禺縣制定的團練章程也如此規定：

> 團練以鄉村煙戶之多寡定團丁之多寡，大率三丁抽一，擇其年力精壯，十五歲以上、五十歲以下者充之。以十人為一牌，設一牌長，於團丁中擇幹練者為之。五牌為一團，設團正副各一，擇生監之勤幹有為者充之。大鄉或十數團，中鄉或四五團，小鄉或一二團。
>
> 〔註117〕

街約團練方面也採取按戶出丁或按鋪出丁的形式，例如道光二十九年（1849）鴉片戰爭期間廣州城內組建的街約團練，採取的就是大戶出三丁，中戶出二丁、小戶出一丁方式，並且不得隨意在外招募。街約團勇主要由店員、工人充任，每街每約少者幾十人，多者數百人。由於當時民眾的抗英鬥爭情緒激昂，因此廣州城內旬日之間組織的街約團勇有近 10 萬人之多（見附表 5）。咸豐四年（1854）兩廣總督葉名琛督辦廣州省城內街約團練時規定，「議大街添設民壯四十名，中街三十名，小街廿名。如遇有告警，大鋪另出三人，中鋪出二人，小鋪出一人。〔註118〕」後來隨著戰事的緊張，街

〔註116〕「無論紳衿及在官服役，家有三丁總須一人入練入單。不及數者許二三家朋出一丁。」（〔清〕章佳容安輯：《那文毅公兩廣總督奏議》卷 11，頁四十至四十一，見沈雲龍主編：《近代中國史料叢刊》第 21 輯，臺北：文海出版社，1973 年，第 1452～1453 頁。）「一戶有男子三人者出一人，只有男子一人或一人以上，而皆屬老弱或殘疾者，在同村中雇請代替。」（《升平社學防守城北條例》，見廣東省文史研究館：《三元里人民抗英鬥爭史料》，北京：中華書局，1978 年，第 274～277 頁。）「議令富者助餉，貧者出力，舉行團練，按戶抽丁，除老弱殘廢及單丁不計外，每戶三丁抽一，以百人為一甲，八甲為一總，八總為一社，八社為一大總。」（〔清〕夏燮著，高鴻志點校：《中西紀事》，長沙：嶽麓書社，1988 年，第 166 頁。）

〔註117〕《廣東番禺縣錢明府所定團練章程》（光緒二十八年二十四日），《申報》，1902年 12 月 23 日。

〔註118〕《聯街團練新增章程》（咸豐四年十二月，太平等六十六街全啟），見陳玉環；劉志偉整理：《葉名琛檔案兩廣督府衙門檔案殘牘》第 7 冊，檔案編號 F0931

約團練不僅在廣州城內每條街道都設置了關卡，而且大、中、小街道巡邏執勤的團練分別增至 60、30、和 20 人。換而言之，隨著戰事的緊張，街約團練每鋪出丁的人數也隨之增加。

這種按戶徵集的方式是典型的傳統組織法，與鄉民出入扶助、守望相助、安危與共的本意相契合，因此容易為一般民眾所接受。團勇的徵集是以本地土著民眾為主，在實際的戰鬥中，以本地土著組成的團練更能激發鄉民抵禦外侮、守衛鄉閭的情感，既加強了隊伍的內部團結，又保障團勇對於戰鬥隊伍的忠誠，又提高了隊伍的戰鬥激情和戰鬥力。另外，團練相較於外地的官軍更具有本土的優勢，更容易獲取勝利〔註 119〕。

2. 練　勇

相對於團勇強制性徵集的方式，練勇具有雇傭性質，一般先由士紳自行招募，然後歸入官府加以管控。歸入官府管控的練勇，其經費由官方撥給。練勇平時勤加訓練，隨時聽從征調，有警則立即前往，隨同官軍平叛，實為游擊之師。

湘軍名將王鑫辦團頗有心得，對訓練練勇的提出了一些理想的構思〔註 120〕。他認為要增強團練的戰鬥力必須重視團勇的訓練，規定團練總局有訓練練勇、教以技藝、授以大義、明以營規等任務，並公擇一良紳主其訓練之事。團勇必須每日進行日常的軍事訓練。但在實際操作中，特別是處於緊張的戰爭環境狀態下，往往是由一些士紳自行招募鄉勇組成團練，然後再附入總局組織中，而並非由總局為練勇公擇一紳士作為領導。咸豐四年（1854）洪兵起義期間，總督葉名琛面對嚴峻的局勢號召各州縣士紳迅速辦理團練，並准許這些士紳率領練勇隨同官軍與洪兵作戰。

香山縣士紳林福盛所率的香山團練（亦稱「香勇」）就是其中一支作戰十分得力的戰鬥部隊，林福盛本人也因為軍功由一名普通的士紳屢保至知府銜。

/ 1541，廣州：廣東人民出版社，2013 年，第 194 頁。

〔註 119〕〔清〕石香村居士編輯：《戡靖教匪述編》，卷 11，集述，頁三至四，見故宮博物院編：《欽定新疆識略·戡靖教匪述編·江南北大營紀事本末·西寧軍務紀略·東方兵事紀略》（故宮珍本叢刊第 58 冊合訂本），海口：海南出版社，2000 年，第 369～370 頁。

〔註 120〕〔清〕王鑫：《剿匪竹坑興寧連次獲勝並上弭亂四策懇准添勇湘勇赴援江西稟》（咸豐三年八月），載《王壯武公遺集》卷 1，稟牘一，頁五，見沈雲龍主編：《近代中國史料叢刊》第 25 輯，臺灣：文海出版社，1966 年，第 197～198 頁。

林福盛所部附入當時的廣東團練總局，受總局的控制、指揮和約束。林福盛所部軍紀嚴明，根據林福盛頒布的團練告示，要求練勇早晚須練習技藝、槍炮，每逢三、六、九還要演操一次，並且該團的賞罰、醫治、撫恤等事務按照總局規定的章程辦理〔註121〕。相較於團勇，練勇的戰鬥力較強主要在於平時的操練，林福盛率領的「香勇」之所以成為同時期團練的典範不僅在於軍紀的嚴明，還在於由固定的日常操練所訓練出練勇優秀的戰鬥素質。

　　　　輪操團勇，從優獎勸。現奉箚飭，調集團勇二萬四千四百名。
　　此即宋沈作賓招募海盜及城鄉惡少，明花茂約束蜑戶、隱料無籍等
　　軍法。擬請選派忠實大員，會同督帶官，按地段分期輪操。計半月
　　一周，每操各賞銀一錢，扣月支銀四千八百八十兩。平時獎勸如此，
　　有事再按營制給餉，即成勁旅矣。否則，素無訓練，號召恐不靈，
　　縱勉強招集，亦不過烏合之眾耳。〔註122〕

　　這則史料雖然提到的是「團勇」，但是按照其招募的性質以及制定的賞銀制度來看，應該指的是「練勇」，同樣也是指出了練勇操練的重要性。

　　除了林福盛所率領的「香勇」之外，屬於練勇的還有東莞縣孝廉何仁山領導的團練（「東莞勇」）、新安縣主事陳桂籍領導的團練（「新勇」）、千總鄧安邦率領的「鄧勇」，以及花縣等地的練勇。還有就是道光年間林福祥士紳率領的「林家水勇」，和咸豐年間方源率領的「潮普勇」。自方源病逝之後，「潮普勇」由其兒子方耀接手。隨後方耀率領「潮普勇」與廣東洪兵進行激烈的戰鬥，戰功顯赫，升遷至副將，加總兵銜，直至光緒年間出任廣東提督，督辦廣州府、惠州府兩府團練。

　　以上提到的還是一些較為出名的練勇，各地州縣也記錄著一些當地士紳私募鄉勇的情況。例如在洪兵起義之時，南海縣士紳潘斯濂「出資募勇五百，肅清鄉界」〔註123〕。南海縣士紳冼斌（倬邦）與其兄冼佐邦捐資募勇、共辦團練。「冼佐邦捐資募勇，自成一軍，號南順營。省城解圍，進兵收復佛山。事平，

〔註121〕廣東省文史研究館、中山大學歷史系合編：《廣東洪兵起義史料》（上冊），「香山團練首領林福盛告示」，廣州：廣東人民出版社，1992年，第153～154頁。

〔註122〕《上兩廣張制軍策八條》（光緒九年八月二十二日），見〔清〕李蕊著，李維琦等校點：《兵鏡類編》附錄二，長沙：嶽麓書社，2007年，第824頁。

〔註123〕《（宣統）南海縣志》，卷14，列傳，頁一，「冼斌傳」，頁十二，「潘斯濂傳」，卷15，列傳，頁七，「梁葆訓傳」，見廣東省地方史志辦公室輯：《廣東歷代方志集成·廣州府部》第14冊，廣州：嶺南美術出版社，2007年，第349、355、383頁。

以所部劃歸府謝效莊管帶，善後事皆倚以辦，鄉人至今德之〔註124〕。」「（咸豐）四年，（冼斌）疊丁內外艱，值紅巾倡亂佛山，與兄舉人佐邦毀家辦團，率南順勇千餘隨同官軍收復佛山。獨力捐給餉械者九閱月。〔註125〕」還有如第二次鴉片戰爭期間，英法聯軍佔據廣州省城期間，南海縣士紳梁葆訓「募土勇為北路統帶，選精壯五百名，駐北門外高崗，運兵籌餉，身自任之」〔註126〕。

二、組織經費

（一）經費籌措

嘉慶年間平定白蓮教起義時的團練屬於官辦團練，由地方官府控制，官方提供一定的團練經費，形成了「地方官府、衙門佐雜、團練」的經費管理模式。但是朝廷與地方官府財政無法支應日益龐大的團練經費開支，加之各地吏胥假手團練經費，導致假公濟私、藉名科派等弊端叢生。因此嘉慶皇帝頒下諭旨要求團練經費由辦團士紳籌辦與使用，嚴禁地方官府插手〔註127〕。可以說清朝統治著放手讓地方士紳辦團以解救其統治危機，是中央對地方、皇權對紳權做出一重大讓步。

既然辦團經費由辦團士紳自行籌措，那麼籌措經費也就是辦團的首要問題。士紳對於經費籌措形式分為認捐、派捐和釐捐三種。

1. 認　捐

所謂認捐，一般是辦團士紳自掏錢包或者向其他富戶殷紳進行勸捐，以自願為原則，所以籌集所得的款項有多有少，時常也有不足的情況，主要是作為團練局的第一筆啟動資金而進行。認捐一般分為兩種情況，一種是辦團士紳謂籌集到足額的團練經費而先行墊資；這種認捐形式的目的只在於快速組建起團練，建立一支維護地方秩序的武裝隊伍。另一種認捐，即所謂的「捐納」，

〔註124〕《（民國）佛山忠義鄉志》，卷14，人物五，忠義，頁八，見《中國地方志集成·鄉鎮志輯》第30冊，上海：上海書店出版社，1992年，第575頁。

〔註125〕《（宣統）南海縣誌》，卷14，列傳，「冼斌傳」，見廣東省地方史志辦公室輯：《廣東歷代方志集成·廣州府部》第14冊，廣州：嶺南美術出版社，2007年，第346頁。

〔註126〕《（宣統）南海縣誌》，卷14，列傳，「梁葆訓傳」，見廣東省地方史志辦公室輯：《廣東歷代方志集成·廣州府部》第14冊，廣州：嶺南美術出版社，2007年，第379頁。

〔註127〕〔清〕許乃釗輯：《鄉守輯要合抄》（共十卷），卷首，頁三，清咸豐三年（1853）武英殿刊本。

是面向富戶殷紳為對象，以官階、職銜或爵位為回報的捐輸，該類形式也是俗稱的「賣官鬻爵」。

認捐的對象一般與團練關係不大，他們更關心的是捐納之後所獲得的「回報」，監生、例貢等下層士紳意圖通過捐納獲得官職，達成進入仕途的目的，而富農、地主、商人等較為富有的平民意圖通過捐輸獲得功名，以免除雜徭，且能夠光耀宗族、顯赫鄉里為最終理想。由於官階、職銜、和爵位這類榮譽是由朝廷授予的，因此採取此類形式的捐輸必須得到朝廷的批准才能執行，一般只有省一級的行政機構才有被授權的資格。由於封典、職銜等爵位授予獨屬於戶部特有的職權，因此戶部在咸豐初年駁斥了廣東提交的報捐封典、職銜者清單，並重申舊例，禁止外省染指。「封典、職銜乃現行常例事宜，未便率議准行。〔註128〕」但是由於廣東該項捐輸的數額巨大，如果取消該項捐輸事項，廣東當局的財政收入將會大為減少，因此廣東當局自是不願放棄此項捐輸，上疏奏請繼續收捐封典、職銜〔註129〕。在咸豐三年至四年（1853～1854），在廣東軍需局設立之前，廣東當局以「捐輸接濟團練」名目收取捐輸銀兩。

表 3-8　咸豐三年至四年（1853～1854）廣東軍需支用捐輸經費數額
〔註130〕

時　間	名　目	金額（兩）
咸豐三年春季	捐輸接濟團練經費	623,070
咸豐三年秋季	捐輸接濟團練	314,463
咸豐四年春季	捐輸接濟團練	124,373
咸豐四年秋季	捐輸接濟團練	178,797
合計		1,240,703

咸豐三、四年（1853、1854），廣東捐輸接濟團練金額多達 124 多萬，即平均每年捐輸款項超過 50 萬兩。由紳民捐輸封典、職銜的銀兩款項直接由廣

〔註128〕　《葉名琛等奏報廣東第三次捐輸名單並請給捐生封典職銜摺》（咸豐二年十二月十六日），見中國第一歷史檔案館：《清政府鎮壓太平天國檔案史料》第4冊，北京：社會科學文獻出版社，1992年，第232頁。

〔註129〕　《徐廣縉等奏報準部諮現停捐輸另捐接濟團練請量予准廣摺》（咸豐元年十一月初九日），中國第一歷史檔案館：《清政府鎮壓太平天國檔案史料》第2冊，北京：社會科學文獻出版社，1992年，第501頁。

〔註130〕　許存健：《清代咸豐年間廣東捐輸收支研究》，《中國經濟史研究》，2020年第5期，第38頁，表2。

東當局收取，歸入廣東軍需項目「捐輸接濟團練」之中。咸豐四年（1854），總督葉名琛成立廣東軍需局之後，原有的「捐輸接濟團練」名目取消，變成「收入的『非常規』來源和地方來源」名目，其間分類更為仔細。

在籌集團練經費期間，由於形勢危急，團練經費一時間無法籌集完備，所以許多辦團士紳往往會選擇自行墊資辦團。例如咸豐四年紅巾之亂時，南海縣士紳伍崇曜為達到迅速辦團的目的，旬日之內自掏腰包籌得十餘萬兩〔註131〕。咸豐四年，「紅匪蜂起大吏委辦鄉團，餉需奇絀。葆訓與諸父謀捐公產萬金濟軍食，號召石井、懷清、同風、恩洲四社丁壯千人悉力防堵，為省垣屏蔽。〔註132〕」

咸豐五年（1855）順德縣士紳龍元僖籌辦順德團練總局之時，自己就先捐出白銀十萬兩「以為之倡」〔註133〕。隨後龍元僖向其他士紳和富戶勸捐，共得捐銀 97 萬兩。其中大部分銀兩解送往省局，只留下 22 萬兩作為團練組織的啟動資金。咸豐七年（1857）龍元僖等紳創辦廣東團練總局之初，就經費籌集事宜龍元僖自行墊資一萬兩，與順德其他辦團士紳共籌借得到 10 萬兩辦團經費〔註134〕。光緒三十年（1904）年底總督岑春煊號召全省舉辦團練，並且辦團的各級官員首先進行捐輸做出表態。「（總督岑春煊）首捐廉銀二千兩，續據廣東藩司胡湘林、兩廣鹽運司恩霖各捐一千元，廣東臬司沈瑜慶捐銀五百元，署廣州府知府陳豐曾捐銀一千兩，並另行籌撥間款一千元，共為開辦經費。〔註135〕」

2. 派　捐

派捐有平均分攤之意，由團練局向管轄下的田產按畝徵稅或向城內商店鋪戶按戶徵收一定比例的銀兩，該種方式具有強制性，主要用於維持團練的運

〔註131〕　《（同治）南海縣志》，卷 14，列傳，頁四十八，「伍崇曜傳」，見《廣東歷代方志集成・廣州府部》第 11 冊，廣州：嶺南美術出版社，2007 年，第 637 頁。

〔註132〕　《（宣統）南海縣志》卷 15，列傳，頁七，「梁葆訓傳」，見廣東省地方史志辦公室輯：《廣東歷代方志集成・廣州府部》第 14 冊，廣州：嶺南美術出版社，2007 年，第 383 頁。

〔註133〕　〔清〕龍葆誠：《鳳城識小錄》卷上「順德團練總局始末」，見廣東省立中山圖書館、佛山市順德區清暉園博物館：《順德歷代文獻選篇文叢（第一輯）》，廣州：世界圖書出版廣東有限公司，2020 年，第 6 頁。

〔註134〕　〔清〕華廷傑：《觸藩始末》，見齊思和主編：《中國近代史資料叢刊・第二次鴉片戰爭》第 1 冊，上海：上海人民出版社，1978 年，第 193 頁。

〔註135〕　　中國第一歷史檔案館：《光緒朝朱批奏摺》第 26 輯（內政・職官、保警、禮儀），北京：中華書局，1995 年，第 626 頁。

轉，是團練經費的主要來源。例如嘉慶年間順德縣容桂公約的團練經費就從順德縣管理的沙田區域中抽收。嘉慶年間總督那彥成督辦沿海團練時，其團練經費也按照順德容桂公約的比例進行抽收。「凡有田一畝者，每月捐銀八釐，經營伊始，用度浩繁，合議欲收一年經費約一萬餘兩。〔註136〕」

咸豐五年（1855）順德團練總局成立後，東海護沙局接管了容桂公約，統歸於順德團練總局。東海護沙局將容桂公約徵收的每畝 8 分捕費提高到每畝 6 錢多，而且其管轄的東海十六沙及其子沙的沙田面積，要比容桂公約管轄的沙區區域大許多，因此東海護沙局每年從沙田徵收到的經費多達 23、24 萬兩〔註137〕。東海十六沙所能獲得的畝捐只是順德團練總局經費收入的一部分，順德團練總局轄下的新青雲文社也擁有一定數量的田產，而且順德團練總局從咸豐九年到同治九年還陸續購置一些田產，所以順德團練總局每年收取的經費自然比轄下東海護沙局徵收的畝稅多得多。

但是團練局向佃戶徵收畝稅所得的款項不一定能夠維持團練的正常運作，況且沙田畝稅時常出現拖欠不交的現象。於是辦團士紳借用官府名義或通過官府的權威，強行向富戶或鄰近州縣鄉村進行攤派籌借。如咸豐七年（1857）的廣東團練總局，在獲得順德士紳的 10 萬兩捐輸之後仍出現經費嚴重不足的情況，於是辦團士紳龍元僖借用官府名義強行向廣州省城內各富戶紳民進行籌借，並許諾自借錢之日進行計算，月加息 6 錢，先借用 10 個月，到期本息清還〔註138〕。此後，兩廣總督黃宗漢飭令地方官會同士紳按戶強制性進行派捐，分委總局各士紳先赴近省各縣進行籌借。但是有些捐戶認為和議已成，無需捐款，對官府與士紳的催捐進行抵制，嚴重阻礙團練經費的湊集〔註139〕。最後不得已，廣東團練總局聯合官府對廣州城內富戶殷紳以及鄰近州縣進行強行派捐，最終才勉強籌集到能夠維持團練運轉的經費資金。

〔註136〕〔清〕章佳容安輯：《那文毅公兩廣總督奏議》卷 11，頁四十八，見沈雲龍主編《近代中國史料叢刊》第 21 輯，臺北：文海出版社，1973 年，第 1466～1467 頁。

〔註137〕《東海十六沙紀實》，「經費之侵蝕」，轉錄於黃永豪：《土地開發與地方社會：晚清珠江三角洲沙田研究》，香港：文化創造出版社，2005 年，第 107 頁。

〔註138〕〔清〕龍葆誠：《鳳城識小錄》卷下，「廣東團練總局始末」，見廣東省立中山圖書館、佛山市順德區清暉園博物館：《順德歷代文獻選篇文叢（第一輯）》，廣州：世界圖書出版廣東有限公司，2020 年，第 31 頁。

〔註139〕〔清〕華廷傑：《觸藩始末》，見齊思和主編：《中國近代史資料叢刊・第二次鴉片戰爭》第 1 冊，上海：上海人民出版社，1978 年，第 193 頁。

同樣圍繞團練經費進行強行派捐的例子，還有咸豐四年十一月（1855.1），惠州府歸善縣知縣何慶齡派捐軍餉。「自團練以來，兩城捐輸軍費不下數萬，至是，知府陶澧統兵往援博羅，餉無所出，慶齡傳集紳民酌量派捐，共得銀八萬餘兩。〔註140〕」

設立於城中的街約團練，其經費籌措也是向城內鋪戶每家每戶進行徵收。例如鴉片戰爭期間廣州城內成立的街約團練。廣州城內的街約團勇訂立了團練章程，規定團練經費由廣州城內鋪戶按戶分攤〔註141〕。廣東洪兵起義起義期間，廣州城內設立的聯街團練同樣也是抽收鋪戶一個月租銀作為團練經費。

> 議已聯之街每店捐租銀壹月以充經費，餘十街已經報明，互相
> 存記外，其餘各街亦須報明。俟報齊刊掃分送聯街值事互相存記，
> 仍由各街自行管理，以便有事按數派抽，以昭平允。〔註142〕

直至光緒二十九年（1903）兩廣總督岑春煊再辦省團時仍舊按照抽收房租一月為團練經費進行辦理。

> 倡設鄉團，集一成一旅之眾，收群策群力之效，謹於月之初七日公集華村寺方丈堂商議籌款……並聞諸紳士擬抽收房租一月，主客各半以為團丁經費，刻已繕就章程十條〔註143〕。

順德大良公局的團練經費籌集則是對商店月租抽收和對附郭田畝的徵稅兼而有之。大良公局下轄四關公約（東關、北關、南關與城內公約），每年四關勇糧需銀五千兩，其中南關勇丁六十名，東、北兩關各四十名，分駐各卡。三關各設管帶一名，惟城內局勇八名無管帶。勇糧每名每月三元，管帶月薪各銀六兩，由大良局發給。同治十年，停抽商店鄉用，而附郭田畝仍照抽收，後改為每畝5毫〔註144〕。

〔註140〕《（光緒）惠州府志》，卷18，郡事下，頁二十五，見《中國地方志集成·廣東府縣志輯》第15冊，上海：上海書店出版社，2003年，第277頁。

〔註141〕《闔省城鋪戶居民等公啟》，見中國史學會主編：《中國近代史資料叢刊·鴉片戰爭》第3冊，上海：上海人民出版社，1978年，第358頁。

〔註142〕《聯街團練新增章程》（咸豐四年十二月，太平等六十六街全啟），見陳玉環；劉志偉整理：《葉名琛檔案兩廣督府衙門檔案殘牘》第7冊，廣州：廣東人民出版社，2013年，第194頁，檔案編號F0931／1541。

〔註143〕《粵辦民團》（光緒二十六年六月二十二日），《申報》，1900年7月18日。

〔註144〕《（民國）順德縣志》，卷3，建置二，「團局公約」，頁五，見《中國方志叢書·第4號》，臺北：成文出版社，1966年，第44頁。

以下是《葉名琛檔案》中廣州省城各商行以及廣州府各州縣捐輸團練經費數額：

表 3-9　咸豐年間廣州省城各商行接濟團練的捐輸數額情況〔註 145〕

行　業	應捐數額（兩）	未繳數額（兩）	已繳數額（兩）	已繳數額百分比
油行	30,000	15,100	14,900	49.67%
衣新行	4,000	1,560	2,440	61.00%
欄干行	720	400	320	44.44%
草紙行	360	360	0	0.00%
馨蘭煙行	500	500	0	0.00%
瓷器缸瓦行	10,000	10,000	0	0.00%
故衣行	10,000	10,000	0	0.00%
省城內外布行	30,000	8,000	22,000	73.33%
東西欄豬行	30,000	24,700	5,300	17.67%
鮮魚行	21,000	19,000	2,000	9.52%
藥材行	35,000	32,000	3,000	8.57%
繡布行	14,000	10,000	4,000	28.57%
糖行	35,000	28,000	7,000	20.00%
南北京果行 64 家	20,000	17,000	3,000	15.00%
南北京果行 32 家	10,000	10,000	0	0.00%
合計	250,580	186,620	63,960	25.52%

表 3-10　咸豐時期廣東府各州縣接濟團練的捐輸數額情況〔註 146〕

縣	地　區	應捐數額（兩）	已繳數額（兩）	已繳數額百分比
香山	小欖鄉	180,000	102,300	56.83%
	大黃團鄉	50,000	20,000	40.00%

〔註 145〕劉志偉、陳玉環主編：《葉名琛檔案——清代兩廣總督衙門殘牘》第 8 冊，廣州：廣東人民出版社，2013 年，第 267 頁，檔案編號 FO931／1777。
〔註 146〕劉志偉、陳玉環主編：《葉名琛檔案——清代兩廣總督衙門殘牘》第 8 冊，廣州：廣東人民出版社，2013 年，第 246 頁，檔案編號 FO931／1770。需要說明的是該表只是咸豐時期廣東接濟團練的捐輸數額中的一部分，只有廣東府五個縣的捐輸款項被記錄下來，其他府州縣捐輸情況未知。

	古鎮鄉	14,000	5,000	35.71%
	香山慢子洲	2,100	1,400	66.67%
順德	陳村鹹魚行	28,000	13,000	46.43%
	陳村錫箔行	5,000	2,000	40.00%
佛山	西關土絲行	50,000	20,000	40.00%
	佛山油行	10,000	8,000	80.00%
	三水西南油行	10,000	4,800	48.00%
東莞	石龍墟油行	30,000	12,000	40.00%
	石龍墟布行	24,000	10,000	41.67%
	石龍墟布行	12,000	6,600	55.00%
番禺	李村高長年	180,000	75,000	41.67%

　　廣州省城對於接濟團練的派捐是按照行業進行的，且各商行繳納情況各
不相同，整體上欠繳情況比較嚴重，已繳納金額只佔了 25.52%，其中草紙行、
馨蘭煙行等五行完全沒有繳納。相對於廣州省城各商行繳納情況，廣州府各
州縣繳納情況相對良好，各地捐輸的完成度在 35%～80%之間。當然，官府
的派捐時常伴隨著逼捐。特別是在危急之際，官府為了達到快速籌集軍費的
目的，不得不使用一些非常規的強制性手段。同樣，廣東當局通過派捐的方
式籌集團練經費，由於其派捐方式是直接攤派給各商行和地方州縣，規定數
額並由各商行工會頭目或由地方官負責徵收。所以各地負責人為了完成既定
的數額，自然避免不了強加征派，其方式、方法與強加賦稅無異。再加之其
間的各種橫征暴斂，商人、富戶疲於應付各種募捐、派捐，自然出現抵制派
捐甚至逃亡的情況。

3. 釐 捐

　　辦團士紳籌集團練經費還有一種形式即是釐捐。釐捐制度開始於咸豐三
年（1853），晚清時期遍及全國各省，成為各省財政重要來源〔註147〕。晚清
時期變亂頻頻，各地團練林立，而中央財政枯竭，為應付內憂外患的艱難局
面，特准於各地設卡抽稅，即謂之「釐捐」。咸豐年間順德團練總局設有六卡，
團練總局在時由總局直接管理進行抽稅，同治十一年（1872）團練總局撤銷
以後，歸新青雲文社接管〔註148〕。東莞出現類似徵收釐金的事件在咸豐五年

[註147] 彭雨新：《清末中央與各省財政關係》，見吳相湘、李定一、包遵彭編纂：《中
　　　　國近代史論叢》第二輯第五冊政治，臺北：正中書局，1963 年，第 16 頁。
[註148] 《（民國）順德縣志》，卷 3，建置二，「團局公約」，頁二，見《中國方志叢

（1855）。當時茶山鄉紳袁承泰等人為了籌集團練經費，訓練團勇，防禦何六洪兵起義軍的侵擾，於是「稟請縣憲設卡於峽口，抽收出入船隻貨釐，以為經常費」〔註149〕。承泰「出入鉤稽，親為籌畫，絲毫不苟，數年團練經費得以敷用，且積儲萬金，以備不虞」。

咸豐八年（1858）廣東開徵釐金〔註150〕。同治元年（1862）晏端書來粵督辦釐廠，廣東各地遂於江河的運輸樞紐紛紛設立釐廠〔註151〕。同治元年（1862）以前，清政府不准廣東自用所徵的釐金，要求全部調作曾國藩的軍費協餉，後來廣東督撫與曾國藩協商，以釐金的 30%留廣東使用，70%歸曾國藩協商。同治三年（1864）廣州設立釐金局，將徵收銀用於廣東地方財政支出，這是廣東地方自行支配稅款的開端〔註152〕。然而事實上，釐捐之抽取實施未久，其本身制度上亦發生種種弊端，如各地設卡太多，擾民私飽之事所見皆在〔註153〕。由於釐金徵收弊端叢生，且各地團練對釐金的截留嚴重影響中央財政收入，於是朝廷遂有禁止之令：「諭令各省團練不許動用地丁銀兩，又不許動用釐金」〔註154〕。

同時也存在一種情況是無需籌措經費，即辦團士紳或地方官臨時組建團練，由於一時餉無所出，因此決定讓參加團練的鄉勇自備糧食。廣東省樂昌縣志記載，於咸豐四年八月（1854.9）闔邑舉辦團練，「自備糧食，輪流戍之」〔註155〕。

書・第4號》，臺北：成文出版社，1966年，第42頁。
〔註149〕《茶山鄉志》，卷4，清人物，頁七十二，見《中國地方志集成・鄉鎮志專輯》第32冊，上海：上海書店出版社，2003年，第407頁。
〔註150〕廣州市經濟研究院、廣州市地方志編纂委員會辦公室編：《廣州近代經濟史》，廣州：廣東人民出版社，1998年，第122頁。
〔註151〕《（民國）東莞縣志》，卷22，經政略，頁二十一，見廣東省地方史志辦公室輯：《廣東歷代方志集成・廣州府部》第24冊，廣州：嶺南美術出版社，2007年，第259頁。《（民國）順德縣志》，卷23，前事，頁十一，見《中國方志叢書・第4號》，臺北：成文出版社，1966年，第274頁。
〔註152〕廣州市經濟研究院、廣州市地方誌編纂委員會辦公室編：《廣州近代經濟史》，廣州：廣東人民出版社，1998年，第122頁。
〔註153〕王雲五主編：《道咸同光四朝奏議》，臺北：臺灣商務印書館，1970年，第1178頁。
〔註154〕〔清〕劉愚：《醒予山房文存》，卷3，頁一，同治元年刊。
〔註155〕《（民國）樂昌縣志》，卷19，大事紀，頁十一，見《中國方志叢書・第184號》，臺北：成文出版社，1967年影印本，第192頁。

（二）經費支出

　　既有團練經費的籌措，必有經費的支出。團練經費的支出主要包括以下幾項。

　　第一，公共工程建設費用。

　　團練局作為地方社會組織，加之以地方士紳為領導，因此團練局兼有管理地方事務的職責所在，其中包括一些公共工程的建設。以咸豐年間順德團練總局為例，咸豐五年（1855）收復縣城後，首先把團練總局的不菲經費劃出一部分，幫助官府修理損毀的城堡、衙署、火藥庫等。咸豐六年（1856）順德縣城因洪兵起義而導致米價昂貴，團練總局出資把常平倉的倉穀平價糴進來，作為儲備用米。咸豐七年（1857）團練總局代替地方官府開倉放穀，並制定平糴章程，實行平糴價格。因為洪兵陷城導致損失大量倉穀，所以順德團練總局為此買穀填倉墊付了近 9 萬兩。咸豐九年（1859）總局為縣購入稻穀以補充倉穀。而且，團練局還在咸豐十一年（1861）向貢院及學府提供過修理經費。同治六年（1867），在順德縣城南流淌的碧鑑河已有 30 年之久沒有疏通，順德團練總局投資 5.5 萬兩進行峻渫。同年，總局撥款興建了永濟義倉。

　　此外順德團練總局還承擔起拆除石閘、疏通河道的事務〔註 156〕。嘉慶年間，海盜首領張保所率的紅旗幫經常對順德縣沿海村落進行騷擾。村民為了防止海盜登岸騷擾，在太平臺外增築攔海暗石閘。後來洪兵擾亂，村民更是增高石閘以禦賊艘。然而，石閘的增築經常導致下流阻礙，附郭田盡遭淹浸，導致送喪歉收。因此，經過順德團練總局眾位局紳的討論，決定將石閘兩旁開口挖深，並將閘外新築坦壩一律毀拆，以暢河流而免淤塞。另外，因為舊寨鄉因鍬湧運泥，復在太平臺水閘外堆積成壩，致礙河流，所以邑紳以地方利害攸關，商允舊寨鄉紳雇工拆平如舊。

　　第二，向省局及中央財政的捐輸。

　　向省局和中央財政的捐輸這一點在順德團練總局與順德團防總局表現得相當突出，在某種意義上順德團練總局與順德團防總局是作為廣東當局籌款機構而存在的。順德團練總局捐輸情況如下：

　　咸豐八年（1858）為廣東團練總局籌集經費。

〔註156〕《（民國）順德縣志》，卷 6，經政，「禁令」，頁二十三，見《中國方志叢書·第 4 號》，臺北：成文出版社，1966 年，第 102 頁。

同年開始為省局籌集「西北江年餉」。

咸豐十一年（1861）籌借「京倉米銀兩」（米捐）。

同治元年（1862）籌借「高州軍餉」。

同治二年（1863）徵收「京倉米本銀兩」。

同年，徵收「高州、廣海軍餉」。

同治四年（1865）籌借「東江軍餉」。

同年七月籌借「東北江軍餉」。

光緒元年（1875）籌借「海防經費」。

光緒十年（1884）續徵「海防經費」。

從咸豐五年（1855）到光緒十年（1884）的 30 年間，順德團練總局和順德團防總局總共發生 12 次捐輸，給省解送銀兩總額高達 156 萬餘兩，其中有 75 萬兩是咸豐五年收復縣城、順德團練總局成立以後，籌集總局第一批啟動經費時進行的。

第三，團練局內部人員的待遇，即局紳的薪水、團勇練勇的口糧，同時包括局內的司事酬勞、夫役、工金、閱勇賞犒、灶膳、篷廠、房租、心紅紙張等一切雜費之用。

中法戰爭期間潮防方面，《又與潮州鎮會詣各處查驗炮勇察看海口各炮臺及內河水道形勢暨勸辦各屬團練稟》中提到，「現將鷗汀等三十八鄉內挑出團勇一千名。每月小口糧及團長團副薪水均照鷗汀局發給，以為南北港炮臺應援，並與崎碌炮臺首尾相顧，以上團勇一千五百名。遇警接仗即照營勇大口糧發給。每局由官給旗幟、號衣、洋槍、抬槍軍火。〔註 157〕」

光緒年間成立的順德團防總局，轄下 10 區城鄉共雇募精壯 5000 名，丁壯的口糧、軍火以及局紳的薪水由團防局從沙捐中提留 3 成進行支發〔註 158〕。另外，如果像炮臺這樣的防禦工事缺乏兵弁駐守時，其轄區所在的團練局要調撥團勇進行駐守，其團勇的口糧與月薪按照守臺兵員的待遇等額髮放，其費用由團練局負責。例如咸豐七年（1857）順德縣添設竹園、神步兩炮臺，所缺駐守兵弁由順德團練總局派勇負責，其中神步臺 20 名，竹園臺 10 名。

〔註 157〕 饒宗頤：《潮州志》兵防志，海防，附錄，頁七十一，汕頭：潮州修志館，1949年。

〔註 158〕 〔清〕龍葆誠：《鳳城識小錄》卷下，「順德團防總局始末」，見廣東省立中山圖書館、佛山市順德區清暉園博物館：《順德歷代文獻選篇文叢（第一輯）》，廣州：世界圖書出版廣東有限公司，2020 年，第 45 頁。

每名駐守兵勇曰需餉銀 3 元，每臺須各設管帶一員，月薪 6 兩。至新滘、太平兩臺，亦由邑局津貼銀兩，每月臺官具狀赴領。四臺為縣城鎖陰，皆撥田產作長年經費〔註 159〕。

第四，團練所需的軍火、器械、旗幟等購置裝備的費用，以及操練士兵所需的訓練費用等等。

光緒十年六月十三日（1884.8.3），兩廣總督張之洞向民間發布了就捐辦團告示中提到，「惟平時之操練器械，臨事之口糧賞需，既非枵腹可以從公，亦非徒手可以集事。前者委員分往各縣諭紳富捐輸以充防餉，業經開辦在案，原係量捐給獎，並無絲毫抑勒。聞各縣慷慨樂輸，大率皆捐有成效。〔註 160〕」

光緒十一年二月十五日（1885.3.31），順德團防總局調集 10 區分局團勇操演一次，四月又操演一次，兩次只調百長、什長，團勇不調，這幾次操演共花費捐銀 13 萬 736 兩〔註 161〕。同時在中法戰爭期間，順德團防總局為了防備法國侵略者的侵擾，派人分赴陳村石歧買備洋藥、銅箱等對象，前後動用銀兩近萬〔註 162〕。

光緒二十八年（1902）廣東番禺縣制定了詳細的團練章程。「團內製辦軍火、器械、旗幟、號衣、竹帽、燈籠，一切費用應歸各鄉自籌，或捐自殷戶，或捐自各姓公款，就其力所能者，酌量捐助，毋得強行科派，亦不准違抗阻撓，致干查究〔註 163〕。」

第五，出力團勇、練勇的獎賞以及陣亡犧牲人員的撫恤。

〔註 159〕《（民國）順德縣志》，卷 2，建置二，青雲文社，頁三十四，見《中國方志叢書‧第 4 號》，臺北：成文出版社，1966 年，第 38 頁。

〔註 160〕《就捐辦團示》，光緒十年六月二十三日，見苑書義、孫華峰、李秉新：《張之洞全集》第 6 冊，石家莊：河北人民出版社，1998 年，第 4848～4850 頁。

〔註 161〕〔清〕龍葆誠：《鳳城識小錄》卷下，「順德團防總局始末」，見廣東省立中山圖書館、佛山市順德區清暉園博物館：《順德歷代文獻選篇文叢（第一輯）》，廣州：世界圖書出版廣東有限公司，2020 年，第 46 頁。《（民國）順德縣志》，卷 23，前事，頁十五，見《中國方志叢書‧第 4 號》，臺北：成文出版社，1966 年，第 276 頁。

〔註 162〕〔清〕龍葆誠：《鳳城識小錄》卷下，「順德團防總局始末」，見廣東省立中山圖書館、佛山市順德區清暉園博物館：《順德歷代文獻選篇文叢（第一輯）》，廣州：世界圖書出版廣東有限公司，2020 年，第 46 頁。《（民國）順德縣志》，卷 23，前事，頁十五，見《中國方志叢書‧第 4 號》，臺北：成文出版社，1966 年，第 276 頁。

〔註 163〕《廣東番禺縣錢明府所定團練章程》（光緒二十八年十一月二十四日），《申報》，1902 年 12 月 23 日。

　　中法戰爭期間順德團防總局轄下第五區的水藤五鄉公約團練章程，規定每一個入會的成員收費一釐，故稱為「一釐會」，共收 10 萬餘份，團練組織中的捕盜、賞罰等費用支出由會員所交的銀兩中攤派扣除〔註 164〕。

　　光緒二十八年（1902）廣東番禺縣團練章程中規定，「如遇賊匪搶劫拒捕，被團丁當場格殺者，照律弗論。拿獲解官究辦者，酌給花紅。或被賊拒捕致有傷亡，應由該鄉籌款給恤，酌予醫費，並照章由縣局請恤，其有被劫已成，追獲原贓者，應如何給賞，由紳耆自行酌定。〔註 165〕」

　　光緒三十二年（1906）順德縣江尾五堡聯防公約團練章程中第 4、5 條「賞賚之法」和「醫恤之法」就是針對出力的團勇和受傷甚至陣亡犧牲人員撫恤做出的規定〔註 166〕。

第五節　辦理模式與職能

一、辦理模式

　　關於清代團練辦理模式的討論，崔岷從清代「團練大臣」設裁為線索，總結出清代團練從「官辦」—「官督紳辦」—「紳督紳辦」—「官辦」辦理模式的演變〔註 167〕。不過，崔岷提出的清代團練辦理模式的演變卻並不適用於清代廣東團練，就清代廣東團練的具體情況應當另作探討。

　　所謂的「團練辦理模式」（簡稱「辦團模式」）就是團練領導者之間組織權與監督權的權責劃分問題，即規定誰來領導團練組織、誰來對團練組織實施監督的問題。關於清代廣東團練組織的辦理模式主要有官督紳辦、官辦與紳辦三種形式，其中官督紳辦是清代廣東團練的主要辦理模式。

（一）「官督紳辦」

　　清代廣東地區由官方主導的第一次辦團行動過程中，嘉慶十年（1805），

〔註 164〕　《（民國）順德縣志》，卷 3，建置二，「團局公約」，頁八，見《中國方志叢書·第 4 號》，臺北：成文出版社，1966 年，第 45 頁。

〔註 165〕　《廣東番禺縣錢明府所定團練章程》（光緒二十八年十一月二十四日），《申報》，1902 年 12 月 23 日。

〔註 166〕　《（民國）順德縣志》，卷 3，建置三，團局公約，頁十，見《中國方志叢書·第 4 號》，臺北：成文出版社，1966 年，第 46 頁。

〔註 167〕　崔岷：《游移於官、紳之間：清廷團練辦理模式的演變（1799～1861）》，《史學月刊》，2019 年第 7 期。

兩廣總督那彥成勸諭地方士紳組建團練、報充團總，並要求地方官對團練領導者的團總和團練的活動事項實施監督，據實奏報，予以獎懲。「州縣印官不時親自下鄉查點。試驗人數齊整者獎賞，抗玩不行者責懲。務使異黨互相聯絡，首尾相應，如常山之蛇，果能齊心合力，擒魁殺賊，地方官據實稟報覈其功之大小。團總或奏予職銜，或旌以匾額。共事出力之人，賞給銀兩，優示鼓勵。倘鄰村被劫，坐視不救，則團總、練長咎有難辭。或因號炮不明，則將卡勇責懲。〔註 168〕」總督那彥成對辦團中地方官與辦團士紳的權責劃分，是對廣東團練「官督紳辦」辦理模式做出明確的規定，並為後來的辦團者所沿用。

咸豐七年（1857），英法聯軍佔據廣州省城，督撫二人成為階下囚，朝廷詔諭羅惇衍、龍元僖、蘇廷魁三紳辦理廣東團練，建立廣東團練總局〔註 169〕。因為廣東團練總局比以往廣東團練組織的規格等級要高，所以其督辦廣東團練的士紳是由咸豐皇帝親自頒發諭旨任命的。朝廷一方面將廣東團練大權交與羅、龍、蘇三紳，另一方面又不斷囑咐三紳要「按兵不動」，靜候新任兩廣總督到粵代為主持〔註 170〕。由此可見，即使在廣東督撫被擄、無人主政的危急形勢下，清廷仍然堅持「官督紳辦」的辦團原則。

光緒中法戰爭期間，兩廣總督張之洞將廣東沿海防務劃分成省防、瓊防、廉防、潮防四大區域進行防守。四個區域各辦團練，由總督張之洞總之，省防團練交由前太常寺卿龍元僖、前光祿寺卿黎兆棠、禮部侍郎、侍讀學士李文田、前戶部郎中葉衍蘭、前直隸大順廣道黃槐森、吏部主事麥寶常、江西撫州曹守秉濬、前甘肅蘭州道曹道秉哲等眾位士紳負責〔註 171〕。雷、瓊兩府團練交由前戶部主事潘存士紳辦理，前福建汀延鎮總兵林宜華、前戶部主

〔註 168〕〔清〕章佳容安輯：《那文毅公兩廣總督奏議》卷 11，頁四十一至四十二，見沈雲龍主編《近代中國史料叢刊》第 21 輯，臺北：文海出版社，1973 年，第 1453～1455 頁。

〔註 169〕《清實錄》第 43 冊，文宗顯皇帝實錄（四），卷 243，咸豐八年正月己卯，北京：中華書局，1986 年，第 759～761 頁。

〔註 170〕《清實錄》第 43 冊，文宗顯皇帝實錄（四），卷 250，咸豐八年四月壬子，北京：中華書局，1986 年，第 870～872 頁。

〔註 171〕〔清〕北洋大臣李鴻章與兩廣疆吏會銜合奏：《兩廣辦理團練出力官、紳請獎片》（光緒十二年六月），見顧廷龍、戴逸主編：《李鴻章全集》第 11 冊，奏議十一，合肥：安徽教育出版社、安徽出版集團，2008 年，第 453～454 頁。《清實錄》第 54 冊，德宗景皇帝實錄（三），卷 195，光緒十年十月己卯，北京：中華書局，1986 年，第 776～777 頁。

事陳喬森幫同潘存籌辦〔註 172〕。廉防方面欽州地區團練交由前廣西提督馮子材任之。另外惠州府和潮州府海豐、陸豐、潮陽、揭陽、普寧、豐順、興寧等縣皆已陸續辦成團練〔註 173〕。此外，總督張之洞在四大區域分派官員籌辦防務同時監督該地區的團練情況，如省防由廣東提督方耀負責，惠州府的防務由廣東陸路提督蔡金章負責，瓊州府防務由瓊州鎮總兵吳全美負責，雷州府防務由署雷瓊道王之春負責，廉州府防務由高州鎮總兵張得祿、總兵李起高、欽州參將莫善喜等人負責，潮州府防務則由惠潮嘉道張聯桂、潮州鎮總兵王孝祺等官員負責。在張之洞的部署之下，光緒中法戰爭期間的廣東團練形成了典型的「官督紳辦」辦理模式。

光緒二十四年，由於廣東全省盜匪問題頻發，朝廷授意辦理廣東全省團練。諭旨下達後，總督譚鍾麟在廣州省城設立廣東全省團練總局，招攬一批如鄧蓉鏡、潘衍桐、何榮階、丁仁長等有名士紳主持團練總局工作。總督譚鍾麟親自坐鎮廣州監督團練總局工作情況，並向朝廷彙報進展。由此可見，直至清末光緒年間廣東團練一直延續著「官督紳辦」的辦理模式。

清代廣東團練從創建之初就實施「官督紳辦」的辦理模式，這與同一時期白蓮教起義期間中原地區團練的官辦模式迴然不同。而且「官督紳辦」一直是清代廣東主要的辦團模式，從嘉慶到光緒一百餘年時間裏幾乎無多大的變動。

（二）官辦與紳辦

清代廣東團練的辦理模式除了「官督紳辦」的官與紳聯合辦團模式之外，還存在官辦與紳辦兩種形式。這裡的官辦、紳辦指的是官員或士紳獨立辦團的形式。「官督紳辦」的辦團模式更多對應的是標準型的組織建置，而官辦則是對應的是簡化型之一，紳辦可能對應的是簡化型之三。「官督紳辦」是清代廣東團練的主要辦團模式，官辦與紳辦在清代廣東團練中屬於特殊情況，比較少見。出現官辦團練的情況與上文「簡化型之一」出現的情況如出一轍。所謂的「紳辦」的團練辦理模式指的是沒有獲得官府認可，由士紳獨立私自辦理的團練，亦稱為「私團」（與官員辦團的「官團」相對應）。沒有受官府監督的「私團」可能導致「黑團」的出現。而正如前文所述，沒必要將清代團練

〔註 172〕《會奏籌防瓊州摺》（光緒十年三月十二日），見〔清〕彭玉麟著、梁紹輝等整理：《彭玉麟集》上冊，奏稿·電稿，長沙：嶽麓書社，2003 年，第 382頁。

〔註 173〕饒宗頤：《潮州志》兵防志，衛所，三，汕頭：潮州修志館，1949 年。

類型劃分為「官團」與「紳團」，因此，在此亦沒必要對於官辦與紳辦兩種較為少見的獨立辦團模式進行過多闡述。因為無論在於官方還是士紳一方，清代大多數團練組織奉行「官督紳辦」為運行原則。

二、組織職能

清代廣東團練組織的職能，大致可分為靖亂平叛和社會管理兩種。

（一）靖亂平叛

當戰亂肇起官府單方面無力應對之時，地方士紳繼而辦團以自衛，進而協助官府戡平戰亂，維護社會秩序的穩定。一般來說，社會動亂產生以後，由於官府的勸諭或民間的自發組織，團練才逐漸得以興辦，而在社會動亂平息以後，團練往往會存續一段時間，朝廷與官府藉以維持社會秩序的穩定。

嘉慶以後的廣東社會爆發了六次大型的社會動亂，由此引發了廣東當局主導的五次大型辦團行動。需要說明的是，清代廣東團練在各個階段中都歷經了產生、發展和裁撤三個過程，並且由於各個階段廣東團練所要打擊的對象及其承擔任務的不同，因此各個階段的廣東團練之間彼此互不關聯。

細數清代廣東團練平定的內亂，既包括了天地會起義、華南海盜活躍，也包括了土客械鬥以及洪兵起義，廣東團練對於這些內亂的平定似乎是無往不利、得心應手。而清代廣東團練對於西方侵略者的對外鬥爭，卻與清代同一時期其他省區的團練對外鬥爭行動有著同樣的乏力與尷尬。雖然在兩次鴉片戰爭中廣東紳民組建團練與外國列強的侵略行動展開巧妙的周旋與積極的鬥爭，但是鬥爭的結果還是以清政府簽訂不平等條約、割地賠款、開放通商口岸的結局告終。清代廣東團練在對外鬥爭中存在失利不僅要歸因於清政府的對外妥協，而且在對外鬥爭中清代廣東團練之間缺乏相應配合亦是對外鬥爭失利的一個重要因素。例如光緒二十四年至二十五年（1898～1899）清政府對香港新界和廣州灣的割讓，由此引發兩地民眾自發組建團練，對英法兩國的殖民者的侵略行為進行激烈的鬥爭。雖然這兩起事件的發生是由西方列強無理強佔中國領土、侵害中國主權所引起的，同屬於晚清中國的「外患」問題，但是由於缺乏朝廷與官府的主導與支持，兩地團練組織也缺乏了互相支持，陷入各自為戰的窘境，最終兩地團練活動趨於失敗。儘管如此，由廣東紳民組建的團練在一系列的對外鬥爭中已經盡到該有的保家衛國的職責與義務。清代廣東團練的對外鬥爭、反抗外來侵略成為其最為顯著的發展特色。

（二）社會管理

1. 社會治安管理

第一，「保良攻匪」。

清代廣東團練除了在軍事鬥爭中發揮著反侵略和平內亂的重要作用，還承擔著維護地區治安管理的重要職責。辦團士紳在一系列的團練活動中協助官府加強社會行政管理方面，「保良攻匪」是其重要體現。

「保良攻匪」是公約、公局作為官府認可的地方社會管理機構的一項重要職能。所謂的「攻匪」即是公約有權稽查本村鄉中形跡可疑人員，並將認定為「匪」的人員送官究辦；而那些被誤判誤拿的本村鄉民，通過本鄉公約在局士紳出具甘結，自證其清白，此為「保良」。無論是「攻匪」還是「保良」，公約出具的文書都必須加蓋官府辦法的戳記作為憑證。除此之外，公約還有權處理一些除命案以外的小型司法案件，並可以調解鄰里糾紛等民間矛盾衝突。

簡而言之，「保良攻匪」是廣東當局和地方官府授予類似公局、公約一類的團練組織，在社會行政管理方面針對盜匪一類案件的一種司法審判權力。團練組織必須擁有由官府頒發的「保良攻匪」戳記，才被視為合法組織，才能得以成立和運行。同時，「保良攻匪」戳記作為團總約紳對不法肇事者緝捕查拿的權力憑證〔註174〕。

不僅是公局、公約一類的團練組織，鴉片戰爭期間以書院、社學為團練領導機構成立的團練組織也是具有「保良攻匪」的社會管理職能。在鴉片戰爭以前，廣東的社學、書院仍然保留著教習文章及推行教化的兩項主要職能。鴉片戰爭以後，社學、書院這兩項職能逐漸淡化，社學在士紳的領導之下逐漸變成組織軍事及地方行政、司法的行政機構。民國《花縣志》就指出這種變化的普遍性：

> 查考今本邑之書院社學，其延師講藝者，時作時輟，近來各鄉
> 重罹兵賊，多為練團防禦保良攻匪之地，而延師課藝者，十無其
> 二。〔註175〕

〔註174〕〔清〕黃恩彤：《粵東省例新纂》（共八卷）卷5，頁三十八，清道光二十六
　　　　年（1846年）藩署刊本，中山大學圖書館館藏。

〔註175〕《（民國）花縣志》，卷5，學校志，書院社學，頁十七，見廣東省地方史志
　　　　辦公室輯：《廣東歷代方志集成‧廣州府部》第47冊，廣州：嶺南美術出版
　　　　社，2007年，第328頁。

　　為了達到對匪徒及其黨夥形成足夠的震懾效果，朝廷和地方官府允許團練局無需經過審判程序對極端惡劣的「擾亂者」實施「就地正法」。在清剿洪兵餘匪過程中，各地團練局和總督葉名琛所「就地正法」的匪徒數量多到令人咋舌。

　　第二，緝捕盜匪。

　　位於基層的團練局以防衛為主要職能，在官府的監控之下掌握了一定規模和訓練的常設或半常設的武裝。清朝統治者不允許存在跨州縣級別的大型團練，因此一般團練組織的規模只限於縣級以下，並配備有數十至百餘人的團勇練丁以為防衛之資。這些團勇練丁不僅承擔防衛地區的職責，而且時常被官府抽調，完成一些緝捕事務。

　　例如同治五年（1866），廣寧知縣杜鳳治帶隊下鄉石狗墟緝捕著匪「謝單隻手」一事。據稱，綽號「單隻手」的著名巨匪在石狗墟犯案多起，屢屢攔截往返船隻，訛索銀物，彰明勒詐，毫無顧忌。因此，杜鳳治下鄉緝捕謝單隻手時，程村士紳職員伍蕃昌、秦崀士紳軍功黃國芳「各有壯勇五十名侯調遣」〔註176〕。另外飭令文通書院陳天寵為首諸紳增派四五十名團勇，以加強防禦。

> 嗣後不論白日黑夜，如聞鳴鑼報警，大鋪出二人，小鋪出一人，
> 預備器械、燈籠，與書院丁勇齊心防捕。如避差不出或遲到，大鋪
> 罰制錢一千文，小鋪五百文，倘不受罰，稟知加罰。居民人等除老
> 幼外，所有丁壯齊出協助，均聽書院總紳陳天寵調度，又發朱諭交
> 陳天寵轉諭。又諭陳生：書院團勇僅二十人，恐不敷用，宜再團集
> 四五十名，謝匪意存窺伺，不可不防。〔註177〕

　　在整個行動中，杜鳳治所率的兵勇雖不曾與「謝單隻手」交手，但曲水鋪士紳所率領基層練勇擊敗搶匪，並轟斃1名，俘虜了3名，解交杜鳳治審訊勘查〔註178〕。可見，官府在兵勇缺員的情況下，調用團勇練丁以協助完成緝捕

〔註176〕〔清〕杜鳳治：《望鳧行館宦粵日記》（手抄本），同治六年七月初五日，見廣東省立中山圖書館、中山大學圖書館編：《清代稿鈔本》，第10冊，廣州：廣東人民出版社，2007年，第145～146頁。

〔註177〕〔清〕杜鳳治：《望鳧行館宦粵日記》（手抄本），同治五年十一月十九日，第98頁。

〔註178〕〔清〕杜鳳治：《望鳧行館宦粵日記》（手抄本），同治五年十一月十九日，第96～97頁。

任務，以維持治安。此外，不僅緝捕一事，地方上的防衛、調查、羈押、拘傳、初審、解送等許多事項皆由團練組織承擔。維持社會治安大概是官府對於團練組織最為依靠、責成最重的一項內容。

清末廣東盜匪問題頻發，各地團練局成為官府治理盜匪問題所倚重的專門機構，由官方主導的「清鄉」行動更是需要各地方團練組織的全力支持和密切配合才能得以推行。可見在治理盜匪問題上，團練組織協助官府加強社會管理方面具有的重要地位。

2. 受理詞訟，調解民間糾紛

如果用今天「訴訟法」的觀念去看待清朝的審判制度，清朝法律條文明確規定最低層級的審判機關是州縣衙門，只有州縣官才有權聽訟。但不少學者注意到，清代許多民事糾紛並不由官府進行審判，更多的是由宗族、保甲、鄉約等處進行調解和處置〔註 179〕。光緒二十一年（1895）廣州城河南地區大塘鄉、龍潭村兩村械鬥，河南地區的鄉局士紳出面為之調解〔註 180〕。光緒二十七年（1901）廣州城南客村、大塘鄉兩鄉即將發生械鬥，南洲局各紳出面代為調和，極力化解兩村矛盾〔註 181〕。光緒二十九年（1903）廣州城南發生大規模的聯村械鬥事件，南州局紳隨同地方官員前往彈壓、調和〔註 182〕。在杜鳳治的日記中也可以看到大量涉及田土、錢債、鬥毆、婚嫁、家族、墳山之類的民事糾紛。按照清朝法律規定，受理詞訟的應該是州縣官，但很多情況下官府則將此類案件交由團練局處理。當事人如果直接向州縣衙門提起訴訟，則會被視為越級訴訟。可見，團練組織成為州縣衙門以下一級的司法機關。

〔註 179〕 鄭秦：《清代司法制度研究》，長沙：湖南教育出版社，1988 年。梁治平：《清代習慣法：社會與國家》，北京：中國政法大學出版社，1996 年。吳吉遠：《清代地方政府的司法職能研究》，北京：中國社會科學出版社，1998 年。黃宗智：《民事審判與民間調解：清代的表達與實踐》，北京：中國社會科學出版社，1998 年；《清代法律、社會與文化：民法的表達與實踐》，上海：上海書店出版社，2001 年；《法典、習俗與司法實踐：清代與民國的比較》，上海：上海書店出版社，2003 年。

〔註 180〕 《彈壓械鬥》（光緒二十一年六月六日），《香港華字日報》，1895 年 7 月 27 日。

〔註 181〕 《幾釀械鬥》（光緒二十七年三月二十九日），《香港華字日報》，1901 年 5 月 17 日。《息爭賠款》（光緒二十七年五月十一日），《香港華字日報》，1901 年 6 月 26 日。

〔註 182〕 《鄉鬥詳述》（光緒二十九年五月九日），《香港華字日報》，1903 年 6 月 4 日。

民間租佃糾紛是經常發生的事，有實力的士紳自可以依靠本身勢力迫使佃農交租，但是中小地主遇到欠租，若走訴訟一途，催回的租金很可能彌補不了打官司的費用。對於租佃糾紛，地方官吏通常也會交由宗族組織或團練公局進行處置，或根據公局士紳的稟覆做出裁決。且中小地主與佃戶的欠租糾紛，數額一般不會太大，屬於「錢債細故」，多數會在宗族組織、團練公局內部解決，無需告到地方衙門。

無論按照當時還是今天的法律觀念，公局局紳的處理均非法定審判，只是接受知縣的「諭飭」對糾紛進行調解。但是團練公局對於案件處理結果是有一定的強制性。各級公局儼然成為調解、審判的一個權力機關。知縣以「諭飭」的方式委託公局調查、調解、處理案件，局紳必須遵照執行，不可推卸。如同治十三年（1874），羅定州楓梢寨梁寬殺妻一案，梁姓紳耆、族老無人願意出頭作證。杜鳳治命局紳黃亨衢「作函與該處及附近村莊各紳耆即速來秉公據實稟明，以便提犯研訊，如再觀望不前，請將各紳耆姓名開來，本州按名嚴傳，自取擾累〔註 183〕」。黃亨衢立即作函叫各紳按知州所諭共稟。由此亦看出，團練組織的辦團士紳事實上已擁有民事案件甚至部分刑事案件的調查、調解、仲裁、初審（甚至訊結）等「合法」權力。

3. 控制一方經濟，協助官方徵稅

珠江三角洲沙田區域是清代廣東最為富庶的經濟區域，不少團練組織皆插手對沙田區域的管理。例如最為典型的管理「東海十六沙」的順德團練總局。除了順德團練總局，東莞縣士紳通過設立東莞明倫堂而對縣內沙田區域實施控制。東莞縣士紳最初都參與了道光年間鴉片戰爭期間的團練運動。第一次鴉片戰爭剛剛結束，官府就以給養虎門炮臺的名義向東莞明倫堂提供一筆巨額補助，以便開發沙田。官府不僅授權東莞明倫堂開發俗稱「南沙」的沙田，還讓它染指南沙附近的「萬頃沙」〔註 184〕。由於這些沙田與香山縣接鄰，東莞、香山兩縣士紳最初就開發沙田問題產生糾紛。道光二十五年（1845）雙方妥協，糾紛告一段落〔註 185〕。之後，東莞明倫堂不斷購買沙

〔註183〕〔清〕杜鳳治：《望鳧館行宦粵日記》（手抄本），同治十三年八月十八日，見
　　　　廣東省立中山圖書館、中山大學圖書館編：《清代稿鈔本》，第 16 冊，廣州：
　　　　廣東人民出版社，2007 年，第 130 頁。
〔註184〕葉少華：《東莞明倫堂》，見廣東省政協文史資料研究委員會：《廣東風情錄》，
　　　　廣州：廣東人民出版社，1987 年，第 125～129 頁。
〔註185〕黃永豪：《土地開發與地方社會——晚清珠江三角洲沙田研究》，香港：文化

田，並在縣衙門登記沙田，因而擴大其名下的沙田面積。領導東莞明倫堂不是個人，而是一群士紳，他們都來自東莞縣內的望族。道光年間，他們在東莞縣建立了相當穩固的社會網絡，也頗得官府支持。

在史學研究中以外的人群心目中，可能以為清朝官吏主要逼迫農民（庶民）納糧，但實際上清朝是以田土業主為對象進行徵糧，而不管其業主身份。雖然很難找到有關清代庶民、士紳分別佔有土地比例的史料，但就其常理而言，士紳一般會比庶民擁有更多的土地，尤其是在廣東（捐納門檻低，有錢的庶民不難捐個虛銜）。清朝對士紳並無錢糧豁免的優待。因此，州縣地方官徵糧的對象亦包括士紳。在杜鳳治的日記記載中，州縣官吏催徵對象主要是士紳，而且士紳還經常責成催徵一族、一村的錢糧。杜鳳治任官的所有州縣，都會諭令、逼迫士紳協助催徵錢糧。例如他到任廣寧時則立馬傳見士紳陳天寵、嚴鳳山等人，諭令其催徵曲水鋪新舊銀米〔註186〕。又諭令局紳嚴鳳山催徵石狗墟錢糧〔註187〕。到附城一帶催徵時，又先後召見秀才楊寶珊、楊作驤，要求二人將大霧寨一村銀米限10天完納〔註188〕。由此可見，團練組織儼然成為官府用於徵收錢糧的「催款」工具。

團練組織還有整飭民風民俗的功能。如宣統元年（1909），潮陽保安局鑒於有巫婆藉神漁利，誘騙婦女等事，於是貼公啟一則，提醒當地居民切勿上當受騙，且鼓勵各鋪戶、居民告發，以協助官府緝拿。

> 我邑巫婆，鬼怪多端。每於正月間，誘集各家婦女或親至人家，名曰請阿公，訛騙錢財……現查陳巫婆，號仙娘，住谷達埕者，既經崔縣主訪拿在案，爾巫婆等，如不知改過，……定行稟拿究辦？各家男人，均宜約束，以正風俗，而立自治基礎，除一面請官派勇密查外，合行先此布告。〔註189〕

創造出版社，2005年，第41～43、71～78頁。

〔註186〕〔清〕杜鳳治：《望鳧行館宦粵日記》（手抄本），同治五年十一月廿二日，見廣東省立中山圖書館、中山大學圖書館編：《清代稿鈔本》，第10冊，廣州：廣東人民出版社，2007年，第99頁。

〔註187〕〔清〕杜鳳治：《望鳧行館宦粵日記》（手抄本），同治六年七月十七日，第167～168頁。

〔註188〕〔清〕杜鳳治：《望鳧行館宦粵日記》（手抄本），同治六年十月十一日，第312頁。

〔註189〕《潮陽保安局禁巫婆公啟》（宣統元年一月六日），《中華新報》，1909年1月27日。

此外，團練組織還負責管理糧倉，遇災時實施救濟，修築城牆、道路，疏濬河道等其他社會事務。

小　結

團練組織在清代以前就以鄉兵組織形式得以存在，直至清代開始向具有軍事武裝功能的社會管理機構轉變。清代團練組織在其轉變過程中與地方保甲產生緊密聯繫，成為兼具地方司法、治安、徵稅等多種職能的綜合性社會管理機構。在於清代廣東的順德地區，團練組織以「護沙」組織形式成為沙田區域世家大族維護自身利益的武力工具。嘉慶年間，廣東沿海地區遭受華南海盜的威脅，「護沙」組織進一步擴大並進一步聯合，成立了容桂公約。此時的容桂公約不僅保留了鄉兵組織形式時期的軍事武裝功能，還兼具負責社會治安、受理地方詞訟、籌款徵稅等多項社會管理職能。從「護沙」組織到容桂公約，清代廣東團練實現了從鄉兵組織向具有軍事武裝的社會管理機構的形式轉變，其職能由原來單一的軍事功能拓展為兼具軍事武裝、社會管理的雙重功能。

清代廣東團練組織趨向行政化的發展轉變。當然，清代團練組織向行政化轉變不止存在於廣東一省，其他如四川、雲南等省的團練組織亦是如此。並且部分清代團練組織在太平天國運動時期往軍事化方向發展，如湖南、安徽、江西等省。這些省份在團練組織的基礎上發展出地方軍隊，並成為協助清政府剿滅太平天國政權的主力部隊。因此，清代大部分團練組織往行政化方向發展，成為基層社會管理機構，小部分在特殊的社會環境中凸顯其軍事功能，繼而發展成地方軍隊。

清代廣東團練組織與他省團練具有一些共識特徵，即「團保相連」、「士紳為尊」、「土著為貴」、「經費自籌」、「官督紳辦」等。這些共識特徵是由清代諸省的團練組織總結得出的，亦是清代團練組織的共同特徵。

清代廣東團練具有鄉村團練、城市團練以及沿海水勇團練三種不同組織類型。「小團—大團—擴大團」是清代廣東團練的組織規模，標準型與簡化型是它的組織建置形態。清代廣東團練組織人員按照領導與被領導的關係，分為團練領袖和團勇、練勇，一般團練領袖由士紳擔任。在團練經費籌措方面，主要分為認捐、派捐和釐捐。在團練組織成立初期，團練經費一般來源於辦團士紳以及部分官員的認捐。為了維持團練組織的正常運轉，團練組織會對所管轄

區域內所在的農戶、商戶強制徵收一定數額的銀兩，此舉稱之為「派捐」。同時，團練組織還會設立關卡並徵收一定的商業稅，稱之為「釐捐」。團練組織經費亦有多種用途，包括團練組織內部人員的薪金、團勇的口糧等等待遇問題，也包括了武器裝備的購買、出力紳民的獎賞、傷亡團勇的撫恤等等。另外，有些團練局還需要承擔戰亂之後的善後事宜，例如損毀公共建築的修復、開倉放穀抑平物價、難民的救濟等等，同時也包括修建學院、疏通河道、修堤築壩等等的公共工程建設。甚至像順德團練總局這樣的大型團練組織還須向朝廷或省局進行捐輸。「官督紳辦」是清代廣東團練組織的主要辦理模式。自團練組織成立之時，朝廷與地方官府就十分注重對團練組織的管制。

就清代廣東團練的組織概況而言，如果鄉村地區發生動亂，自有鄉村團練協助官府平叛，如果城市發生動亂，則有城市團練協助平叛，乃至當敵人從海上而來對廣東地區進行騷擾時，沿海州縣與鄉村還可以組建沿海水勇團練進行防禦、抗擊。小規模戰亂自有「小團」參與，大動亂自有「大團」參與，如若遇到超大型動亂，官府無力應對之時，自有「擴大團」協助平叛。從這點來看，無論清代廣東地區的動亂是發生於何處，還是規模多大，皆有與之相對應的地區或等級的團練進行應對。而且從清代廣東團練的內部組織建置來講，它依照地緣與血緣關係形成了士紳為領導核心、藉廣大鄉民為主體，受官府節制的一套完整的組織形式。如此看來，清代廣東團練似乎形成了一套足以應對任何規模戰亂的組織建置。並且在這套組織建置之下，廣東各地團練局的社會管理職能得到一定的拓展，團練局逐步介入到基層社會的行政管理當中，成為地方社會管理的一個重要角色。隨著團練職能的不斷拓展完善，位於基層社會的團練組織儼然成為地方衙署以外的另一權力機關，表明了團練組織在於基層社會管理上舉足輕重的地位〔註190〕。

但是，團練組織職能的發揮亦受制於當地人口規模、經濟狀況和辦團士紳個人能力等現實因素。並且團練組織亦會給基層社會帶來一些負面影響，

〔註190〕 「準官府機關」是西川喜久子對咸同時期順德團練總局的評價。（〔日〕西川喜久子著，蘇林崗譯：《順德團練總局成立始末》，《國外中國近代史研究》第23輯，北京：中國社會科學出版社，1994年，第162頁。）丁日昌稱咸同時期潮州保安總局為「輔助地方官政治」之機關。（〔清〕丁日昌：《復潮城局紳論治水書》（同治十二年），《代擬呈覆潮州疏通海口情形書》，見趙春晨編：《丁日昌集》，下冊，上海：上海古籍出版社，2010年，第1080～1082頁。〔清〕丁日昌：《復潮州保安總局書》，見吳道鎔：《廣東文徵》，第五冊，廣州：廣東人民出版社，2019年，第697頁。）

比如由團練經費自籌形成的強行派捐，無疑加重了當地百姓的負擔，可能引發官、紳、民矛盾的激化。還有，一些團練組織的團勇為烏合之眾，甚至是流氓地痞，這樣的地方武力組織不僅護民不力，而且還擾民不止，危害社會。清代廣東團練組織儘管存在諸如劣紳辦團、團勇擾民、強行派捐等不良行為，對擾亂社會秩序形成不良影響，但在整體上對於社會秩序的穩定仍起到正面、積極的作用。可以說，清代廣東士紳群體以及所創建的團練組織，在整體上很好地協助官府對基層社會實行有效的管控。